中小企业跨境电商运营

韩 帅 陈 萍 邹 妍 主编

辽宁科学技术出版社
·沈阳·

主　编　韩　帅　陈　萍　邹　妍

副主编　章　松　曲艺峰　穆春生　那　航　吕　娜　宋盈盈

图书在版编目（CIP）数据

中小企业跨境电商运营/韩帅，陈萍，邹妍主编．—沈阳：辽宁科学技术出版社，2023. 4（2024.6重印）

ISBN 978-7-5591-2965-9

Ⅰ．①中…　Ⅱ．①韩…　②陈…　③邹…　Ⅲ．①中小企业—电子商务—运营管理—中国　Ⅳ．① F279.243

中国国家版本馆 CIP 数据核字（2023）第 055034 号

出版发行：辽宁科学技术出版社

（地址：沈阳市和平区十一纬路 25 号　邮编：110003）

印 刷 者：沈阳丰泽彩色包装印刷有限公司

经 销 者：各地新华书店

幅面尺寸：185mm × 260mm

印　　张：15.25

字　　数：330 千字

出版时间：2023 年 4 月第 1 版

印刷时间：2024 年 6 月第 2 次印刷

责任编辑：陈广鹏

封面设计：颖　溢

责任校对：栗　勇

书　　号：ISBN 978-7-5591-2965-9

定　　价：65.00 元

联系电话：024-23280036

邮购热线：024-23284502

http:www.lnkj.com.cn

前言

“互联网 + 外贸”成就了跨境电子商务，它是借助互联网技术实现商品和服务跨境交易的新型贸易业态。跨境电子商务作为推动经济一体、贸易全球化的商业活动，具有非常重要的战略意义，它不仅冲破了国家间的地域限制，将国际贸易发展成了无国界贸易，也引起了世界经济贸易的巨大变革。近年来，我国跨境电子商务增势迅猛，已经成为对外贸易增长最快的领域。跨境电子商务的兴起，对满足国内“海淘”消费需求和帮助“中国制造”走向世界都具有极为重要的意义。为此，国家不断出台政策扶植跨境电子商务产业发展，积极推动在全国主要城市建设跨境电子商务综合试验区，以推动跨境电子商务的跨越式发展。跨境电子商务已成为继 PC 电子商务、移动电子商务之后又一个企业及个人创业者施展身手的新蓝海，中小企业若能准确把握这一新趋势带来的机遇，充分利用跨境电子商务开放、高效、便利、门槛低等优势，将开辟出直面全球市场的新渠道，实现全面转型与升级。

利用电子商务全球化的契机，跨境电子商务借助互联网平台克服了传统国际贸易中地理因素的制约、语言沟通上的障碍、交易支付的不便，使得企业与企业之间、企业与消费者之间的交易更容易拓展至全球大市场。为了顺应商务电子化、国际化和互联互通的时代特点，跨境电商要更好地运用像全球速卖通等平台，以店铺运营作为中心，加速跨境电商交易的扁平化、流程的自动化，从物流、人才、交易等各个层面推进变革与创新的进程，达到对跨境电商发展的有效支持和积极适应。然而，跨境电子商务的崛起，在推动外贸企业转型升级的同时，也面临着相关专业领域人才严重短缺、语言沟通障碍等问题。

在《中小企业跨境电商运营》编著中，作者重点介绍了跨境电商的历史以及未来的机遇与挑战、中小企业开展进口和出口跨境电商平台的模式、基于自建平台的中小企业运营模式、中小企业做跨境电商要注意的问题及采取的措施、跨境电商自建平台的相关知识。本书共分六个项目，由韩帅、陈萍、邹妍担任主编，章松、曲艺峰、穆春生、那航、吕娜、宋盈盈担任副主编，其中项目一、项目四和项目六由韩帅编写，共计 11 万字；项目二和项目五由陈萍编写，共计 11 万字；项目三由邹妍老师编写，共计 11 万字，章松、曲艺峰、穆春生、那航、吕娜和宋盈盈老师，在前期也都做了大量工作，帮助收集资料和调研统计。

在本书的编写过程中，参考了大量的文献资料，在此向这些文献资料的作者深表谢意。由于作者水平有限，书中难免存在纰漏及不妥之处，恳请广大读者提出宝贵意见。

编者

2023 年 1 月

目录

项目一
初探跨境电商

学习目标

1. 掌握跨境电商概念
2. 掌握跨境电商主要特征
3. 了解跨境电商面临的挑战
4. 了解eWTP

关键术语

跨境电商　传统国际贸易
交易平台　eWTP

任务一
跨境电商概念及特征

一、跨境电商的概念

当前，对于跨境电子商务的认知主要表现在4个方面：政策领域、国际组织、咨询公司、学术研究。在政策方面，欧盟在其电子商务统计中出现了跨境电子商务（Cross-Border Electronic Commerce）名称和有关内容，主要是指国家之间的电子商务，但并没有给出明确的含义。在国际组织方面，联合国于2000年就已经关注到了国际贸易和电子商务的关系，2010年国际邮政组织（IPC）在《跨境电子商务报告》中，分析了2009年的跨境电子商务状况，但对跨境电子商务的概念也没有明确的界定，而是出现了“Internet Shopping”“Online Shopping”“Online Cross-Border Shopping”等多个不同的说法。同样，在eBay、尼尔森等著名公司及诸多学者的表述中也运用了不同的名词，如跨境在线贸易、外贸电子、跨境网购、国际电子商务等。总体来看，这些概念虽然表达不同，但还是反映了一些共同的特点：一是渠道上的现代性，即以现代信息技术和网络渠道为交易途径；二是空间上的国际性，即由一个境内经济体成员向另一个境内经济体成员提供的贸易服务；三是方式上的数字化，即以无纸化为主要交易方式。

综上所述，可以将跨境电子商务（多简称“跨境电商”）的概念作如下的表述：跨境电子商务是指交易各方利用现代信息技术所进行的各类跨境域的、以数字化交易为主要方式的一种新型贸易活动和模式，涵盖了营销、交易、支付、服务等各项商务活动。

二、跨境电商的特征

跨境电子商务是一种新型的贸易方式，它依靠互联网和国际物流，直接对接终端，满足了客户需求，具有门槛低、环节少、成本低、周期短等方面的优势。随着国际贸易的深刻变革，作为融合了国际贸易和电子商务两方面特点的跨境电商具有更大的复杂性，呈现出传统国际贸易所不具备的五大新特征。

1. 多边化

多边化是指跨境电商贸易过程相关的信息流、商流、物流、资金流已由传统的双边逐步向多边的方向演进，呈网状结构。跨境电商可以通过A国的交易平台、B国的支付结算平台、C国的物流平台实现国家间的直接贸易，而传统的国际贸易主要表现为两国之间的双边贸易，即使有多边贸易，也是通过多个双边贸易实现的，呈线状结构。

2. 直接化

直接化是指跨境电商可以通过电子商务交易与服务平台，实现多国企业之间、企业与最终消费者之间的直接交易。与传统国际贸易相比，进出口环节少、时间短、成本低、效率高。传统国际贸易主要由一国的进/出口商通过另一国的出/进口商集中进/出口大批量货物，然后通过境内流通企业经过多级分销，最后到达有进/出口需求的企业或消费者，进出口环节多、时间长、成本高。

3. 小批量

小批量是指跨境电商相较于传统贸易而言，单笔订单大多是小批量，甚至是单件。柴跃任指出，这是由于跨境电商实现了单个企业之间或单个企业与单个消费者之间的交易。

4. 高频度

高频度是指跨境电商实现了单个企业或消费者能够及时按需采购、销售或消费，因此相对于传统贸易而言，交易双方的交易频率大幅提高。

5.数字化

数字化是指随着信息网络技术的深化应用，数字化产品（软件、影视作品、游戏等）的品类和贸易量快速增长，且通过跨境电商进行零售或消费的趋势更加明显。与之相比，传统的国际贸易主要存在于实物产品或服务中间。

跨境电商与传统国际贸易的详细比较见表1–1。

表1–1　跨境电商与传统国际贸易的详细比较

项目	跨境电商	传统国际贸易
交流方式	通过互联网跨境电商平台间接接触	电话、传真等通信手段或面对面洽谈
运作模式	借助第三方交易平台达成交易	双方订立商务合同
订单类型	小批量、多批次、订单分散、周期较短	大批量、少批次、订单集中、周期较长
价格和利润	价格较低，利润率相对较高	价格较高，利润率相对较低
产品类目	产品类目多，更新速度快	产品类目少，更新速度慢
规模和速度	面向全球市场，规模大，增长速度快	市场规模大，受地域限制，增长速度缓慢
交易环节	交易环节简单（生产商—零售商—消费者），涉及较少的中间商	
支付	借助第三方支付平台完成支付	传统国际贸易正常的支付方式
运输	借助第三方物流平台完成运输交付，物流因素对交易影响明显	通过空运、集装箱海运完成运输支付，物流因素对交易影响不明显
通关和结汇	通关缓慢或有一定限制	传统国际贸易正常通关、结汇和退税政策
纠纷处理	纠纷处理不畅，效率低	健全的纠纷处理机制

任务二
我国跨境电商的历史与发展趋势

从1999年到现在，跨境电商发展经历了3个发展阶段。从线上展示、线下交易到打通上下游供应链，再到跨境电商开始转型，产业链的各个环节都出现了商业模式的创新。

一、我国跨境电商的历史

就我国的跨境电商而言，“跨境电商”这个概念应有广义与狭义两种含义。狭义的概念专指通过电子商务平台（含自建）进行商品展示与推广、交易磋商、订单达成、支付与结算、物流追踪、售后服务与纠纷处置，实现分属于不同关境的交易主体完成交易的一种国际商业活动，是一种特殊的国际贸易，或外贸零售业务。与传统贸易活动相比较，呈现小批量、多批次、物流时间短、物流成本高、价差大等特征。广义的概念除了狭义的概念外，还包括“互联网+传统贸易”的形式，即依托电子商务平台寻找到目标客户，并依赖传统手段完成国际贸易的活动。因此也可以通俗地说，狭义的跨境电商专指依托网络平台开展的外贸零售活动，广义的跨境电商则包含了“零售”与“批发”两种形式。下面，我们就从广义与狭义这两个维度来看看我国跨境电商的历史与现状。

1. 我国跨境电商的由来

基于跨境电商的广义与狭义两种含义，我国跨境电商的前世应该包括广义跨境电商的初始形态和狭义跨境电商的初始形态两个部分。先来看看广义跨境电商的初始形态。

广义的跨境电商在我国可追溯到1999年上线的阿里巴巴网站，这是现今阿里巴巴集团早期唯一的电子商务平台或者说产品。阿里巴巴创始人马云倡导的“让天下没有难做的生意”，以及马云在创办阿里巴巴之前所构想的“要将全世界的商人都联合起来”，正是基于这个网络平台。按照现在的说法，这种平台就是“互联网＋”，该平台可谓“互联网＋国际贸易”的模式。但包括马云等业内外人士以及社会各界专家学者都没能给予这一经济现象精准的定义，仅是笼统地称为“电子商务”。直到该平台运行近10年后的2008—2009年，阿里巴巴才将其定义为“电子商务外贸”，学术界随后也有了“外贸电商”之说。

阿里巴巴国际站是帮助中小企业拓展国际贸易的出口营销推广服务，它基于全球领先的企业间电子商务网站阿里巴巴国际站贸易平台，通过向海外买家展示、推广供应商的企业和产品，进而获得贸易商机和订单，是出口企业拓展国际贸易的首选网络平台之一。

实际上，这一平台仅仅只是为传统国际贸易提供了一个交易磋商的渠道，交易的达成及实施还必须依赖传统方式与方法，与随后上线的环球资源、中国制造、慧聪网等几大平台一起，被逐步概括为广义的跨境电商平台。这一类电商平台在平台功能上基本相似，均定位为帮助传统贸易企业寻求客户资源，上线的时间普遍较后期出现的在线外贸交易平台要早，因此也可统称为跨境电商的初始形态。

作为全球最大的B2B（Business-to-Business）跨境电商平台，阿里巴巴国际站物流已覆盖全球200多个国家地区，与生态合作伙伴融合共振，通过数字化重新定义全球货运标准。“门到门”服务能力是重点方向之一：货物从工厂拉到境内港口、报关，通过海陆空进入境外港口，清关、完税，最后完成末端配送。阿里巴巴国际站提供一站式的店铺装修、产品展示、营销推广、生意洽谈及店铺管理等全系列线上服务和工具，帮助企业降低成本、高效率地开拓外贸大市场。

国际站的业务走过了3个阶段：

第一阶段，国际站的定位是“365天永不落幕的广交会”，为大宗贸易做产品信息的展示。

第二阶段，国际站收购一达通为商家提供通关等方面的便利化服务，并在这个过程中开始沉淀数据。

第三个阶段，才将此前沉淀的数据形成闭环，也就是国际站在做的事情，数字化重构跨境贸易。

每个平台都有每个平台的规则，阿里国际站也不例外。阿里国际站将产品分为定制赛道和现货RTS（Ready to Ship）赛道。重点讲解：新增的RTS赛道能够帮助卖家获取更多精准的海外流量，提升买卖双方的匹配度和交易效率。要求：①选择“选择买家直接下单”；②设置合理的运费模版；③货期≤15天。

基于国际站B端买家新趋势，阿里巴巴国际站上小B买家开始兴起，订单开始碎片化，下单周期也变短了，导致利润率高的蓝海市场需求也越来越高。在未来小B客户很可能会成为主流，而RTS的存在是为了让我们精准捕捉小B客户。而要做想好RTS，产品的选择无疑是重中之重，那就需要通过大数据去分析产品的市场容量、市场潜力如何，再通过消费者视觉发掘产品的优缺点，以此准确发现最合适的产品进行备货，就能促使小B客户快速成交，也能有效预防库存积压的问题。因此要做好RTS，快人一步占领未来市场。

再来看看狭义跨境电商的形成，这个形成过程其实是一个从“国际版淘宝”阶段到完形阶段的过程。

2003年，国际电商巨头eBay（电子湾、亿贝、易贝，是一个可让全球民众上网买卖物品的线上拍卖及购物网站）以并购方式进入中国市场，次年，敦煌网上线。这两大平台从交易形式上与当时阿里巴巴拟主推的新平台淘宝网类似，矛头也一致指向了阿里巴巴当时的两个主要电商平台（或产品）——阿里巴巴网站和淘宝网。敦煌网创始人王树彤女士被誉为“挑战马云的女人”，eBay（中国）高管也公然宣称要扼杀正处在襁褓中的淘宝网。两大平台在交易形式上与淘宝网类似，但市场定位却不尽相同。敦煌网很明确地定位为将中国产品以零售方式卖到境外；eBay（中国）则仍然沿袭其在其他国家和地区的做法，打破地区与国家界限，以零售方式实现商品的无障碍流通。

随后又出现了众多类似的平台，如阿里巴巴速卖通、兰亭集势等，但总体上，这一时期的跨境电商平台仅局限于以零售方式外销。被业界形象地称为“国际版淘宝”。尤其是阿里巴巴速卖通于2010年上线后，这一说法更是被广泛接受。

2006—2007年，出现了依托境外电商平台进行进口商品消费的活动，被称之为“海淘”“代购”。随后，中国本土也应运而生了专门提供境外商品选购的网络平台，如洋码头、跨境通、万国优品等，国内消费者可通过这些电子商务平台实现足不出户逛遍全球商超。

这些平台的出现，从形态上完善了跨境电商，实现了零售业的无国界运行。至此，狭义的跨境电商形态才得以完全形成。

无论是狭义的还是广义的跨境电商，到2014年应该至少走过了10个年头。但在实际经济生活中，2014年却又被广泛定义为“跨境电商元年”。

首先，这一说法很明显是取狭义跨境电商之意。从广义上讲，中国跨境电商始于1999年，其运行模式从一开始就得到了社会普遍认可并被普遍接受。因此，很显然，“2014年为跨境电商元年”不应该是指广义的跨境电商，而是指狭义的跨境电商。其次，之所以有“跨境电商元年”之说，是基于狭义的跨境电商在此前近10年间，从法律和政策层面都没能取得地位，其原因是通过电子商务平台以零售业态存在的交易形式在政策层面还没有被给予明确许可。

2013年8月，国务院发布了《实施支持跨境电子商务零售出口的通知》；2014年2月，海关总署发布公告，增列海关监管方式代码9610（全称为跨境贸易电子商务），特别是2014年5月10日，习近平总书记亲临郑州跨境电商产业园区进行考察之后，狭义跨境电商才得以“验明正身”“立牌坊”，以往“私底下”的经济活动才得以见天日。正因为如此，这一时期也可概括为跨境电商的定性阶段。

2. 我国跨境电商的现状

经过若干年的发展，我国跨境电商大大超过以往。2017年，国家对跨境电商现状及未来发展非常关注，先后提出了“一带一路”“海上丝绸之路”等国家经济发展大战略。在政策、制度方面，完善了海关、商检、财税等各项文件；在体系方面，商务部提出建

100个海外仓，提高贸易各环节便利化水平；在配套设施方面，物流、支付配套环境日趋完善，目前有超过200家企业境外设海外仓，数量超500个。

从实际情况来看，跨境电商已经成为我国外贸增长的重要动力。商务部关于2017年上半年中国跨境电商的数据显示，我国跨境电商的交易规模为3.6万亿元，同比增长30.7%。其中，出口跨境电商交易规模2.75万亿元，进口跨境电商交易规模8624亿元。此外，我国电商年度报告内容显示，从全球范围的电商发展情况来看，我国电商绝对规模大，占了全球市场份额的40%。2016年，我国网购规模（不含服务）达到7500亿美元，比排名第二的美国（3121亿美元）、第三的英国（1500亿美元）和第四的日本（900亿美元）加起来还要多得多。

而艾媒咨询最新发布的《2017上半年中国跨境电商市场研究报告》所显示的相关数据也与上述大致相同。

另据浙江师范大学经济与管理学院、中非国际商学院独家编写发布的《跨境出口零售电商大数据月度分析报告（2017年11月）》，“双十一”“黑五”及圣诞预热的到来使得群众购买欲望高涨，Wish全站行业11月较10月平均增长21.35%。

高速增长的背后，我国电商“走出去”都去了哪里？我国电商平台在国外的接受度如何？在“走出去”方面，可以说全世界都有中国电商的身影，阿里巴巴全球速卖通已经覆盖全球230个国家和地区。在中国跨境电商主要出口地中，美国、欧盟、东盟位居前三。而在出口渠道中，亚马逊占据了绝对主导地位。至于我国电商平台在国外的接受度，则是越来越高的。比如在俄罗斯，中国的速卖通已经成为访问量最高的电子商务网站。俄罗斯跨境网购业务的构成中，中国已占半壁江山，在东南亚排名前四的电商平台中，除亚马逊之外，其他三大平台都有来自中国的投资。

跨境电商作为近年来多项政策的受益者，且伴随着“一带一路”和“互联网+”的趋势，成功实现了快速发展，未来有望将有更多有利于出口跨境电商的政策出台，出口电商将继续其快速发展的势头。中国跨境电商正在大发展，政府、企业及相关机构应抓住这一难得的历史机遇，夯实基础，实现稳步发展。

二、未来跨境电商的发展趋势

1. 买家地域扁平化

虽然就贸易规模而言，美国、德国、英国、日本等发达国家依然是贸易大国，但随着跨境电商对各个行业的覆盖，全球买家都可以通过各类跨境电商平台从全球各地买到自己需要的商品。根据阿里研究院的《2018中小企业跨境贸易发展报告》，全球有200多个国家和地区的买家在阿里巴巴注册，全球买家数同比增长28%，其中来自印度、越南和尼泊尔的活跃买家数增长最快，增幅分别达到87%、75%和74%。

2. 采购碎片化

受全球经济大环境的影响，市场需求变化快，如果大量订单在运输和仓储的过程中被耽搁，就会给跨境采购的买家带来较高的风险和较大的资金压力，而高频的小单采购方式则有望规避此类风险。从阿里巴巴和一达通出口的数据可以看出，碎片化采购模式已经出现。2017年，一达通的订单价值的平均数额为4.6万美元，比2016年减少了22%；2017年信用保障订单价值的平均数额为8300美元，比2016年减少了13%。虽然信用保障订单价值的平均数额减少了，采购数量却在增加，2016年每个买家的平均采购数量为1.87单，2017年上升为2.04单，增长率为9%。“90后买家”追求独特、充满个性的商品，因此国际市场消费需求趋向个性化。零售商的购买行为受其影响最直接，他们在购买过程中更注重多样性、独特性和快速进入市场的可能性，另外是否允许小批量采购、交货时间是否足够快等也是他们决定是否下单的影响因素。

3. 使用移动终端的买家增多

以阿里巴巴为例，其境外买家的平均年龄为39岁，其中31%的买家年龄为25～34岁。他们偏向于通过移动通信、即时消息和网络链接的方式来处理事务。只通过PC端访问阿里巴巴的买家数量逐渐下降，更多买家使用PC和移动两个终端或者只使用移动终端来访问阿里巴巴。

4. 各环节协同发展，产业生态更加完善

随着跨境电商的不断发展，代运营公司、软件公司、在线支付公司、物流公司等配套企业也都开始涉足跨境电商生态圈，并提供网店装修、商品翻译和描述、网店运营、跨境运送、退换货、金融服务、商标专利注册等方面的业务服务，使整个行业分工更细、更清晰，也更具规模。

5. 导购内容化、运营垂直化

随着境外买家数量的增长和订单的碎片化，买家购买需求开始走向细分化和垂直化。一方面，跨境电商平台依靠人工智能技术和大数据分析，为买家提供个性化的商品推荐和匹配的供应商链接；另一方面，不同行业的买家在采购时有不同的关注点、不同的采购周期和对供应链服务的差异化需求，这也促使跨境电商平台开始分化，往垂直化精细运营的方向深耕。

6. 贸易服务集约化

数字贸易新业态巧妙地融合了互联网高效、无界、透明的特性与分散、复杂、量大的外贸市场需求，以集约化、透明化、在线化的服务，使全球贸易价值链得到优化。宏观上，外贸服务分工更加细化，真正做到了“让专业的人做专业的事”；微观上，中小型企业将部分业务，如结算、物流、税务、融资等外包给生态圈中的服务商，降低了成本，提高了效率。买家不仅会通过商品的质量来评价卖家，也会通过卖家表现出来的互联网服务专业度、网络沟通水平和售后服务能力来综合筛选卖家。

7. 中国制造业品牌化

长期以来，中国拥有许多小型制造业企业，它们依赖劳动力成本优势，占领了中国对外贸易的“半壁江山”，为中国成为“世界工厂”奠定了基础。但随着中国的劳动力成本持续增加及资源日益稀缺，“大进大出”模式已经难以维持，应转向“优进优出”模式，形成开放型经济的新格局。

基于以上七个维度，未来全球将有更多的买家和卖家通过各种终端接入跨境电商平台，高效地完成碎片化的贸易订单。中小型企业应抓住机遇，顺应跨境电商的发展趋势，自主创新、深化服务，实现贸易品质和贸易效率质的飞跃。跨境电商平台也应有“买全球，卖全球”的大格局，扩展供应商资源，实现导购内容化、运营垂直化和服务集约化，深挖互联网和大数据技术，推动对外贸易模式转型，促进世界贸易更加繁荣。

保障正品、有价格优势、物流体验好、售后完善将是跨境电商企业的核心竞争领域。跨境电商平台类企业的综合竞争力主要体现在产品丰富等方面，其主要功能是为平台上的买卖双方提供合作机会。而自营类企业因需要先采购商品，对企业资金实力和选择商品水平都提出了更高的要求，其综合竞争力主要体现在正品保障、售后服务响应迅速等方面，对母婴用品、3C（计算机、通信和消费电子产品，Computer、Communication、Consumer Electronics）、服饰等标准化、易于运输的重点消费产品，自营类企业能够把握市场热点，能够在细分市场中形成较强的竞争力。

综合考虑，下一阶段跨境电商企业的发展方向应是“自营+平台”类型企业，因为它融合了产品丰富、正品保障等多项优势。

从出口看，跨境电商出口卖家正从广东、江苏、浙江向中西部拓展，正在由3C等低毛利率标准品向服装、户外用品、健康美容、家居园艺和汽配等新品类扩展，这将为我国出口电商提供新的发展空间。

从进口看，随着如巴西、俄罗斯等新兴市场的不断加入，以及互联网技术的普及、基础设施的不断完善、政策的不断放开，我国出口电商的空间将进一步得到拓展。研究表明，随着国际人均购买力的不断增强、网络普及率的提升、物流水平的进步、网络支付的改善，未来几年，我国跨境电商仍将保持30%的复合年均增长率。

8. B2C模式将迅速发展

全球跨境电商B2C（Business-to-Consumer）市场的规模不断壮大是重要的背景因素，埃森哲预计：全球跨境电商B2C将于2020年达到近1万亿美元，年均增长高达27%；全球跨境B2C电商消费者总数也将超过9亿人，年均增幅超过21%。

考虑到拥有超过2亿跨境B2C电商消费者，我国将成为全球最大的跨境B2C电商消费市场，2018年我国B2C出口交易额超过7000亿元，跨境B2C电商将拉高消费品进口额，年均增速超过4个百分点。

9. 出口占主导

2016年，我国跨境电商中出口占比达到86.7%，考虑到我国作为世界工厂的地位在未来一段时间内不会动摇，预计出口电商占比仍将保持在80%以上。

10. 阳光化将是大势所趋

由于历史因素和体制机制的不完善，海关对邮包的综合抽查率较低，难以对每个邮包进行拆包查验货，大量海淘快件邮包实际上不征税，这直接导致了我国跨境电商还存在不符合条件商品利用政策漏洞的灰色通关现象。

跨境电商阳光化有助于保障正品销售、降低物流成本、完善售后制度，是未来跨境电商发展的必然方向。未来随着跨境电商试点阳光化的继续推进，监管经验不断丰富，使阳光模式逐渐流程化、制度化。

11. 保税模式潜力巨大

保税模式是商家通过大数据分析，将可能热卖的商品通过海运等物流方式提前进口到保税区，国内消费者通过网络下单后，商家直接从保税区发货，更类似于B2B2C。相比于散、小、慢的国际直邮方式，保税模式可以通过集中进口采用海运等物流方式，降低物流成本。同时，商家从保税区发货的物流速度较快，几乎与国内网购无差别，缩短等待时间从而有更好的网购体验。

从监管角度讲，保税模式也有利于提高税收监管的便利性。虽然保税模式会对商家的资金实力提出更高的要求，但目前来看，保税模式是最为适合跨境电商发展的集货模式，也是国内电商平台选用的主要模式。同时也要看到，通过保税模式进入仓库的货物能以个人物品清关，无须缴纳传统进口贸易16%的增值税，可能会对传统进口贸易带来冲击，监管部门也正在摸索着制定和完善相应的监管政策。

总的来看，跨境电商未来的发展方向必然是有利于降低交易成本，促进全球贸易便利化，有利于提升国内居民的福祉，有利于营造良好的营商环境，促进经济长期健康地发展。

任务三
中小企业发展跨境电商的机遇与挑战

随着跨境电商的崛起，中小企业也开始有所行动，跨境电商对中小企业在外贸上稳定发展，同时跨境电商也给传统外贸业务创造了新的机会。

一、中小企业发展跨境电商的机遇

2015年6月16日，国务院下发了《关于促进跨境电子商务健康快速发展的指导意见》，强调通过“互联网+外贸”发挥我国制造业大国的优势。

近年来，由于国际市场的变化，小且分散的“碎片化”订单取代了传统的贸易大单，中小企业在外贸订单中占有越来越大的比重。据商务部估算，目前每年在跨境电子商务平台上注册的新经营主体中，中小企业和个体商户已经占了90%以上。中小企业做跨境电商迎来了发展机遇，源于跨境电商为中小企业带来诸多好处。

1. 减少贸易流通环境提高效率

传统贸易模式由中国生产商开始，经中国出口商、外国进口商、外国批发商、外国零售商，才最终到达外国消费者的手中。跨境电商打破了地域的限制，中小企业可以在跨境电商平台上低成本发布自身产品信息，并与国外买家进行洽谈，更加直接面对客户个性化、多样化的需求，从而简化了传统贸易的流程。

2. 增加企业利润

在传统贸易中，企业只需要负责自己产品的生产，将产品的运输、报关报检等环节交由代理公司办理，生产商和消费者之间隔了多个渠道，生产商的利润被层层分剥，最终可获得的产品利润微乎其微。跨境电商可以有效地打破渠道间的垄断，企业可以在电商平台上寻找买家，电商平台可以使企业利润最大化。

3. 降低门槛，参与贸易

跨境电商降低了企业参与外贸的门槛，为其提供了平等参与外贸的机会，如敦煌网、速卖通等跨境电商平台可为企业在代理通关、国际物流等方面提供成本相对较低的服务，帮助外贸企业尤其是不具备进出口资质的中小企业提供高质量、低成本的跨境贸易服务。中小企业以更低的成本、更快捷的速度进入国内外市场，获得与大企业同样的市场竞争机会。

4. 提高企业出口市场产品的精准度

在互联网经济下，中小企业也开始尝试对外贸易拓展市场。但是面对庞大冗杂的信息却无从下手，甚至有时会被大量信息误导。同时，小企业由于缺乏专业人才，只能根据自己的理解进行模糊营销；而成熟的跨境电商平台有专业的团队可以对数据进行筛选、分类和整合，可以引导企业有针对性地开展产品的创新和研发，同时可以帮助企业更精准地把握客户需求，更精准地定位客户，找到真正的买家。

二、中小企业发展跨境电商的挑战

中小企业通过跨境电子商务交易平台与国际买家进行贸易，这种方式流程短、时间快，可以缩短商品运营时间，降低运营成本。在当前的发展中，中小企业电子商务和企业内部管理信息化的水平在不断提高，但是总体来说，还是处于比较低的水平。分析来看，中小企业开展跨境电商业务主要面临以下几个方面的挑战。

1. 跨境电商应用率偏低

当前，我国的很多中小企业在电子商务应用水平方面有待提高。现实中，很多中小企业选择通过电子商务来进行部分业务活动，并在商务活动中比较重视信息的发布、共享，以及客户交流与沟通的阶段。有的企业已经在网上开展采购和销售活动，还有的企业通过互联网进行采购，但是业务规模并不是很大，企业在很多大型的电商平台上开展网上销售活动，但网上销售额在销售总额中占比不高。

2. 信息化管理欠缺

所有企业在发展的过程中都使用了互联网技术，有的企业已经建立了局域网，但是企业内部管理的信息化水平还需要采取有效的措施加以改进和提升。而从系统的实际应用状况来看，很多企业在财务管理和人力资源管理系统运行方面都处于较好的状态，而其他系统在运行的过程中，其状态并不是很好，一些企业因为受到了资金和技术的影响，在内部管理的信息化水平上还存在着一定的不足。

3. 与上游企业协同和联动不足

通常，在供应链中起到的作用越重要，与上下游企业的协同和共享水平就越高。当前，很多中小企业参与的电子商务还处在信息发布和传递的阶段，很多企业在发展的过程中更加重视网上的营销工作，开始和客户及下游企业形成联动作用，但是在实际的发展中，协同共享方面还存在着一定的不足。

4. 缺乏平台建设长远规划

中小企业电子商务应用平台在建立的过程中一般主要有两种形式：一是建立独立的企业网站，二是加入第三方电子商务平台。企业自建网站通常都是静态化的网站，网站设计技术并不是非常先进，网站的功能也不具有多样化的特征，主要是用其加大企业的宣传力度，同时还能够对企业的主打产品进行展示，在系统运行的过程中没有非常强大的系统支持。总的来说，中小企业在电子商务平台的建设规划上没有一个相对长远的规划，而是更加重视短期所产生的经济效益，电子商务的发展目标也不是十分清晰。加入利用第三方电子商务平台的企业，一般都是由第三方电商平台来开展宣传工作及相关信息的发布，但是其运用的过程中由于受到多种因素的限制使得应用效率受到很大的影响。此外，有些企业利用第三方电子商务平台的费用比较高，但是在效果上并不是很好，所以逐渐又退出了第三方电子平台。

5. 物流配送体系不完善

跨境电子商务实务中，物流配送体系的发展是非常重要的一个因素。当前，我国很多地区的中小企业在物流配送体系上还没有完全进入成熟的阶段，企业在发展的过程中需要承受较高的物流成本，有些中小企业因为找不到物流而放弃交易，这对企业的发展是十分不利的。

在“互联网＋”时代下，跨境电商迎来历史性的机遇，而伴随着机遇到来的是重重的挑战。随着跨境电商的利好政策不断出台，中小企业要根据自己的情况制定出合适的策略，将挑战化为竞争优势，争取在国际化的道路上走得更稳更远。

任务四

eWTP

中小企业是国家经济中的活跃部分，在创造就业、推动创新、稳定社会等方面具有独特的优势。世界各国都十分重视中小企业的发展，采取了一系列政策措施，为中小企业的健康发展创造了良好条件。

一、跨境电商和数字经济时代的国际贸易新格局

1. 跨境电商将成为数字经济时代主流的贸易方式

全球互联网用户数突破40亿大关，全球超过一半的人在线，说明数字经济时代已经到来，全球经济将发生深刻的变革。

进入数字经济时代后，数字技术被广泛应用，信息和商务活动逐渐数字化，产品数字化和数字产品化成为常态，整个经济环境和经济活动由此发生了根本性的变化。

跨境电商将成为数字经济时代主流的贸易方式，其极大地降低了国际贸易的成本和门

槛，使中小型企业因而得以参与国际贸易，并与其他国家的客户和供应商联系。跨境电商推动全球贸易更加普惠，推动传统产业转型升级，推动贸易主体、贸易形态、商业模式、企业组织方式不断创新，推动全球贸易规则和公共政策持续调整。

2. 中小型企业将成为数字经济时代的贸易主体

从企业结构角度分析，中小型企业在大多数国家占据主体地位，提供了大量就业机会。在我国有近1200万家中小型企业，近4400万家个体工商户，占比高达94%。

然而，即使在发达国家，中小型企业的出口形势也不容乐观。极度缺乏的贸易信息、烦琐的海关程序、困难的信用甄别、不足的贸易融资等阻碍了中小型企业的出口贸易活动。

进入数字经济时代后，中小型企业可以通过电子商务以更低的成本接触客户、获得订单、积累信用、提升参与全球贸易的能力。中小型企业将取代大企业成为数字经济时代的贸易主体。

3. 新兴市场崛起，国际贸易出现新业态、新格局

数字技术让全球贸易网络互联互通，“买全球，卖全球”的全新外贸模式初步形成。借助数字技术，不同国家和地区能够快速地将自身的独特产业和优秀的商品推向全世界。

新外贸具有四大特征，即利用新技术实现买卖双方高效互动、贸易全流程走向在线化、注重沉淀信用数据、全球贸易网络互联互通。与传统外贸相比，新外贸也更加灵活、更加具有包容性，能根据全球市场实时多元的需求来实现高效的全球化供应，依托跨境电商平台，依托专业贸易服务商，形成一个网状的全球生产和贸易服务协同的大生态。

传统外贸向新外贸转型的基础条件就是技术的变革。人工智能、物联网、虚拟现实（VR）、增强现实（AR）等前沿技术对人们的生活方式、工作方式和工作效率产生了极大的影响。电商平台应用了这些新兴技术，使时间、空间和文化距离不再是买家和卖家的制约因素，使双方的沟通更密切、更高效。

整个贸易的链路都要实现线上化和数字化，这是传统外贸向新外贸转型的主要手段。跨境采购的后端服务从线下迁移至线上，线上可查看、可预定、可追踪。物流服务商也被接入平台，从物流信息的查询、预定、实施，到物流过程的追踪，整条服务链路都实现了线上化。买家和卖家可在线查看服务和费用，可即时追踪订单的交付和运送情况，有利于卖家及时安排后续工作和处理突发情况。

数据被普遍应用是传统外贸向新外贸转型的核心特征。买卖双方的身份信息、需求、偏好及交易订单详情，都由平台掌握，并沉淀为买卖双方的信用数据，这种信用数据使买卖双方的信任得以建立。

伴随着新外贸业态的产生，新兴市场开始崛起，国际贸易出现了新格局。根据联合国对世界经济形势的展望，东亚、南亚的经济增速将在全球保持领先。

世界贸易组织发布的《2019世界贸易报告——服务贸易的未来》显示，近10年来，发展中经济体在世界服务贸易中所占的份额增长超10个百分点，2017年占世界服务出口贸易的25%，占世界服务进口贸易的34.4%。但是，服务贸易集中性极强，其中5个发展中经济体成为领先的服务贸易出口国和进口国，2017年合计占发展中经济体服务贸易总额的50%以上。同时期，不发达国家分别占世界服务贸易出口和进口的0.3%和0.9%，尽管贸易份额较小，但相比2005年已经取得了大幅增长。

海关总署数据显示，2019年前10个月，我国货物贸易进出口总值25.63万亿元人民币，比去年同期增长2.4%。其中，出口13.99万亿元，增长了4.9%；进口11.64万亿元，减少了0.4%；贸易顺差2.35万亿元，扩大了42.3%。

4. 世界电子贸易平台

为创造一个更加开放、自由的经济环境并制定普惠的国际商业规则，国际社会应该与时俱进，改革贸易体系、规则和标准，以适应全球互联网经济和跨境电商的快速发展。

2016年3月，马云提出了世界电子贸易平台（Electronic World Trade Platform，简称eWTP）的倡议，呼吁世界各国顺应数字经济的发展潮流，降低贸易投资门槛，助力中小型企业发展，孵化新贸易规则。2016年9月，作为二十国集团工商界活动（B20）的一项核心政策建议，eWTP倡议被写入《二十国集团领导人杭州峰会公报》，获得了国际社会的高度认可和积极支持。

二、eWTP

1. eWTP的概念内涵

eWTP是以私营部门为牵引、以市场为驱动，由不同利益方参与的国际合作平台。它主要通过公私对话和机制性合作，探讨全球电子商务的发展趋势、遇到的问题、商业实践等。同时，通过对话和合作，孵化全球电子商务的规则和标准，为全球互联网经济和电子商务的长足发展营造更加友善、有效、充分和普惠的政治和商业环境。eWTP不会止步于一个开放的国际交流合作平台，还有望进一步发展成为一个全球的繁荣的电子贸易生态体系，囊括全球所有的中小型企业和消费者，使其在其中发挥重要作用，并从中获益。届时，全世界人民都将成为全球化的参与者和受益者。

2. eWTP的特点

eWTP具有开放透明、共创共享、创新发展等特点，它是一种新的国际合作平台，其运行模式和由政府主导的传统国际经贸合作机制不同，主要区别在于以下几点。

①该平台由市场驱动，并由私营部门引领。

②政府机构、各种企业、国际组织、智库、专家学者、各种社群等各利益攸关方平等参与，其中更多关注中小型企业、普通消费者、发展中国家的诉求。

③该平台是开放透明的，只要有兴趣就可以了解和参与其中。

④该平台的决定、政策和建议需要国际社会广泛传播、积极倡导和实践，并不具有强制性的法律效力。

eWTP的定位、特点和宗旨使其成为联合国机构、世界贸易组织等多边和区域性国际机构的合作伙伴，使世界各国能够相互促进、补充和发展。

3. eWTP的主要价值

①促进全球电子商务领域的合作与交流，促进业务规则创新，实现电子商务快速发展。

②帮助中小型企业和消费者成为全球化的参与者和受益者。

③以“市场驱动、商业实践、先行先试”的发展方式来促进贸易新模式的转变、新规的制定和新标准的传播。

④帮助落后国家和地区通过数字贸易连接全球市场，实现“弯道超车”和普惠式发展。

⑤eWTP具有重新塑造国际产业链、加快外贸发展方式转变、增强国际竞争力等作用。

⑥随着eWTP的实施，中国在世界商业中的地位将大幅提升。

4. eWTP的进展和挑战

虽然eWTP从提出到推广的时间不长，但它在基础设施建设的程度及全世界各界人士的认可度方面呈现出快速增长的趋势。原因在于世界各国对中小型企业在全球贸易中所能发挥的重要价值，以及对电子商务所能发挥的普惠作用的认可。

①2017年3月22日，马来西亚第一个eWTP“试验区”项目宣告落地。马来西亚数字经济发展机构（MDEC）与阿里巴巴集团达成战略合作，双方将致力于帮助马来西亚乃至整个东南亚地区的年轻人和中小型企业参与全球贸易。马来西亚eWTP“试验区”将被打造成集物流支付、通关、数据为一体的数字中心，并将成为该国数字经济发展的基础设施。

②2017年4月，在世界贸易组织日内瓦总部，总干事阿泽维多表示，eWTP倡议符合世界贸易组织的理念。过去，电子商务相关议题并不在世界贸易组织的讨论日程上，但因为电子商务具有普惠性，所以有必要把电子商务放到世界贸易组织的谈判议题中，以此缩小各国在电子商务方面的差距，推动电子商务的发展。

③2017年12月12日，世界贸易组织第11次部长级会议在阿根廷布宜诺斯艾利斯举行。会议期间，eWTP与世界贸易组织、世界经济论坛共同宣布，要建立一项以“赋能电子商务”为主题的长效合作机制，用以汇聚来自政府、企业和其他各方的意见，为全球电子商务提供一座连接政策和实践的桥梁。与此同时，三方还宣布，将共同建立长期对话机制。这也意味着eWTP的建设成果正式获得了另外两大国际贸易组织的认可，世界贸易组织和

世界经济论坛正式成为eWTP的全球合作伙伴。

推行eWTP，首先要解决中国模式与外国当地模式的融合问题，其次还会面临不同国家之间在文化、制度、法律及监管等方面差异的挑战，另外，贸易壁垒很难轻易消除，推进此设想的实施将面对诸多考验和挑战。

项目二 中小企业开展进口跨境电商的模式

随着跨境电商的快速发展，越来越多的商家开始进行跨境电商行业的布局，我国的跨境电商模式丰富多元，除传统的海淘模式外，还有海外代购模式、直发/直运平台模式、自营B2C模式、导购/返利平台模式和跨境O2O模式等。

学习目标

1. 明确“海淘”特点
2. 明确海淘的风险以及风险控制
3. 了解海外代购平台、微信朋友圈在海外代购中的应用价值
4. 了解第三方B2C模式、O2O模式

关键术语

海淘　风险控制海外代购
微信海外朋友圈代购

任务一

海淘模式——最传统的模式

“海淘”就是跨境电商企业直接参与采购、物流、仓储等海外商品的买卖流程，对物流监控、支付体系都有自己的一整套体系。

一、解读海淘

海淘，即在海外、境外购物，国内的消费者以互联网为媒介，在网络上用网站搜索所需的商品信息和商品折扣的消息，然后直接用网络支付的方式在购物网站下单，再以转运、直邮或者代购的方式来获得海外商品。

海淘的兴起，从客观上来说，首先得益于日益方便快捷的网络购物渠道，电商的发展对于海淘的发展起着至关重要的作用。电商是一个平台，当广大的网民已经习惯了国内的淘宝、京东、当当等一些电商平台的网络购物模式之后，便不再满足国内已有的物品，而是从国外的购物网站来寻找自己需要的货物。消费者之所以选择海淘的方式来购买物品，首先是因为在国内没有自己想要的物品出售，就算有也不能保证是正品。其次，就是与国内的商品价格差距较大的商品，在国外的购物网站上购买，加上消费税、关税和邮费也没有国内价格高，有能力的消费者都会选择在国外的网站上进行选购，既保证了是正品又得到了便宜的价格，一举两得。如婴童车、化妆品、名牌服饰、保健品等。再次，随着中国网购消费者年龄的变小，80后、90后喜欢尝试新的事物，亲人或者朋友在国外生活或者留学，可以为他们提供方便的消费信息，甚至可以采用人工搬运的方式，为其带回想要的物品。

再有，最重要的就是随着中国国力的增强，国人消费能力和水平不断提高，有能力去追求更高的生活品质，而海淘可以为国人提供一些新鲜的生活体验。

二“海淘”与国内淘宝的不同

1. 买卖关系发生于不同国家的主体之间

考虑到跨国网络购物的价格较国内相比具有较大的优势，因此越来越多的消费者采取海淘的方式来购买商品。一般而言，消费者需要浏览外文的网站选择商品，并运用外文与海外出售方进行沟通。这个过程中，必然会产生因为沟通障碍而引发的一系列问题。

2. 海淘模式下存在一定制度风险

经过调研，我们发现，绝大多数的海淘一族选择海淘的原因，是出于对海淘来的商品质量的肯定。但实际上，经过海淘来的商品存在大量的劣质产品的情况，甚至有许多是从国内加工的山寨产品运送至国外，再由消费者海淘回国；即使海淘回国的产品是正品，也可能存在侵犯知识产权的问题。因为许多海淘回国的产品，并没有经过品牌专门授权在国内进行销售；另外，在支付款项的过程中，也存在信用卡被盗刷的可能性。诸如此类问题，消费者在维权的过程中，也会遇到较大的阻碍。对此问题的具体论述会在下文进行进一步展开。

3. 海淘回国的商品需要缴纳相应的关税

根据海关总署发布的第43号公告和第56号公告的相关规定，企业或个人通过跨境电子商务方式进行的贸易必须接受海关的监管。其中，个人邮寄进境物品的，应征进口税税额达到一定额度以上，即需要征取相应的关税。但实践中存在不少谎报邮寄物品信息或者分装运输等行为来逃避关税的情况，需要引起重视。

三、海淘业务范畴

海淘这种海外网购模式的兴起得益于国际物流的快速发展、跨境电商平台的构建。在“互联网＋”的时代，越来越多的消费者不再满足国内网购，已经加入海淘队伍。在B2C的模式下，海淘一般包括以下几个步骤：

第一，用户在国际网站上进行身份注册。

第二，在不同的网站平台进行选购商品。

第三，利用国际双币卡或多币卡进行支付。

第四，国际物流运送商品并清关。

第五，用户收货。

1. 国际购物

消费者首先选择一个跨境电商平台进行身份注册。在进行注册的过程中，消费者要特别注意自己姓名和地址的填写规范。注册成功后，消费者就可以在国际网站上选购商品—添加购物车—确认订单—支付成功。这个环节和国内网购没有本质的区别，主要是语言和支付手段的差异。国内网购的支付方式比较多样化：微信、支付宝、银行卡、信用卡等。国际网站的支付方式一般都是Visa或Mastercard。

2. 国际物流

如果没有便捷的国际物流，海淘模式的购物则无法实现。国际物流模式一般采用直邮或转运两种方式。对消费者来说直邮非常方便，订单生成后由平台负责运输及清关，消费者只要等待收货即可，缺点是运费比较高。转运的费用比较低但是程序复杂，消费者首先要在转运平台注册自己的账户，预付一定的金额，填写运输单据，负责清关。跨境电商平台下很多商品不支持直邮，所以注册转运地址非常必要。

3. 清关及收货

清关手续程序和运输模式紧密相关。在直邮方式下，清关手续非常简便，一般由网站平台负责清关及运输。在转运的方式下，清关手续比较复杂，消费者按照转运平台的要求注册信息、填写商业发票、报关单、上传身份证等。特别是填写商业单据时，消费者应根据规范正确填写。例如：商品的品名，不用笼统的名称。如果购买的是鞋子，应用商品标识的准确名称填写商业单据，不要用Shoes来填写商品品名。收货的过程中，消费者密切关注网站的物流信息，避免发生货物的丢失。

4. 国际网站的注册

以美国亚马逊为例，消费者应该先登录美国亚马逊的网址，注册一个属于自己的账户。在注册账户时，要注意个人信息与寄送地址是否正确。国际网站与国内网站的注册本质上是相同的，它们最大的差异是语言的不同。国际网站的注册要求用户必须正确理解网站的注册信息，特别是填写寄送地址要符合外国的书写习惯。

5. 国际支付

支付方式的不同是国际网购与国内网购的最大差别。在海淘的过程中，消费者不能使用微信、支付宝、普通银行卡等支付工具。在海淘之前，消费者应在国内银行申请双币信用卡Visa、Mastercard。利用双币信用卡就可以实现国际网站的支付功能。双币信用卡消费用美元结算，到期日消费者只需要用人民币还款。

6. 国际采购

国际购物与国内购物的流程基本相同：首先注册用户信息—登录用户名—添加商品至购物车—确认订单—结算—收到订单确认邮件。从国外网站采购商品到送达客户一般需要15天左右。消费者可以随时关注国际网站的物流信息，跟踪货物的进程。如果货物的配送时间超过1个月，消费者应及时关注货物的物流信息。如果消费者不能接受延迟收货，用户可以在网站上申请退货退款。亚马逊审核通过就会把金额直接退到消费者的信用卡上。亚马逊网站上某些商品支持直邮，直邮对海淘族比较方便，但是运费比较高。特别是近两年，直邮的运费几乎占到商品售价的1/3。亚马逊网站上大多数商品不支持直邮，消费者只能通过转运实现商品的购买。

7. 注册“转运”

由于国外网站上大多数商品并不支持直邮，所以转运很必要。转运是指消费者在国外注册一个收货地址，货物再通过转运公司把货物运回国内的运送方式。商品如果需要转运，用户首先在转运公司注册账户，转运公司会为用户提供一个国外的收货地址。国际平台上的商家将货物发送到海外收货地址，转运公司收到货物后负责将货物运送到国内并清关。转运公司的运费比直邮便宜，海淘族倾向通过转运的方式运送货物。海淘族在申请转运的过程中需要关注转运公司的品牌、转运的政策等相关信息。国际物流的运送过程中，转运环节容易出现风险。如果选择资信不好的转运公司，消费者容易钱货两空，或者转运公司会以高价转运。商品已经在转运公司的仓库中，如果不转运消费者收不到货物，如果转运消费者被迫支付高价，消费者会陷入进退两难的状况。因此，转运环节容易发生风险，消费者应选择有口碑的转运公司。

8. 收发转运

转运公司收到货物后，要求用户填写国内收货地址、商品入库单、核实称重、计算运费并扣款。大多数转运公司需要预先充值才可以使用，消费者根据自己商品的情况准备充足的预算，预防因为费用不足而延迟收货。在这个环节中，海淘用户如果不会填写单据应与相关人员积极沟通，务必填写正确。

9. 清关“入手”

国外海购的产品只有通过清关才能进入国内物流环节。清关模式和运输方式紧密相关。无论是直邮还是转运方式，国际物流公司要求消费者上传身份证。在直邮方式下，清关手续非常简便，一般由网站平台负责清关及运输。在转运的方式下，清关手续比较复杂，消费者按照转运平台的要求注册信息、填写商业发票、报关单、上传身份证等。特别是填写商业单据时，消费者应根据规范正确填写，避免使用笼统名称。例如：衣服的品名不要用Clothes这样的泛称代替，应该表达具体、明确。

四、跨境海淘模式及其优缺点

早年的跨境电商还是一片无人之地，人们对电商趋之若鹜。转眼之间，“巨头们”已不满足于当前的发展，纷纷踏足跨境电商做海淘。如顺丰在2014年推出了“全球顺”服务，自建平台“海购丰运”成功出海，天猫国际、京东、唯品会也纷纷涉足海淘业务。在当时的业内人士看来，目前国内市场竞争激烈，利润空间缩小，高利润的国际电商配送市场更具吸引力。

（一）海淘三大模式

经过快速发展，海淘已经拥有了技术及经验沉淀，催生了三大模式：海外电商直营、买手贸易、代购服务。

1. 海外电商直营模式

直营是最便捷的模式，由海外仓库直接发货，只要一个中文页面就能够解决，两个展示一个系统似乎是一个高效的生态系统，以美国亚马逊、iHerb、carters等为代表，由国外电商直接在国外发货。

2. 买手贸易模式

买手贸易是海淘最赚钱的模式，本质上是传统的时尚买手模式的升级，让售卖渠道转为考拉海购、蜜芽宝贝、蜜淘全球购、洋码头等为代表的电商，当时所有能看到的关于海淘的广告的传播，都是源于这个模式，把国外热门畅销的商品带到国内卖，简单容易操作，是现在很热门的一种方式。

3. 代购服务模式

代购服务是海淘最久远的模式，这种模式至今还在部分买手贸易商当中被当作非主流的服务模式存在。这是最典型的互联网盈利模式，通过服务，将流量变现。这种模式售卖的其实不是商品，而是为消费者提供购买服务。千万的淘宝代购、惠惠购物助手、海蜜等都是这样的模式。他们的这种模式不需要仓库，不存在积压，本身仅需要做好服务一个环节就可以。

（二）海淘模式优缺点

海淘模式有利有弊，归纳总结其优势和缺点，优势体现在以下几个方面。

①可以在家“逛”国际商店，订货不受时间、地点的限制。

②获得较大量的国际商品信息，可以买到国内没有的商品。

③海外购物网站上的商品价格比国内专柜价格便宜很多，且海外购物网站经常会有打折促销活动。

④随着人民币汇率的升高，人民币的购买力增强。

⑤国内的奢侈品市场假货充斥，是真是假，没有一双慧眼还真是很难识别。然而海外购物网站上的商品基本无须担心假货的问题，可以让人放心地购买。

劣势体现在以下几个方面：

①语言限制。海外购物网站大多都是外语界面，如果外语不好，则相对国内网购有一定困难。

②国际配送周期长且相对国内配送风险大，各环节物流快递的素质参差不齐；转运行业没有规范的企业规定，出现转运公司关闭等问题时，无处投诉。“海淘有风险，购物需谨慎”是普通消费者必须谨记的。

③消费者使用中国发行的信用卡没有拒付权，且不被大多数海外网店接受。

④物流、信息流运作过程中有任何问题需打国际长途用英语与各方沟通，国际邮件很不可靠，退换货也不方便。

⑤网络支付不安全。因信用卡资料由国外网店保管，且国外信用卡支付系统交易无须密码，传输过程中可能在各环节被偷窥，号码被盗。所以要确保网络环境安全，电脑中没有潜藏任何木马病毒。

⑥消费者接触到的各种转运公司通常并非真正的具有通关资源的国际物流渠道商，而是中介。这些转运公司通常不靠电商返点而是靠隐性中介费来盈利，可能不比专业代购收费低。

⑦各个国家政策变动频繁，而且随着越来越多的国家重点关注到海淘这种行为模式，政策上的谨慎就给海外消费者带来潜在的风险和困惑，比如新西兰奶粉出口政策的收紧。

海淘具有低价格、高信任的自带属性。在模式没有差别的情况下，跨境电商只能围绕着“低价格、高信任”这两个核心去做，而在国家出台新政策后低价的属性被削弱不少，所以最核心的竞争力还是信任。因此，要做跨境电商，就得做高价值、高信任度的商品。从这个意义上说，海淘模式应该有不错的未来。

五、海淘模式下的制度风险及控制

海淘与国内网购从性质上看并无太大差别，但海淘作为跨国消费的一种具体方式，在出现纠纷之后，将会涉及不同国家之间的法律适用等问题，且我国对于海淘消费者的权利保护问题的规制也不甚完善，海淘消费者在面临维权的时候，极有可能处于举步维艰的境地。具体而言，在海淘过程中存在的风险，可以归结为现行法律规定欠缺和纠纷解决机制不完善两类。

（一）海淘模式下的制度风险

1. 现行法律规定欠缺

到目前为止，我国法律还未有对海淘的贸易活动进行专门针对性的规制。“海淘”无疑具有贸易性，但我国《对外贸易法》仅对对外贸易经营者予以定义和规范，对“海淘人”这种非经营性质的对外贸易者未予提及。

在《消费者权益保护法》《侵权责任法》《网络交易管理办法》等法律规定中，虽然对网购的法律关系进行了相应的规制，但对于海淘消费者来说，仍然较难适用加以保护。而其他国家的法律又较难惠及我国的海淘消费者。这就令海淘消费者在维权的过程中进退两难。

就《消费者权益保护法》为例，其并没有对跨国网购的支付安全问题做出一定的规制，而中国人民银行对此也并没有出台相应的规章制度，存在着适用上的漏洞问题。

另外，于2014年8月1日起正式实施的海关总署《关于跨境贸易电子商务进出境货物、物品有关监管事宜的公告》，对从事跨国电子商务的企业和个人进行了一定的规制，要求从事电子商务活动的经营者以及相关的物流公司需要将相应的信息通过联网的方式与海关方面进行对接，并提供相应符合要求的货物编码和物品税号等信息。该公告将对海淘消费者购买的商品是否是正品提供鉴别上的帮助。

2. 纠纷解决机制不完善

在消费者进行海淘的过程中，有可能遇到假冒伪劣的产品，或者遭遇包裹遗失、毁损的情况，更有甚者，可能存在信用卡被盗刷的情况。遇到以上纠纷时，若消费者完全不采取措施，则其损失将得不到赔偿。但根据现有的纠纷解决机制，海淘消费者面临的维权之路仍然是任重道远。下面笔者将对传统纠纷解决机制和新型纠纷解决机制中存在的问题分别展开论述。

（1）传统纠纷解决机制中存在的问题

传统纠纷解决机制主要包括诉讼、仲裁以及调解、和解等方式。海淘消费者一般不会采取诉讼的方式来维护自己的权利。究其原因，最主要的考虑是诉讼成本的问题。其次，海淘消费者在提起诉讼时，需要对卖方的信息予以确定。而海淘交易的整个过程都发生在网络上，交易双方当事人之间的信息极不对称，海淘消费者较难获取到卖方的相关信息，因此无法满足提起诉讼的基本要求；再者，海淘消费者若要提起诉讼的方式维权，则其将面临一系列烦琐的程序性问题，不利于尽快解决当事人之间的纠纷；最后，基于海淘纠纷是发生在跨国当事人之间，因此在法律适用的问题上还可能存在争议。诸如此类的原因，导致海淘当事人在发生纠纷之时，不会倾向选择诉讼这一救济途径。就仲裁来看，同样也是当事人所较少采用的救济途径。理论上，只要纠纷双方当事人之间满足已经达成了有效的仲裁协议等要求，即可申请仲裁来解决纠纷。但实践中，海淘纠纷当事人之间基本不存在达成相应仲裁协议的可能性。即使当事人之间的纠纷满足提起仲裁的要求，在仲裁的过程中仍然存在各种与诉讼中类似的问题，并且在最后仲裁结果的执行上仍然存在较大的障碍。这种情况下，由于纠纷发生在不同国家的民事主体之间，对于仲裁的执行需要国家间存在相应的国际条约或国际惯例，任一国家对仲裁执行结果的不配合，都将造成仲裁执行困难的问题。而调解、和解等救济解决方式，也往往因为当事人之间语言不通等原因而无法达到很好的协调效果，且海淘消费者并不掌握卖方除交易沟通账号之外的其他联系方式，一旦卖方在纠纷发生之后选择逃避问题的解决，消费者一方将很难通过其他的联系方式与卖方进行沟通。

（2）新型纠纷解决机制中存在的问题

在传统的纠纷解决机制之外，还存在若干新型纠纷解决机制。具体而言，这类新型纠纷解决机制主要包括海淘网站本身所设置的纠纷解决机制、China- ODR、中国国际贸易仲裁委员会所提供的《网上仲裁规则》以及中国消协的投诉和解平台等。

其中，海淘消费者较倾向于选择海淘网站自带纠纷解决机制或者通过消协的投诉和解平台来维权。出现纠纷，首先选择向海淘网站提起纠纷解决请求，是较为便捷的做法，一旦网站认定卖方存在违规操作的问题，海淘消费者可以很快得到一个满意的解决方案；而在中国消协的投诉和解平台上，通过组织消协等第三方来对海淘消费者和卖方进行协调，能够促进纠纷的快速解决，因而为海淘消费者所广泛接受。

与此同时，China-ODR和中国国际贸易仲裁委所提供的《网上仲裁规则》却鲜有人问津。究其原因，除却纠纷解决的成本问题之外，消费者对该纠纷解决机制的公信力存在质疑也是其不选择该救济途径的原因之一。

（二）海淘模式下制度风险控制

1. 完善立法，加强合作

我国现有的法律规定，对于海淘活动的规制并不具有针对性。据此，我国法律应增加对于海淘活动的相应规制内容：

信息披露。笔者经过调研，发现实践中存在国内加工厂经过劣质加工制作而成的山寨商品，通过运送出国，再经由海淘消费者海淘回国的情况，以及海淘消费者误入钓鱼网站而被骗取大量财物的案例。考虑到海淘消费者不易对海淘网站的正规性进行判断，因此，建议相关机构应当标识出符合要求的海淘网站，供消费者查询，从而达到有效监管海淘网站的效果。

对消费者知情权作进一步要求。我国最新修改的《消费者权益保护法》中，虽然已经对消费者的知情权问题作了规定，但其条文规定较为抽象，同时也没有对跨国支付的问题进行相应的规定。建议在消费者知情权的规制问题上，应当更为具体地进行表述，以更好地保护消费者的利益。

防范信用卡被盗刷情况的发生。由于海淘当事人的信用卡相关资料会提供给国外一方当事人进行操作，而国外的信用卡支付系统的交易过程中，并不需要持卡人输入密码，因此较容易产生消费者提供的信用卡被盗刷的情况发生。一旦信用卡被盗刷后，将涉及举证维权等一系列问题，因此法律需要提前对信用卡的盗刷问题进行防范规制。举例来说，法律可以规定在信用卡消费过程中增加多种验证方式，以确认是持卡人本人所为消费等。

适当提高赔偿标准。近年来，随着海淘在新一代年轻人之间的盛行，越来越多的假冒伪劣商品开始横行。造成这种情况发生的原因之一，是我国对于假冒伪劣商品的打击力度不够，现有的赔偿标准尚不足以对不法商人构成威慑。实践中，考虑到违法成本不高，许多不法分子肆无忌惮地生产和销售假冒伪劣商品，对我国的社会主义市场经济秩序造成较大的冲击。因此，笔者建议可以适当提高对于制假卖假等不法行为的赔偿标准，以达到维持市场秩序的目的。

在完善本国立法之外，更重要的是要加强与其他国家的沟通合作。前文中已反复强调，海淘活动发生在不同国家的民事主体之间，其发生纠纷之时，将会涉及各种诸如法律适用问题等难题。若两国没有加入相关的国际公约或没有相应的国际惯例，则对于纠纷的解决将会非常不利。

另外，若各国家和地区之间对于海淘活动的规制问题认同一个统一的规则，将大大促进海淘活动中纠纷的快速高效解决。

2. 加强政府监管

从法理上看，海淘活动是一种正常的司法活动，理论上不应受到过多的行政干预。但出于海淘消费者和卖方之间的信息不对称以及海淘活动发生在不同国家的民事主体之上，在发生纠纷之后，仅靠海淘消费者一己之力，较难进行很好的维权。基于此，政府应当提供相应的辅助管理措施，以保障海淘活动的顺利进行。

具体而言，政府应当首先对海淘过程中的跨境电子支付进行监管。第三方支付服务机构的“非金融机构”属性决定了它在简单适用现有金融监管体制时表现出不协调性，并造成其在外汇管理体制中的法律地位不明确，同时，由于它提供服务性质的模糊性，使得跨境支付中的消费者权益不能得到“金融消费者”式的保障。实践中，由于对于跨境电子支付的监管职责不明，存在不法分子通过此途径进行偷税漏税、洗钱等情况。同时，若对于跨境电子支付问题放任不管，则海淘消费者在跨境电子支付过程中提供的相关资料可能会被利用，严重的可能还会对我国的金融安全造成一定影响，需要引起重视。为了防范第三方支付市场可能出现的风险，中国银行和银监会应尽快出台该行业的相关管理法规，严格界定和审核第三方支付厂商的从业资质、业务流程以及收费制度。

六、海淘购物存在的问题

海淘这种购物方式是刚刚兴起的一种消费方式，市场是不完善的，主要存在着4个问题：

1. 货源无法保障

虽然强大的购买力促进了各大电商和各种微商的加盟，但是欺诈行为仍然存在，无法保证货物的来源。就拿一些韩国代购来说，在微商的圈子里，真正销售从韩国生产的货物的极少，许多都是由中国生产，然后运到韩国，再转运回中国，这样顾名思义也是从韩国本土运来的所谓正宗的“韩货”。更有甚者，一些人直接就是从中国的小作坊里面拿到的货品以打折韩国货品的名义进行销售。消费者担心的首要问题就是货品的来源。在当下的中国社会，山寨品牌充斥在各个方面的市场中，消费者之所以选择海淘就是希望买到品质更高的商品，尤其是对于一些食品和保健品来说，更是需要安全的质量保障。

2. 物流问题

无论是转运、代购还是直邮都涉及物流问题。货品能否安全到达消费者手中同样重要。在代购的圈子中，有些消费者为了以更低的价钱买到货品，选择在香港等税低或者免税的地方进行转运，却有可能在转运的过程中被中间人将货品调包或者弄丢。直邮相对来说安全，但是时间长费用高。物流行业的完善会对海淘市场的扩大起到决定性的作用。

3. 费用问题

王女士托朋友从加拿大买了某电子产品，原价是515加币，官网打折时是444加币，但是真正到王女士手中的价格是570加币。因为加拿大征收电子产品的消费税比较高，高达15%～20%，再加上在邮递的过程中有可能会被海关抽到补税。于是王女士选择直邮的快递方式，并主动报了关税，结算下来达到了570加币，相对于原价515加币增长了55加币，相当于260多元人民币，相对于在本地消费的人增加了90加币，即430元左右的人民币。电子产品的成本高，相对于买到的价格还不算很高，但如果是面膜、化妆品等本身成本就不高的物品，单独的邮费也是让消费者十分头疼的问题，所以许多海淘者们选择拼邮的方式来平摊邮费，还能省一部分钱。费用的问题随着中国与各国的交流合作更加密切，会有相应的政策开放，消费者的海淘也会越来越便捷、低廉。

4. 支付方式问题

在国外网站购物的不便捷之处，除了语言问题就是支付方式了，中国人习惯了用支付宝、微信支付等去买东西，但外国人不是以这种方式支付，就使国内消费者望洋兴叹，有钱却没办法去消费。

任务二

海外代购模式

“海代”就是身在海外的人或商户为有需求的中国消费者在当地采购所需商品并通过跨国物流将商品送达消费者手中的模式。从业务形态上，海外代购模式大致可以分为以下两类：海外代购平台、微信朋友圈海外代购。

一、海外代购平台

海外代购平台的运营重点在于尽可能多地吸引符合要求的第三方卖家入驻，不会深度涉入采购、销售以及跨境物流环节。入驻平台的卖家一般都是有海外采购能力或者跨境贸易能力的小商家或个人，他们会定期或根据消费者订单集中采购特定商品，在收到消费者订单后再通过转运或直邮模式将商品发往中国。

海外代购平台走的是典型的跨境C2C（Customer to Customer，个人与个人之间的电子商务）平台路线。代购平台通过向入驻卖家收取入场费、交易费、增值服务费等获取利润，其优势在于：为消费者提供较为丰富的海外产品品类选项，用户流量较大。劣势在于：消费者对于入驻商户的真实资质报以怀疑的态度，交易信用环节可能是C2C海外代购平台目前最需要解决的问题之一；对跨境供应链的涉入较浅，或难以建立充分的竞争优势。

（一）海外代购的典型特征

跨国性。跨国性是海外代购的基本属性。海外商品是海外代购的主要目标商品。这些商品中部分国内也有售卖，但具有一定价格优势，类型众多，包括电子数码产品、医疗保健品、美容产品等。还有一些商品国内并无销售，只能在海外购买。

复杂性。从法律角度来看，海外代购涉及4层法律关系，包括销售服务法律关系（存在于代购方与消费者之间）、销售合同法律关系（存在于海外商家与代购方之间）、柜台出租法律关系（存在于代购者与网购平台之间）、实质买卖关系（存在于消费者与海外商家之间）。正是基于上述4层关系导致海外代购法律关系错综复杂，也给消费者正常维权带来了一定难度。

非现货性。非现货性是海外代购与其他类型销售模式相比较大的差异点之一。绝大部分海外代购商家都不会提前进行囤货，只有在消费者存在需求时，再临时进行购买，以此来节省仓储成本。一般情况下，消费者会先向代购商家下达订单，然后代购商家再根据订单信息向海外商家进行采购，然后再邮寄或采取人工带回的方式将商品带给消费者。

易纠纷。由于海外代购的特殊性，消费者进行代购时基本上看不到实体商品，也就不能亲身感受到商品的品质，无法使用。同时，海外代购商品并不支持国内“三包”服务，自然带来了一系列纠纷诱因，在消费者与代购者之间容易产生纠纷。

（二）海外代购过程中存在的部分问题

近几年来，海外代购发展步伐愈来愈快，但从客观角度来看，海外代购商业体系、监管体系并不成熟，存在着一些典型问题：

海外代购市场高仿品、假货层出不穷。虽然很多海外代购商对外声称自己的商品货源来源于国外，绝对真实，但往往一些海外代购商“昧着良心”，以次充好，将高仿产品当真货卖，严重扰乱了市场秩序，也侵害了广大消费者的合法权益。一些代购店为了盈利，会制定出一系列规则来吸引消费者。例如，在部分奢侈品代购销售过程中，商家会做出承诺让消费者去专柜验货，若验出是假货，即对消费者进行多倍赔偿。但这种专柜验货本质上是噱头，在国内很多专柜并无法提供此类服务，也不会为消费者提供相关证明。消费者自身也会因为“验货过于麻烦”等原因，主动放弃此项服务，也就给不法商家提供了可乘之机。

消费者维权问题。对于大多数消费者而言，海外代购维权相对困难。现阶段，海外代购售后服务体系尚不健全，特别是在退换货、售后等方面存在较大缺陷。一些消费者在海外代购期间，由于来往物流耗时过长，可能会错过退换货期限，且自身要承担较高的邮费而放弃维权。在部分国家，即便对问题产品进行召回，但代购商品并不在此范畴内。当然，一些电商平台在交易管理办法中也会做出网购可无理由7天退货的条款，但具体落实过程中往往会受到阻碍。甚至一些海外代购商品会标明不退、不换，最终消费者由于维权成本较高而放弃主动维权。

法律监管缺失。目前，国内并未针对海外代购出台针对性的法律，主要以《消费者权益保护法》为主。基于海外代购过程中复杂的法律关系，导致难以确认责任主体。司法现实当中，很多消费者无法充分了解销售者的真实身份或信息。一旦出现产品问题，也就难以通过有效的法律途径进行维权。在我国法律中要求主张方自身提供证据。也就是说，消费者遇到假劣产品时需承担举证责任。但这种举证需要专业人士参与其中，这无疑增加了取证成本及难度，也在一定程度上阻碍了消费者维权。

（三）完善海外代购的相关建议

1. 加强行业监管

海外代购作为近几年出现的新兴行业，行业发展架构尚不成熟，需要进一步强化行业监管，以保护广大消费者的合法权益。在这个过程中，政府等部门要发挥引导作用，监管部门要与网络电商平台加强合作，对海外代购规则、条款进行补充完善，从机制方面消除海外代购过程中可能存在的隐患，并逐步构建代购诚信体系。对于网上交易期间存在的敏感性资料或个人信息数据要给予法律保护。同时，要建立专门的网络交易纠纷处理平台，赋予消费者有效的维权途径。对于部分在健康、卫生方面存在特殊性的商品，在此类商品代购方面要进行管制，并且在商品进出口以及销售等环节实施行政许可制度。另外，要设立资格制与责任制，对于不合资质的代购者，电商平台以及地方工商部门要停止向其提供交易平台服务。对于消费者的投诉、举报要积极受理，严肃打击违规违法行为，创设出一个健康的行业环境。

2. 消费者自身要树立良好的维权意识

一方面，要引导消费者树立良好的维权意识。海外代购风险是客观存在的，只有消费者自身树立了良好的意识，增强警惕性，才能最大限度避免海外代购漏洞。消费者在代购期间要尽量选择知名度高的电商平台进行交易，尽可能避免私人代购网站。在汇款或转账前，要通过电话语音或视频等方式确认对方真实信息，并通过多方求证，确保代购商的真实可靠性。同时，消费者要尽量采取电子邮件等书面方式与代购方签订协议，以作为后续法律维权依据。协议当中要明确商品名称、规格、付款方式、交易时间、违约责任等事项。消费者在收货时要养成先验货的习惯，查验无误后再确认支付。另一方面，相关部门及电商平台要加强维权宣传工作，可定期向消费者推送一些维权知识、海淘技巧等，不断增强消费者对海外代购的认知程度，使其具备保护自身合法权益的能力。

3. 完善相关法律体系建设

要规范海外代购，必然离不开相关法律法规的支持。目前来看，现行的《消费者权益保护法》并不能有效解决海外代购纠纷问题。笔者建议以《消费者权益保护法》为导向，制定出专门的“跨境网络消费者权益保护条例”。该条例针对网络海购当中消费者权益纠纷问题做出明确规定，让海外代购“有法可依，有据可循”，进一步约束并规范海外代购行为。与此同时，可在非诉讼纠纷解决机制方面借鉴欧美等发达国家的处理方式，在网络环境下构建出在线纠纷解决体系，包括在线和解、在线调解、在线仲裁等，并形成线上线下的对接，为消费者创造多元化的维权途径。

总之，海外代购发展步伐愈来愈快，但相关监管工作、法律建设等却没有及时跟上，使得海外代购当中的部分问题逐渐凸显出来。为进一步完善海外代购，政府有关部门要发挥宏观引导、协调作用，加强行业监管，并加快相关法律体系建设。消费者自身也要树立良好的维权意识，懂得保护自己的合法权益。通过多方努力，共同创造出一个良好的海外代购环境。

二、微信朋友圈海外代购

每个人的朋友圈里或多或少都会有几个亲戚、朋友、同学，用各种海外代购产品时不时刷一下屏。从老人养生到母婴用品，从商务办公到生活起居，也可谓应有尽有，令广大女性朋友痴迷的名牌包包、化妆护肤品等更不在话下，其中也不乏很多做得风生水起的。

（一）微信朋友圈海外代购概述

1. 微信朋友圈海外代购相关概念界定

微信自2011年被腾讯公司推出以后，其功能不断得到完善和发展，现今已成为集合文字、语音、视频通信于一身的社交软件。近几年以来微信的注册用户数量高速增长，成为当下使用最普遍的社交工具。“朋友圈”是微信4.0版本新推出的一种社交功能，微信用户可以在朋友圈内发表文字、图片、视频、歌曲、链接等动态，其独特性功能为仅有其微信好友可以在本人朋友圈状态下进行评论或者点赞等操作，非微信好友无法得知并查看其状态。朋友圈这一功能被网络商品服务者所利用，大量提供服务和出售商品的图片和文字充斥在朋友圈内。注册成为微信用户非常方便快捷，既无须对身份进行核查，也不需要进行实名认证，每个人都能注册成为微信用户，也就是说每个人都能成为朋友圈里的经营者。个人在没有实体店铺的经营下想要成为商品经营的卖家，代购成了最好的选择。而海外代购因消费群体众多、利润赚取速度较快等优点成为朋友圈内微信用户的首选。微信朋友圈海外代购是指注册微信的用户（代购方）利用朋友圈可以自由分享文字和图片的特点，在朋友圈内发布自己掌握的境外销售方的商品信息，微信好友对朋友圈内感兴趣的商品与代购方在微信上联系后达成代购合意，购买者通过微信支付或者其他支付软件转账，代购方根据购买者的要求购买商品后交付给购买者的行为。

朋友圈海外代购行为作为一种新兴的购物方式，其具有自己独特的内涵。不同于传统的电子商务模式，传统的电子商务模式是购买方和经营方注册。

2. 微信朋友圈海外代购特点

朋友圈海外代购行为虽然属于网络购物的一种，但因其借助的是微信这一社交平台而非营销平台进行的交易，且交易行为发生在购买方和代购方的朋友圈，因此具有其独特特点

第一，朋友圈海外代购的交易主体具有多元性。因朋友圈海外代购的复杂性，其涉及多方交易主体，主要包括：购买方，即我们通常认定的消费者；代购方（可能存在多重代购）；境外销售者。事实上，交易主体还涉及境外生产商乃至快递运输公司等。交易主体的多元性，尤其是如境外生产商、销售商和部分代购者身处境外的跨国性，导致朋友圈海外代购涉及的法律关系更加多元化，使得消费者权益受到侵害时难以确定侵权主体，主体的认定和法律的适用面临难题。

第二，朋友圈海外代购的交易环境具有虚拟性。在朋友圈海外代购中，购买人和代购人是通过微信这一社交工具达成购买合意。双方之间是在非面对面的情况下进行的交易，虽然有部分是熟人代购，但多数双方对于彼此的身份信息、产品质量和其他参数等信息存在着一定的误判。购买人和代购人达到的购买合意通过微信上的聊天就予以完成，缺少传统网络购物中的订单形成、确认程序、第三方支付平台等程序，交易具有任意性和虚拟性。

第三，朋友圈海外代购交易方式具有快捷性。朋友圈海外代购主要借助微信这一移动社交平台完成，代购方只需要在微信上注册一个微信号就可以在朋友圈内发布商品或服务的信息，进行自己的经营活动。同时朋友圈海外代购没有第三方交易平台、没有具体的身份确认和明确的交易规则，代购方只需通过电脑或者手机在其朋友圈内定期更新商品或服务的信息即可。他们仅需保持微信在线及时，交易、收款、下单等均可在微信内完成。且朋友圈代购中部分消费者属于亲戚朋友等熟人，基于信任而购买商品，交易随意且快速。

第四，朋友圈海外代购具有隐蔽性。朋友圈与淘宝网等网络交易平台不同，朋友圈功能设置上本身就具有一定的隐蔽性，表现在朋友圈发布的内容仅有微信上的好友能够看到，对于朋友圈里内容的评论如果不是互为微信好友的关系，互相不能看到对方的评论，另外朋友圈可以将发布的内容的可见范围设置为私密、部分可见、不给谁看。这种设置使得其他人无从得知已经完成交易的购买者对商品或服务的评价，商品的评价机制和代购人信用评价机制在朋友圈海外代购中无法得到实现。购买者选择商品或者服务时仅能参照代

购人发布的信息和图片，不知其是否是真实海外货源。很多代购者本身没有进货渠道，只是别人的下级甚至几级代理，知情权得不到充分保障，消费者合法权益易受到侵犯。

第五，朋友圈海外代购的法律关系具有复杂性。在微信朋友圈海外代购中，面临着多种法律主体、具有不同的法律关系的情况，具体见图2–1。

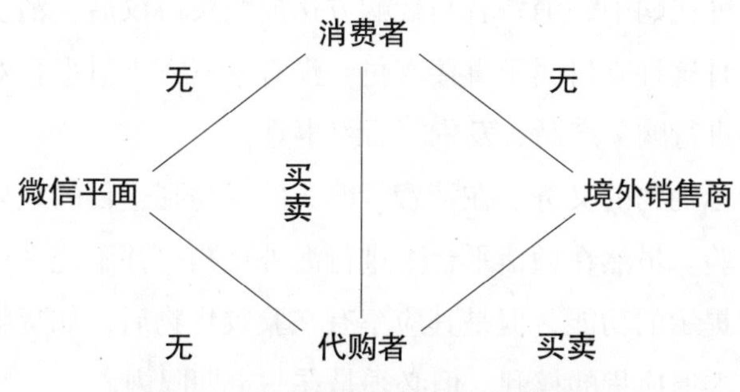

图2–1　朋友圈海外代购的法律关系

一是消费者和代购者之间的法律关系。按照上一节中对海外代购的分类，朋友圈海外代购中现货代购的消费者和代购者之间的关系属于商品的买卖合同关系，这一点是不存在任何争议的。但在非现货代购中属于何种关系在理论界中存在着诸多不同观点，部分学者认为代购者是按照消费者的要求去购买其所指定的商品，出售的实际上是劳务，其加上的差价属于劳务费用，属于个人委托代购关系。部分学者认为其实质是买卖，产生买卖合同法律关系。代购人将商品信息发布到朋友圈中，购买者看到朋友圈的商品后与代购者产生购买意向，代购者将商品重新进行定价或者在原价格的基础上按照百分比加收代购费后出售给购买人，实质上还是买卖关系，只是增加了代购人从中赚取差价转卖的过程。

二是代购人与境外销售者的关系。代购人与消费者达成销售合意后，代购人以自己名义向境外销售商购买商品，境外销售商不知道消费者的存在，其与代购人产生直接的买卖合同法律关系。

三是购买人和境外销售商的法律关系。根据前两种法律关系的论述，购买人虽然最终购买的是境外销售商的商品，但因购买者转卖行为的存在，实际上两者不存在直接的法律关系。

四是消费者、代购人和微信平台的关系。微信平台作为移动社交平台，其在整个微信朋友圈海外代购交易进行中仅是提供了社交平台，没有实际上参与到整个交易中去，与消费者和经营者不存在法律上关系。

3. 微信朋友圈海外代购参与方权利义务

在微信朋友圈海外代购中，参与整个代购过程的主要是购买者、代购方、微信平台，其应分别享有及承担起消费者、经营者及社交平台应享有的权利及遵从的义务。

按照《消费者权益保护法》第二章的规定，消费者享有知情权、安全权、公平交易权、隐私权和损害赔偿权等权利，因此朋友圈海外代购中的购买者应享有《消费者权益保护法》第七条至十五条规定的权利。有权利即有义务，在享受权利的同时应承担起相应的义务。

第一，支付价款的义务。购买产品需要支付相应的价款，这是买卖合同中最基本的义务。在微信朋友圈海外代购中，消费者与代购方达成购买协议后，消费者需先向代购方支付物品的相应价款，且这种支付属于直接支付，没有第三方支付平台对其进行保管。支付价款后，代购方才会进行购买产品、发货等后续事宜。

第二，及时查验标的物的义务。在消费者购买的货物到达目的地后，消费者有义务及时查收并对其进行检验。虽然在微信平台上进行海外代购，并不能像在淘宝等平台上进行购物时具有确认收货提示的功能，但是其应享有在验收货物后，如货物存在质量问题等瑕疵时，可以向商家要求退换货的权利，但必须是在一定期限内。

第三，抵制假冒伪劣商品的义务。在朋友圈海外代购中，因商品的实际销售商在国外，且代购方往往存在多级代理，代购方本身可能对于商品的质量、来源并不清楚。因此，在朋友圈海外代购中，假货横行，质量不一。作为一名消费者，应具有自觉抵制假冒伪劣商品的义务，而不是因为熟人代购选择忍气吞声。

同理，作为一名承担经营者责任的海外代购者，其享有收取价款、签订合同等权利，但作为经营者，其承担的义务是关注的重点。

第一，交付标的物。交付标的物是代购方承担的首要义务，也是海外代购合同签订的目的所在。代购方应按照双方约定的物品的质量、数量、到达的时间、地点等履行交付义务，这是代购方基本职责所在。

第二，对标的物的瑕疵担保责任。代购方应保证其交付的标的物符合标的物的质量说明，同时保证第三人不得向消费者主张任何权利的义务，否则其应该承担购买者的损失或者支付相应的违约金。

第三，提供与标的物有关的其他单证和资料的义务。其应该向购买者提供与标的物有关的单证和资料的义务，包括发票、产品说明书、产品合格证等。

第四，提供本人真实信息的义务。在微信平台中，注册成为一名会员非常简单快捷，平台并不对其真实身份进行审核。因此代购者有义务提供自己的真实身份信息，在购买方因代购方提供的商品存在某些问题时能够找到对应的责任人。

微信作为朋友圈海外代购提供交易的平台，其定位为社交平台而非营销平台，其是否和淘宝网等网络交易平台一样，是否属于《网络交易管理办法》规制的范围并未确定。虽然其定位不同，但是其为朋友圈海外代购提供一个普遍化、大众化的平台，因此其应该承担能够提供销售者或者服务者的真实名称、地址和有效联系方式的义务，也就是我们通常所说的信息披露义务及纠纷解决义务。现在的微信平台管理仍不完善，此两种义务其还没有实现，因此应加强对其正规化、完善化管理，为消费者权益保护提供另外一种解决途径。

（二）微信海外代购现状

1. 基于微信平台进行的代购交易总量不断增大，但经营流程仍需规范

随着海外代购的迅猛发展，微信作为主要的社交平台之一，因其入行门槛低，附加费用低，交易方便快捷被海外代购商家所青睐。微信海外代购从最开始的在自己的朋友圈内宣传逐渐发展出专门宣传产品的公众号和一系列的代购群；通过广告直接或间接插入或以活动的形式不断在朋友圈中添加不熟知的人，微信海外代购日渐火爆。但许多商家现阶段也只是通过单纯地发布产品、活动信息来笼络消费者，并没有较为规范完备的经营流程。

2. 微信海外代购以个人代购为主要模式，个别商家是在淘宝、京东等电商平台上经营店铺的同时利用微信进行营销

相比淘宝拥有自己的支持平台，在商家准入（身份认证、实名申请、工商注册等）、产品信息整合分类、第三方支付、信用评价体系、消费者维权等方面都有所规定，微信这个平台在提升客户使用的便捷度、客户细分、差异化推广、虚假信息查处、售后服务等方面都需要进一步改良。

3. 海外代购的主要产品类别

奶粉、化妆品、鞋包、服装、电子产品、各式手表饰品等，化妆品、奶粉尤其受到消费者欢迎。

（三）微信平台海外代购中出现的主要问题

1. 相关政策不完善，维权困难

目前，国家和有关部门还未颁布针对微信平台海外代购有关售后方面的法律法规，由于是在代购者的帮助下货物商家才得以把货物交给货物的最终购买者，买卖双方又身处两个国家，这就使得顾客在发现产品质量不好之后，申请售后服务存在障碍。一旦商品出现问题，消费者可能会因为无法找到代购商、难以验证商品身份等问题或因投诉不便、投诉成本高、证明手续难以收集等因素而放弃维权，并且一部分微商找各种借口来推脱责任。2014年，新修改的《消费者权益保护法》表明将对微信公众号的有关商品买卖进行管理，却对职业个人代购这方面缺少法规规定。微信是一个比较隐私的社交平台，有关的信息数据很少开放，国家部门若要对其监督管理难度较高。售后服务对微信代购尤显重要。

2. 代购商偷逃关税，国际物流速度慢

由于微信主要为个人代购模式，可能会涉及逃税或部分逃税，加上代购周期偏长，存在较高风险。代购业一直处于灰色地带，存在海关查收扣押货品的危险。2012年9月，空

姐李某就因利用职务之便多量大批将从海外购买的化妆品带回国而并未向海关申报，偷逃关税共计100多万元，最终被法院以货物走私罪判处11年有期徒刑，处50万元罚金。一般情况下，海外代购到货时间是7～14天，甚至由于天气、航班、海关等原因存在超过半个月的情况。海外代购商家为了减少成本和避免顾客跑单，通常都会选择收到顾客定金之后再开始采购商品。如若出现断货现象，采购时间将会延长。如若物流出现问题，海外代购商家不仅要退回所收定金，而且还需承担货物成本。

3. 支付平台不安全

不同于淘宝、京东等传统电商拥有配套的支付平台，可以确认收货后由电商转给商家，微信平台交易中许多人直接微信转账或支付宝在线支付给代购商，这样的话如果出现问题就很难维护自己的权益，不良代购商会在确认付款后就消失不见，不给顾客购货。

4. 假货猖獗，产品真实性差

由于当前微信监督体系还不够完善，微信代购中假货充斥市场。

第一，微信朋友圈广告中存在虚假信息，不良商家偷转别人的图片。

第二，不良微商为赚取更大利润，以次充好，倒卖虚假商品，不但损害了微商诚信，而且挤占正品的市场。据估计，中国的海淘市场规模将破万亿。另外，化妆品的生产成本较低，利润极高。急速扩大的需求市场与化妆品行业的巨大利润，是化妆品假货问题严重的主要原因。

第三，为了逃避关税，躲过海关的追查，更有甚者将代购商品的标签去掉，导致一些商品没有正规的购买票据。当然，也有部分代购表示可以连同“购物小票”与“商品”一起邮寄给消费者，但海外代购小票也是可以高仿出来的，代购若有心造假，只需花费几十元的价格就可以通过网络渠道购得中国香港、美国、法国、新加坡、澳大利亚的专柜假小票。因此，代购商品真假难辨。

（四）微信平台海外代购建议

1. 政策层面

海外代购是一种新兴产业，现处于发展期，通过加强立法健全相关法律法规，不断强化监管尽力消除其中潜在的风险，进一步推动代购业的发展。政府应加快发行《网络代购质量监管条例》《代购行业管理准则》等法律规定，完善《广告法》《消费者权益保护法》等相关文件。相关部门应不断扩大对其监管范围，强化自身与微信平台的合作交流，建立健全网上代购诚信体系，设立对违法散发微信不真实图片内容、不实点赞有奖宣传承诺等行为的处理办法；保护微信交易的真实性数据和私人信息，建立网络代购市场准入机制；建立商品代购投诉处理机制，针对代购商销售假货的行为建立举报机制，收缴假货并处罚代购商，全力监管微信营销的违法行为。

2. 微信平台层面

（1）对微信代购实行实名认证

采取实名制方便工商部门监督管理代购商，促进买卖双方的交易安全，纠纷发生时方便确认当事人，所以微商认证实名这一方法是很有必要的。为了从根本上解决微商违法行为维权困难的现象，在用户隐私保护的基础上逐步开通微信实名认证管理模式，督促微信电子商务商家进行工商注册。另外，要适当公开微商的经营信息，比如微商要公开售卖商品的品牌款式、价格折扣、运费税费、代购佣金、代购商品种类、商品的购货渠道等信息。

（2）创立网购纠纷解决平台，用户可直接在微信上维护权益

一是建立微信纠纷在线解决的非诉讼的争议解决机制，这不仅降低了微信代购商的司法成本，还节省了消费者的时间与精力；二是在微信平台上增加类似淘宝海外淘平台的板块，并在板块上明确规定通过微信进行的代购纠纷的争议解决方式。

（3）完善微信支付平台，建立微信客户端信用体制

推动运营者完善微信支付平台，创立微信平台的信用体制，或指导用户采取安全的平台支付货款。不仅确保用户在实际与微商交易过程中购买支付方式的可靠性，还要保障私人信息的安全。所以，增强买卖双方的安全，可添加信用评价机制和担保机制，选择除微商、微信平台以外的第三方机构以保证交易顺利进行。

3. 消费者层面

消费者应加强风险防范和警惕意识，学会维护自身合法权益。

第一，应确认代购商的资信状况，认真查看其他顾客的反馈意见，慎重选择代购商。要求卖家进行实拍，可以采取索要小视频的方式增加可信度；也可选取卖家亲自用的产品，或询问其他买家预购商品的功效。代购商品价格必然会比国内价格低，但是定价过低的商品也应引起买家的注意。

第二，买家应让微商保留购物单据、收银小票、商家电话、具体地址等，并充分了解商品质量和功效，了解要购买的国外产品票据的格式。并尽可能采用直邮送货上门，保存快递单据。

第三，应在购买时利用邮件、录音等方法表明与代购方确立合同，并在其中说明货名、价钱、购货渠道、支付方式、购买时间，以及双方责任等内容。签收货物前一定要先查看货物质量、有无破损情况。

第四，尽量采用淘宝等第三方平台进行支付，而不要用微信即时转账的方式。后者属于预先支付，缺乏保障。

第五，应保留卖家真实姓名、微信账号、聊天记录和转账凭证等信息；参与点赞优惠等商家活动时，应保留好截图信息。消费者应对手机号、银行账号、身份证等个人信息的消息加强防范以免不良微信商家的“陷阱”。

第六，在发生纠纷后，微信购物消费者要及时主动向工商部门投诉，提供对方详细信息，掌握有效信息凭证，并在平时监督其微信广告真实性和销售产品的质量水平。

（五）微信朋友圈海外代购中消费者权益保护存在的问题及原因分析

1. 存在的问题

微信朋友圈海外代购给消费者提供了方便快捷的交易方式、价格低廉但性价比较高的商品，丰富了消费者的日常生活。但在不断发展的过程中涌现出很多新的问题，假冒伪劣、图文不符、信息泄露等现象层出不穷，严重侵害了消费者的合法权益。当消费者权益受到侵害时，因其复杂的法律关系、交易平台与方式的特殊性，维权难度与传统消费方式相比更大。

【事例1】刘女士在朋友圈看到同学推荐其代购韩国化妆品的朋友，并且保证是正品。刘女士自己旅游带回来的韩国化妆品快要用完了，因是自己同学推荐，刘女士觉得应该值得信任。在添加对方账号后，其又谨慎翻看了代购方的朋友圈信息，里面商品的代购小票、代购方在韩国拍摄的照片及发货的物流信息应有尽有。刘女士询问店主其要代购的化妆品后发现价格比市场价还低了1/3，这使得其更为心动，遂决定购买一套，并通过微信支付的方式支付了价款。后刘女士收到化妆品后发现，代购的化妆品在包装和味道上与之前购买的均不一样。刘女士提出退货，卖家不同意，后因其和卖家说怀疑是假货，卖家将其微信账号直接删除。

【案例1】全国第一起针对微信朋友圈内销售假冒注册商标的商品定罪量刑的案件，发生在苏州常熟。孙某自2012年10月至2014年3月期间，其明知自己购进“CHANEL”“LV”等品牌的皮具、饰品是假冒商品，仍通过微信朋友圈进行销售，销售金额合计26万元。2015年2月20日，被告人孙某因犯销售假冒注册商标的商品罪被判处有期徒刑3年，缓刑3年，并处罚金13.5万元。

以上两起事例和案例的发生，从侧面反映出微信朋友圈海外代购中存在着诸多问题，消费者维权难度大，合法权益受到诸多侵害。

（1）消费者知情权难以实现

根据《消费者权益保护法》第八条第二款规定，消费者享有知情权，即朋友圈海外购物中的消费者享有知悉其代购的商品的真实情况的权利，包括知悉代购物品的生产者、销售者、检验合格证明、售后服务内容、质量等情况。同时《消费者权益保护法》第十九条规定了经营者应承担的义务，即提供商品的真实信息，不得做引人误解的虚假宣传。虽然《消费者权益保护法》对其做了相应的具体规定，但因朋友圈海外代购自身的特殊性，消费者的知情权难以得到保障。

【事例2】张先生为照顾自己从事微信朋友圈韩国化妆品代理的初中同学的生意，从其同学处购买1000多元的化妆品，收货后发现化妆品包装粗糙、说明书字迹不清晰，张先生向自己的同学咨询其否认为假货，张先生的妻子使用后造成皮肤过敏。

第一，采用片面公开商品信息的方式侵犯消费者知情权。朋友圈海外代购中，海外代购商品的文字大部分是我们所不熟识的，消费者了解商品信息的渠道只来源于朋友圈的图片及代购商的描述，代购商为了让购买者购买其代购的商品，其在朋友圈发布的文字或者信息都是精心安排和制作的，部分甚至隐瞒商品的不足，导致消费者对商品的认识是片面的、不完整的。另外在朋友圈海外代购中，因存在多级代购关系，部分代购人甚至都不了解商品的真实信息，更何谈消费者了。

第二，虚假的广告侵犯消费者知情权。在朋友圈中，代购方经常发布一些买家购物记录、评价等的截图以此来吸引消费者，实际上这些记录、评价都是可以通过技术手段进行操作的。部分代购商为扩大客源，往往采取找自己好友制作虚拟记录、评价、物流等方式侵犯消费者的知情权。

第三，代购商个人信息的不明确侵犯消费者的知情权。因朋友圈海外代购中，所有的交易都是在微信平台上进行的，多数消费者并不知晓代购方的身份信息和位置信息，侵权行为发生时，其侵权主体的确定将面临很大难度。

（2）消费者人身和财产安全易受侵犯

根据《消费者权益保护法》第七条的规定，消费者享有安全保障权，即朋友圈海外代购中的消费者购买商品时有权要求代购方保障其人身和财产安全不受侵害。但实际操作中消费者人身和财产安全保障面临一定难度。

【事例3】2016年特别流行的韩国的“九朵云马油”等化妆品，部分消费者在朋友圈代购了声称是正品的产品后，皮肤出现过敏甚至严重者出现烧伤的现象。

第一，消费者人身安全权受到侵害。因朋友圈海外代购交易环境的虚拟性，消费者在购买时无法对商品的质量做出判断，收到商品后也很难通过自行判断识别其真假，这给了一些人可乘之机。现在朋友圈海外代购中假货横行，难以辨别，像食品、保健品、化妆品等很容易对消费者人身造成侵害。

第二，财产安全权受到侵害。消费者的财产安全权，即消费者的财产不受损失的权利。朋友圈海外代购中，当消费者购买到伪劣、瑕疵商品而自身因为维权意识问题选择自认倒霉时，其购买商品支付的价款没有得到同等价值的商品，财产权实际上受到了侵害。另外微信朋友圈海外代购的代购方因交易行为会掌握大量消费者的姓名、住址、银行卡号等个人信息，受利益驱使，部分代购方将其掌握的大量信息进行出售或泄露，其被不法分子掌握后进行利用，往往也会造成消费者财产损失。

（3）消费者公平交易权不受保障

根据《消费者权益保护法》第十条第一款的规定，消费者享有公平交易的权利，即朋友圈海外代购中的消费者享有通过代购方式购买的商品具有价格合理和质量保障方面的权利。然而在微信朋友圈海外代购中，因整个交易是在虚拟的社交平台进行，代购者操纵着交易的整个过程，朋友圈的购买者一般处在被支配的地位，购买者与代购者处于不平等的地位，购买者的公平交易权容易受到侵害。

【事例4】杨小姐在从事微信海外代购的朋友处花费1200元购买了带有发票的澳洲薰衣草小熊，不久后其母亲到澳洲旅游时发现其购买的产品在当地价格折合人民币仅需500元左右。

第一，价格合理不受保障。朋友圈海外代购没有统一的价格机制，不受《价格法》的规制，且因朋友圈内容具有隐蔽性，非微信好友之间不能互相查看朋友圈评论的内容，因此购买同一种商品的消费者无从得知其购买商品的价格。这导致了朋友圈代购者决定商品价格时具有随意性，出售同一种商品给不同买受人时价格也是不相同的。消费者对于商品的价格没有具体衡量的标准，也没有部门对其价格进行监管，消费者的价格合理权不受保障。

第二，格式条款的使用侵害了消费者的公平交易权。在朋友圈海外代购中，代购者往往从自身利益出发制定有利于自己的交易合同，消费者对于合同不能修改，只能同意或不同意。消费者往往出于信任或者迫于压力，同意格式条款的合同，实质上有悖于公平交易权，往往造成侵害消费者合法权益的情形发生。首先，延迟履行。因海外代购具有域外性，且代购者需与上一级代购者层层联系，复杂的交易流程使得海外代购的周期非常漫长，消费者收货时间得不到保障。其次，瑕疵履行。因交易环境的虚拟性，代购方有可能将“质次价高”“图文不符”的瑕疵商品卖给消费者，商品的质量得不到保障。最后，后续服务缺失。当因商品质量问题出现纠纷时，很难能够享有售后服务，行使退换权、换货权出现困境。

（4）消费者索赔权难以实现

根据《消费者权益保护法》第十一条的规定，消费者享有依法求偿权。无救济就无权利，当消费者的诸多权利受到侵害时，通过何种手段与方式获得损害赔偿是摆在消费者面前的一道难题。

【事例5】一名女子通过微信朋友圈代购了某款脱毛膏产品，使用后却惨遭毁容。该女子向代购者要求赔偿时被代购者删除微信好友，因不了解代购者的个人信息，该女子索赔权没有得到实现。

第一，代购方主体身份确定难。在朋友圈海外代购中的消费者分为两种：一种是熟人经济，即其与代购方为亲朋好友关系；另一种为非熟人经济，素未谋面。在熟人经济中，当出现商品质量或其他问题时，消费者往往碍于情面不好意思向其要求退换货或者赔偿。在非熟人经济中，代购方与消费者不认识，微信上也没有登记其个人身份等各项信息，双方的联系完全依靠微信这一社交平台。当出现消费者权利受到侵害的问题时，其没有渠道获得代购方的详细信息，当代购方拒绝与其进行微信交流甚至将其拉黑后，其无法联系到代购方维护自身权益。另外因其法律关系比较复杂，涉及主体较多，且现在法律上没有对朋友圈海外代购各方主体责任及地位进行明确，在出现问题时，往往出现各方互相推诿，互不认账的情况。

第二，维权成本高。朋友圈海外代购中代购物品的交易金额一般不高，而实践中微信朋友圈海外代购中消费者维权的途径一般为起诉至法院。除了调查取证需要大量人力物力财力外，管辖法院的确定和法律适用的问题也是面临的一大难题，再加上采取诉讼程序也需要相应的诉讼成本，特别是代购方身处海外，所付出的诉讼成本及时间精力远大于商品本身的金额，消费者不得不放弃权利的行使。

第三，消费者举证困难。按照“谁主张，谁举证”的原则，当消费者权利受到侵害并诉诸法律时需要承担举证责任。朋友圈海外代购整个交易行为是在微信平台上进行，对于交易记录和交易内容出于信任或者疏忽往往没有保存。有些即使进行保存，对于交易内容中的细节上或字面上仍存在不同争议，举证困难。

2. 存在问题的原因分析

（1）法律法规不健全

通过对我国现行的微信朋友圈海外代购中消费者权益保护的立法进行总结，发现我国现行立法中存在以下问题。

第一，无专门的法律进行规范，立法存在滞后性。在我国，尚未出台专门的法律法规对网络购物中消费者权益保障问题进行规范，更遑论专门规制微信朋友圈海外代购的。现在仅有2014年修改的《消费者权益保护法》对网络消费者权益进行规定，但在理论和实践中对于其是否规制微信朋友圈海外代购仍存在争议。《消费者权益保护法》在第二十五条、第二十八条、第四十四条中分别规定了网购商品7天无理由退货、网络消费者关于经营者信息和产品信息的知情权、网络交易平台先行赔付责任，这是对于网络消费者权益保障的直接条款式规定，另外其对于消费者协会公益诉讼制度、请求赔偿金额增加制度、争议解决途径作了普遍适用性规定。这些条款的出台对于网络代购尤其是朋友圈海外代购中消费者权益的保护提供了直接依据，但是因朋友圈海外代购具有其独特性与复杂性，现在《消费者权益保护法》的规定还不能满足朋友圈代购中消费者权益保护的需要。如朋友圈海外代购中代购期限较长，涉及国内外物流，7天的退换货期限不能满足其实际需要，但现在尚未有延长退换货期限的规定；另外微信平台不属于交易平台，实际操作中其不承担披露经营者信息的强制义务，导致消费者很难找到维权对象等诸多问题。为了更好地保护消费者权益，除《消费者权益保护法》外，《合同法》《侵权责任法》《产品质量法》《邮政法》《电子签名法》等法律对于消费者权益保护作了零散的规定，但直接涉及的很少。

第二，缺乏针对性，适用范围有限。除上述法律外，我国还出台多项有关电子商务的法律规范、指导意见、暂行办法等，但其大部分缺乏普遍适用性或属于指导性原则无法律上的约束力和强制执行力，虽然具有一定的进步意义，但对微信朋友圈海外代购中消费者权益保障尚未起到作用。

综上，我国现有的法律法规对于电子商务的规定还仍不完善，对于朋友圈海外购物的法律规定还存在立法上的空白，对于朋友圈购物中消费者权益保护能否适用《消费者权益保护法》，购买者和代购方能否认定为消费者和经营者在法律上没有明确的规定。

（2）代购自身的特殊性

朋友圈海外代购作为一种新兴的购物模式，其与传统的购物模式相比具有特殊性，这种特殊性导致对消费者合法权益的保障存在诸多问题。

第一，代购者地位的认定存在争议。能否将代购者认定为经营者，享有其权利同时履行相对应的义务是保障消费者权益需要解决的首要问题。当消费者权益受到侵害时，朋友圈海外代购的购买者即消费者是否能够直接向代购者要求相应的赔偿问题在理论和司法实践中存在诸多争议，其关键在于代购者地位的认定问题。根据《个体工商户条例》第八条、第九条规定的经营者条件来看，朋友圈海外代购的代购方虽经常从事经营活动，但因其没有营业执照和工商登记不应认定为经营者。实际上则不然，随着电子商务的发展，海外代购成为代购人的主要收入来源，其已将海外代购作为自己的主要业务来发展，没有营业执照并未影响其经营活动的进行。同时经营者与消费者属于相对应的关系，购买方能够认定为消费者，那么与购买方相对应的代购方应认定为经营者。同时就上文论述的消费者与代购者法律关系来看，属于买卖合同关系，其也应认定为经营者，具有保障消费者合法权益的义务。

第二，购买者和代购方双方地位的不平等性。这种不平等体现在两个方面：一方面是掌握信息的不平等性，购买者掌握的信息都是代购方在朋友圈内发布的精心设计的文字和图片，其发布的目的是吸引消费者进行购买，对于商品的不足和劣势往往只字不提。消费者在询问过程中也会模棱两可、含糊其词，容易侵犯消费者的知情权、公平交易权等权利。另一方面是交易合同的不平等性。在朋友圈海外代购中，代购方一般都会在达成交易时提出有利于自己的合同条款，如无质量问题不得退换，消费者如想购买产品必须同意该合同。

（3）监管制度不完善

第一，政府监管制度不完善。与传统的非信息化的交易模式相比，朋友圈海外代购已打破时间和空间的限制，其虚拟性、隐蔽性、国际性、及时性的特点使现在的市场监管制度不能对其发挥有效作用。朋友圈海外代购的监管对象已从以前方便核验的书面合同转变成在微信平台上订立的电子合同，这对于监管工作提出高技术性和高要求性，加大取证难度和执法难度，现有的监管制度不能应对朋友圈海外代购监管工作的需要。

第二，微信平台监管制度的空白。政府的监管不是万能的，对朋友圈海外代购交易进行监管最主要的还是要建立微信平台的监管制度。但是现今微信平台尚未出台任何相关措施对朋友圈海外代购行为进行监管，购买者、代购方与微信平台的关系仅是注册成为微信会员，签署《微信软件许可及服务协议》并在微信平台上完成交易行为，实际上微信平台没有参与到交易行为中去，当双方发生纠纷消费者权益受到侵害时，微信平台没有相关的纠纷解决机制及投诉通道对此进行处理，没有相应的监管权力和监管能力。

（4）消费者自身维权意识不强

在微信朋友圈海外代购中，消费者往往出于对代购者信任的心理购买商品，因此，在选择商品时，其对于商品的详细信息及约定的条款往往没有详细进行阅读就急于下单，且下单后对于交易记录和交易内容不认真进行保存。在出现质量问题等各项纠纷时，部分人出于“不好意思”心理，认为因为几十、几百块钱和自己的熟人或者熟人的熟人计较就会丢了面子，自己以后不买他的商品就行了；部分人出于“害怕麻烦”的心理，认为到消费者协会举报或者到法院起诉浪费自己时间和金钱成本；部分人认为到法院起诉“打官司”是一项不好的事情，自己不想去维权；部分人因平时维权意识不强，对于交易记录不认真保存从而导致证据的缺失而无法维权；部分人选择进行维权却能力不足，对应承担责任主体的各种无理要求选择妥协退让。

任务三

第三方B2C模式

在直发/直运平台模式下，电商平台将接收到的消费者订单信息发给批发商或厂商，后者则按照订单信息以零售的形式对消费者发送货物。可以将直发/直运模式理解为第三方B2C模式。下面我们将从B2C模式入手，以国内的天猫国际商城为例来解析这种模式。

一、天猫国际

2014年2月，跨境B2C电子商务平台天猫国际正式启动，天猫国际是天猫商城所孵化的跨境电子商务平台，在淘宝及天猫App上开辟了专门的入口，直接为国内顾客提供从国外进口的产品及服务。迄今为止，已在全球87个国家和地区拥有了29000多个外国品牌的加入，包含5800多个种类，其中，80%以上的海外品牌是首次进入中国。国内的消费者对淘宝的购物流程已经十分熟悉，天猫国际也引进了和淘宝类似的流程，使消费者更方便购买海外产品。天猫国际对卖家有特殊要求，所购产品72小时内必须发货，14个工作日内要送达，方便买家在货物送达过程中查询物流信息。天猫国际的分销商还配备了旺旺中文咨询服务来开展海外业务。背靠阿里巴巴强有力的资源支持，天猫国际的发展一直以来也十分迅猛，近年取得了不俗的成绩，以“天猫国际，我的全球新发现！”的口号深受我国消费者的欢迎，天猫国际目前是海购的首选跨境电商平台。

1. 支付手段

天猫国际是阿里巴巴旗下的子公司，在支付手段方面主要使用阿里集团研发的第三方支付软件支付宝（Alipay）。支付宝是国内领先的网络支付服务工具，是一个安全、方便、个性化的网络支付解决方案。支付宝的使用方法简单易操作：顾客首先选择自己喜欢的商品然后下单，确认订单后再通过银行卡或支付宝等支付方式进行支付，这部分款项先留存在支付宝中，等到卖家处理完订单并发货成功，消费者收到商品后，确定没有问题后，确认收货，款项才会到卖家手中。这种方式在一定程度上保证了双方利益，通过第三方平台监督，使双方的资金流动更加规范。另外，天猫国际还支持PayPal、电子银行支付等。

2. 菜鸟物流

天猫国际的物流体系依托于菜鸟物流。菜鸟联盟是由阿里巴巴集团和第三方快递公司（通达系物流）共同入股筹建，呈现快递联盟的形式，因而菜鸟能够整合多方资源优势，网罗全国快递站点。菜鸟联盟利用自身的物流技术，如RFID技术、GIS技术等，可以准确捕获并追踪跨境产品的基本位置。目前，越来越多的快递公司正逐渐通过菜鸟被添加到其网络中，菜鸟网络的构建是支持天猫国际稳定运营的重要支柱之一。

3. 盈利模式

按照平台运营方进行分类，天猫国际属于平台型跨境电子商务平台，主要通过吸引海外品牌商家入驻其平台，获得佣金。同时，天猫国际为入驻的企业商家提供营销推广、物流配送、支付和售前售后管理等相关服务，在此过程中，收取增值服务费用、商家加盟费、佣金、广告宣传费以及交易中获得的交易费、会员费等。

二、天猫商城B2C模式分析

天猫原名“淘宝商城”，是一个综合性购物网站。淘宝网全新打造的B2C整合了数千家品牌商、生产商，为商家和消费者之间提供一站式解决方案。提供100%品质保证的商品，7天无理由退货的售后服务，以及购物积分返现等优质服务。2012年1月11日上午，淘宝商城正式宣布更名为“天猫”。2012年3月29日，天猫发布全新Logo形象。2012年

11月11日，天猫借“光棍节”大赚一笔，13个小时卖100亿，创世界纪录。2017年，“双十一”开场11秒，淘宝系交易额超10亿，3分01秒成交额破百亿，无线成交占比93%。第九届天猫“双十一”全球狂欢节开始1小时49秒，成交额超过571亿元，这一数字是2014年“双十一”全天的成交额。根据阿里巴巴11月12日零点公布的数据，2017年“双十一”天猫、淘宝总成交额1682亿元，刷新纪录。目前，天猫已经稳居B2C行业无人能敌的领先地位。

天猫商城旨在依托淘宝网优势资源，整合上万家品牌商、生产商，为商家提供电子商务整体解决方案，为消费者打造网购一站式的服务，力争将以淘宝网为主的消费者平台升级为“无处不在”的供需双赢的消费平台。天猫商城构筑店铺展示系统、信用评价体系、商家成长机制、即时沟通工具、商品编码系统、API平台开放系统、正品保障机制、SNS社区和淘江湖系统、支付体系统等九大机制体系，构建电子商务网络购物生态圈，为商家提供电子商务整体解决方案，为消费者打造一站式的购物体验平台。

天猫商城的模式是做网络销售平台，卖家可以通过这个平台卖各种商品，这种模式类似于现实生活中的百货大楼，每个商家在这个网络“百货大楼”里交一定的租金就可以开始卖东西，主要是提供商家卖东西的平台。天猫商城不直接参与卖任何商品，但是商家在做生意的时候要按照天猫商城的规定，不能违规，违规它会处罚你。如果这个网络“百货大楼”想赚更多的钱，就会加你租金，你不交它就会把你赶到（淘宝）集市上摆摊。这就是天猫商城，与我们现实生活中的百货大楼类似。

天猫作为独立的第三方交易平台具有技术框架布局和系统平台维护方面的明显优势，已经成为那些没有资金和实力建设自己网上平台的中小企业“触网”的首选。相对于垂直型B2C和综合型B2C，虽然中小企业选择第三方交易平台可以节约大量的人力、物力、财力，但平台型B2C还是存在以下几点不足：第一，发展时间短，平台规模小。第三方交易平台出现时间不过几年，其业务规模和使用者数量需要时间的积累。第二，与企业业务结合程度不深。第三方交易平台一般是从企业外部逐渐切入企业内部的，其结果必然是与企业的业务结合程度不够紧密，这是第三方交易平台的一个主要瓶颈。第三，信用成本高。本来交易双方就存在信用问题，而第三方介入又使得平台本身和交易方存在信用问题。

三、B2C跨境电商平台运营模式的构成要素

1. B2C跨境电商平台运作流程

首先分析B2C跨境出口电商平台的基本流程，商家将商品在平台上进行展示，提供产品相关信息，消费者在选择相应的商品之后进行下单并支付货款，平台企业选择物流企业，由物流企业负责配送，经过境内和境外海关商检后，消费者最终收到商品。此外，有一些B2C跨境电商平台直接通过第三方综合服务平台，由其完成物流、清关、商检等活

动，最终完成交易。B2C跨境进口电商与出口电商的流程大体上相似，只不过相对应的环节是相反的（图2–2、图2–3）。

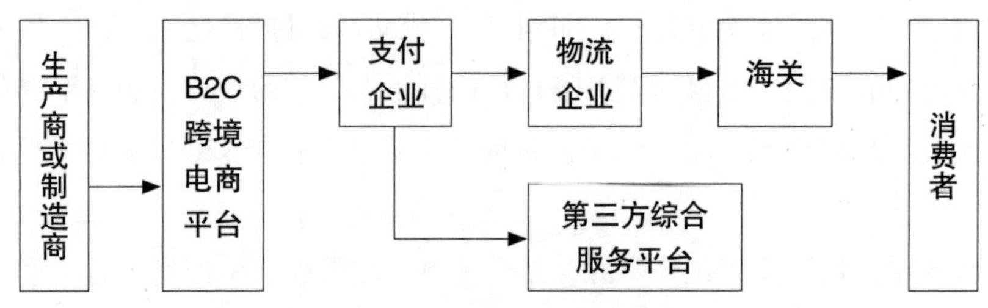

图2–2　B2C跨境电商出口流程

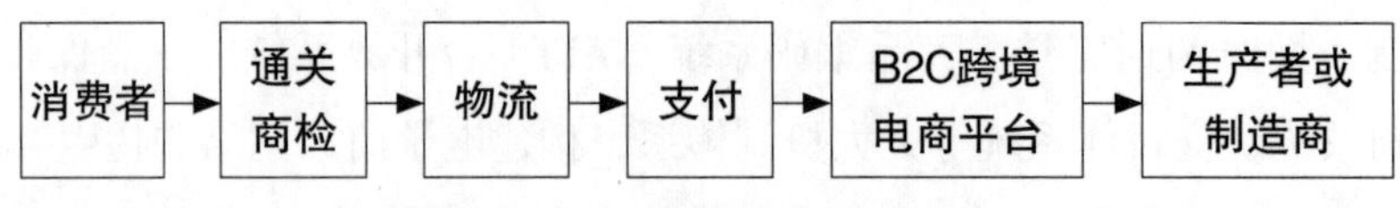

图2–3　B2C跨境电商进口流程

2. 关键构成要素分析

运营模式的构成目前学术界没有形成一个权威的统一，运营模式的构成要素是多方面的。本研究认为，应结合所研究对象的具体行业特点，从商业运作流程出发，进行流程上的结构，进而分析运营模式的关键构成要素。

从B2C跨境电商的运作流程中，可以看出平台连接了消费者和商家，这双方的群体是相互吸引的，具有网络效应，对消费者和商家的运营，关系到平台的发展，而且是至关重要的，平台运营需解决的首要问题就是商户运营和消费者运营。随着平台上用户的增多，交易达成的次数也越来越多。从交易达成到商品成功送达消费者手中，需要支付、物流等方面的支持，自营企业涉足产品采购、仓储、运输等问题，所有的这些，都可以归纳为企业的价值链运营。本研究中一直强调的是，运营模式的核心是盈利，平台的收入必须考虑在其中，平台获得收入，将会在某些方面进行投入，进而扩大规模，抢占市场，所以这一切属于收入运营。

总而言之，跨境电商的运营流程包括消费者运营、商户运营、价值链运营、收入运营。在消费者运营与收入运营上，3种运营模式没有太大的区别。在价值链运营和商户运营上，3种模式有比较大的区别。价值链运营，分为基本增值活动和辅助增值活动。3种运营模式下，辅助增值活动都是建站、管理、会计、财务、法律、技术开发、人力资源管理，主要区别是体现在基本增值活动上。由于3种模式招募商家的方式不同，故商户运营模式也不相同。

四、综合型自营跨境B2C平台

综合型B2C也可以称为自营百货零售型B2C。目前，京东商城是国内规模最大的综合型B2C电子商务企业，其特点是产品线结构非常丰富，拥有广泛的、忠诚的注册用户，以及众多的合作供应商，拥有更有竞争力的价格和逐渐完善的自有物流体系等优势。京东商城接连受到国际著名风险投资基金的青睐，说明了具有战略眼光的投资人对综合型B2C前景的认可。从中国B2C发展趋势来看，综合型B2C具有更快的发展速度和更广阔的发展前景。

京东商城、卓越亚马逊、当当网等网站从垂直型成功转型为综合型网站，验证了国内B2C电子商务发展的趋势。众多垂直型网站转型的原因无外乎以下几个原因：第一，经过多年的发展，垂直型网站用户规模不断地扩大，已经有能力扩展到其他行业；第二，网站的发展在于创造用户和满足用户的需求，转型为综合型网站可以更好地满足用户不同的需求，提供一站式的产品和服务、能够更好地留住用户的心、培养用户的忠诚度；第三，扩展到其他产品线，增加收入渠道进而打“组合拳”，可以获得更多的利润。总的来说，追求利润是垂直型B2C网站转型的根本原因。

综合型B2C网站在满足用户不同需求的优势之下，其劣势也是明显的。综合型B2C网站商品种类繁多，需要与众多的供应商、制造商合作，其运营成本必然要剧增，仓储能力、客服等工作压力也会随之出现，物流亦成为综合商城的一大瓶颈。综合型B2C网站需要更多的精力来应对各种挑战。

五、垂直型自营跨境B2C平台

垂直型B2C是指平台在选择自营品类时会集中于某个特定的范畴，如食品、奢侈品、化妆品、服饰等。垂直型B2C主要有两大特点；一是专，二是深。“专”是指集中全部力量打造专业性信息平台，包括以行业为特色或以国际服务为特色；“深”是指此类平台具备独特的专业性质，在不断探索中将会产生许多深入且独具特色的服务内容与盈利模式。据此，垂直型B2C主要走的是专业化的品牌经营之路。

垂直型B2C的优势具体表现在以下3个方面：第一，在垂直细分领域做出自己的特色，形成品牌效应，可以满足那些看重品牌的消费者；第二，产品和服务的专业化，垂直型B2C在产品的划分上具有单一特性，有助于产品和服务的细分，通过精耕细作，更能抓住用户的心；第三，垂直型B2C的物流管理更加高效、便捷，可以满足消费者对快捷服务的要求。

随着电子商务的不断发展，物流逐渐成为电子商务的一大短板，垂直型B2C的高效、便捷的物流管理有助于其进一步发展壮大。相比优势，垂直型B2C网站的劣势也是不容忽视的：过于专业化，将产品定位于某类或者某几类产品，这样限制了网站的盈利范围；走品牌性的经营之路，虽说能不同程度地满足消费者的品牌爱好，但这样也往往使得目标群体过于狭窄；若产品和服务定位不精准或者没有深耕细作，很容易使网站发展陷于死胡同。比如说：知名度有了，但是无法形成品牌的力量，品牌最重要的是与用户建立一种长久的关系。

国内著名的凡客诚品、乐淘等都是成绩斐然的垂直B2C网站，都得益于发展目标专一、专注一行的特点。

任务四

导购/返利平台模式与线上线下合作的模式

跨境电商O2O的发展模式，既能让国内消费者不出国门就能享受到同等的产品和服务，又能带动国内制造业的转型升级，把海外消费留在国内，为国内企业增收、创收，因此，成为现阶段跨境电商的主要运作模式。

一、导购/返利平台模式

1. 引流部分

引流部分是指通过导购资讯、商品比价、海购社区论坛、海购博客以及用户返利来吸引用户的流量。

导购返利网是导购网站中的佼佼者，其主站“导购说”主要分为说逛街、说购物，分享潮流新品、搭配心得等几大模块。通过关注更多的时尚密友、搭配高人，发现美丽，搜索流行。并且提供各种风格的衣服饰品、服装搭配方式等信息，同时提供时尚、美容问答服务。在“导购说”，若干爱漂亮、爱自己、爱网购的朋友聚在一起。一起讨论最近有什么好宝贝值得买？在哪里买最放心？有性价比更高的选择吗？怎么搭配最漂亮？什么场合搭配什么服饰？大家共同分享自己喜欢的“宝贝”。还可以询问大家对一件“宝贝”的意见，让朋友们为你出谋划策。当然，“导购说”还有大量网购高手们分享出来的好“宝贝”，每一样都是经过精心挑选、实际体会的产品。面对茫茫的商品，不知道怎么选择，心里没有底的时代，在来到“导购说”的这一天，将被终结。从此网购之路更聪明、更时尚、更美丽、更快乐，更好说导购。

导购返利网的返利购物模式是新时代互联网电子商务的创新模式。导购返利网采用购物返现金的形式聚集了大量的网购会员，会员从这里在各大网上商城购物，订单完成后（无退货的情况下），导购返利网作为该商城的合作伙伴，可从该商城得到一定比例的销售返利金额，导购返利网再把返利金额的绝大部分返还给会员。这就是现金返利模式，不仅可以得到返利福利，而且还不影响会员本该享受到的优惠。

2. 商品交易部分

商品交易部分是指消费者通过站内链接向海外B2C电商或者海外代购者提交订单实现跨境购物。为了提升商品品类的丰富度和货源的充裕度，这类平台通常会搭配海外C2C代购模式。因此，从交易关系来看，这种模式可以理解为海淘B2C模式 + 代购C2C模式的综合体。

55海淘是一家为国内消费者提供海淘返利的导购软件，涵盖海外主流电商，精选全球正品优惠折扣信息，让国内千万用户轻松浏览和选购全球商品。55海淘更是目前国内的中文海淘返利平台，国内用户通过55海淘在海外电商购物，还能获得40%的美元返利。

总的来说，在典型的情况下，导购/返利平台会把自己的页面与海外B2C电商的商品销售页面进行对接，且产生销售，B2C电商就会给予导购平台5% ~ 15%的返点。导购平台则把其所获返点中的一部分作为返利回馈给消费者。

二、线上线下合作模式

（一）O2O模式概述

1. O2O模式的概念

关于O2O的概念，最早由Alex Ram Pell在2011年创立美国支付公司时首次提出，并且他使用生动的事例来帮助大家了解O2O的含义：在美国，一个公民的年收入在 4 万美元左右，其在线消费的支出约1000美元（占总收入2.5%），也就是说这个美国人会把剩下的97.5%的收入用在线下实体零售店的消费中，这说明虽然美国的线上零售业发展水平全球领先，但其线下实体店的消费地位不会被线上消费方式取代，所以线上线下业务协调发展的O2O模式一定是零售业发展的未来。

艾瑞咨询认为O2O包含两层含义：一层是线上购买线下取货模式（Online To Offline），即消费者在线上零售商城或者是手机App上选择自己所需的商品或者服务后，通过在线支付的形式完成结算，然后到线下的实体店铺取货的过程；另一层是线下体验线上购买模式（Offline To Online），即消费者先在实体店选择或体验完商品或者服务后，再通过线上支付的方式进行结算的过程。

参考国内外各位学者对O2O模式的概念界定，对O2O的定义如下：

O2O模式是指零售商通过零售商的网上商城、第三方线上平台或是移动App，发放优惠券从而把消费者带到附近实体店去购物或享受服务的过程，并且在线上交易来完成支付的过程，或者是用户通过线下实体店体验后选好商品，然后在线上下单并完成支付的过程。也就是说O2O模式不再像拥有线上交易模式的电商零售商那样只能在线上完成商品的交易过程或者是像线下实体店的传统购物模式一样，而是同时具备线上和线下交易的双重优势，两种渠道模式相互配合。从而可以利用网络快速、庞大的信息网络在短时间内形成规模用户，为消费者提供线上服务的过程中还能通过消费数据来分析客户的消费习惯，从而为消费者提供精准化的定制营销服务，并且在实体店铺中商家充分利用自己的线下店铺资源提供真实完善的购物体验来刺激消费需求，同时增设线上下单、在线支付等措施来进一步增强顾客体验。鉴于此，O2O营销模式非常适合重视顾客体验的行业，所以与消费者生活息息相关的零售行业若想在激烈的市场竞争中脱颖而出必须提高顾客体验，进行O2O模式创新。

2. 国内外O2O营销模式的研究

前几年线上零售商发展电子商务模式，如亚马逊和淘宝电商模式，从与传统实体零售业态之间水火不容到如今两种业态之间相互融合，零售业态的这种变化日益引起国内外学者的关注。

国际学者Gist提出著名的“两极分化理论”理论，他认为线上的电商与线下的传统零售业态两者之间的相互冲击的状态是短暂的，而两种渠道之间的相互融合才是零售业发展的大势所趋。Malcolm Mike认为虽然零售业态千差万别，但是它们最初都是通过低价、促销等价格手段来吸引消费者的眼球从而打开市场，之后再延伸到商品结构及体验服务中去。Krishnan S.Anand和Ravi Aron以团购网站为案例来分析线上线下融合的购物体验，他们认为团购平台可以通过增加购买人数来与商家议价，享受商品折扣。Wanxin Xue认为O2O是电子商务发展的一种新型形式，也是零售商实现自身可持续发展的重要战略决策，因为只有顺应零售业O2O模式的发展潮流，才能既提高企业的知名度和美誉度也能实现企业自身盈利的目的。

Isabel P. Riquelme通过建立消费者在线上和线下购物时不同的行为研究模型，从顾客感知的角度观察研究O2O模式下消费者购物的心理变化，通过对比分析这两种渠道购物时消费者面对欺诈现象不同的心理反应，最终发现消费者在线上购物时更容易缺乏安全感，容易感到自己上当受骗，这就要求我们进一步完善线上平台的诚信机制，来增加消费者线上购物的信心。

近年来，O2O模式也日益引起我国学者的关注，莫径青指出，近年来我国传统零售商在消费者的消费方式变化、激烈的市场竞争和企业自身的发展战略刺激下，选择进军电商领域，线上线下齐发力。王甲佳认为，面对线上零售业强烈冲击传统零售业的这种情况，传统零售商首先应该认清自身的优势，在强化优势的基础上抓住外部O2O发展机遇，积极进行零售O2O创新，比如实行线上线下同价、加强自身的物流能力建设、加强线下口店的购物体验。王世军详细分析了传统零售与电商两种渠道的优劣势，认为O2O模式会吸收两种渠道的优势，规避两种渠道存在的问题。

赵梓含总结出O2O主要有流量、整合资源及第三方收费盈利模式，并指出在这3种盈利模式下服务业和快消行业最适合进行O2O转型。陈浩认为进行供应链变革才是零售O2O成功的关键，他详细分析了此变革可能存在的风险情况，并给出了相应的预防和应对措施。赵天唯在深入研究我国零售O2O模式发展现状的基础上，指出可以通过以下4种方式来进一步推动我国零售O2O模式的发展：建立健全线上零售平台的诚信服务体系，使用移动互联网等信息技术手段来提高顾客体验，增加O2O在移动终端的布局，创新实体店铺的线下体验服务等等。

3. 跨境电商O2O元年，体验店遍地开花

如果说2014年是进口跨境电商元年，那么2015年就是进口跨境电商O2O元年。这一年，从华南地区引爆的跨境电商O2O体验店迅速在全国蔓延，呈现出遍地开花的态势。我们不妨先看一下进口跨境电商O2O这一模式是如何演变出来的。

位于上海自贸区的外高桥进口商品直销中心曾出现了市民抢购的热潮，是当时上海最热门的卖场之一。尽管直销中心每天10: 00才开门，但8: 00不到，就有人开始排队，其中多数是年纪较大的人。按照工作人员的话说“相当于重现了上海世博会的排队盛景”。直销中心最热销的商品是进口海鲜和水果等生鲜食品。比如：2千克售价138元的莫桑比克彩虹虾，比一些生鲜电商还便宜40%；188元一盒的澳洲生蚝，比市面价便宜20%左右。

528元一只的帝王蟹，600多元一箱的加拿大龙虾，在直销中心开门3分钟之内被抢购一空。进口水果也是热销商品。比如美国车厘子，海运货折合60元/千克，空运货折合100元/千克，而同等品质的在水果店要卖到140元/千克。很多顾客都是成箱购买，回去和亲友分享。

如果仔细比价，可以发现进口直销中心的部分商品比一般超市便宜20%，但和电商比并没有绝对价格优势。既然如此，顾客为何会趋之若骛呢？前来购物的顾客说：“进口直销食品价格不一定便宜，但还比较公道。最重要的是新鲜，有些网上买的食品寄到手都没卖相了。”由此可见，直销中心正是在产地和渠道这两点上下功夫，确保质量可靠，价格也尽量优惠，才对市民有吸引力。

这家直销中心的模式与跨境电商无关，属于传统的一般贸易完税业态，但因“自贸区”“直销”等概念，获得了消费者的大量关注。鉴于这一模式本质上就是一般贸易，因此可以不受任何障碍地在自贸区外进行复制推广，其核心就是“去国内代理商”的线下直销模式。

作为中国第一个自贸区，上海除了发展“进口商品直销”业态外，还推广了“保税展示交易”。在“保税展示交易”模式下，消费者可以到自贸区（或保税区）内体验商品，如果确定购买，再由商家启动一般贸易程序，清关发货给消费者。之后，重庆借鉴了这一做法，并进行了突破，率先将保税商品延伸到主城区（非保税区），搭建了“区外保税商品展示交易中心延展平台”。广州参考了重庆的做法，美悦优选的跨境电商O2O体验店引发了热议。

2015年1月，美悦优选在广州核心商圈珠江新城推出了当地首家跨境电商O2O体验店。这个体验店综合了“跨境电商”和“保税展示交易延展平台”，使得这类体验店不仅可以享受跨境电商模式的行邮税税率，而且能够将店面延展到市区的繁华地段。美悦优选在开张之际，引发了市民的热捧。一时间，广州的跨境电商O2O体验店遍地开花，风信子、摩登百货、广百荟等一大批线下体验店相继开张，甚至出现了10天内8家体验店同时开业的盛况。

除了广州外，郑州、杭州、深圳等地区都出现了大量跨境电商O2O门店，甚至长沙、武汉、北京等非保税进口跨境电商试点城市也涌现了不少跨境电商O2O门店，这些都是在2015年发生的事情。因此，业界一致把2015年称作进口跨境电商O2O元年。

4. 跨境O2O模式的合法化

美悦优选模式推出后引发了巨大的关注和争议，人们对于跨境电商保税线下店以及跨境O2O模式的合法性颇多微词。2015年6月初。财政部、海关总署、国家税务总局联合对外公布了广东、天津和福建自由贸易试验区有关进口税收政策。该政策明确，在严格执行货物进出口税收政策前提下，允许在这3个自贸试验区海关特殊监管区域内设立保税展示交易平台。政策的改动推动了进口电商的新热潮，在这个热潮中，有许多企业采取跨境O2O模式，成了跨境O2O模式合法化后的积极实践者。

2015年10月19日至11月11日，华润万家为促进线下和线上业务紧密协作，探索华润万家全渠道经营模式，开展了“华润万家O2O百团大战”项目。此项目是在华润万家119家线下门店进行跨境商品展示，现场下单的线上线下协作销售方式。展示样品包括来自欧美、日本、韩国、澳大利亚等多个国家的美妆个护、母婴用品和保健食品等众多海外商品。华润万家倾心为顾客打造“家门口的自贸区”，通过线上线下合作模式，全渠道经营能力开始展现。

2015年12月18日，保税优选跨境O2O的线下板块万家社区服务型体验店——广州旗舰店在广州海珠区工业大道南的乐峰购物广场正式开业，同时宣布，保税优选跨境O2O项目正式全面启动。保税优选的O2O营运模式是最具开创性和实践性的融合式O2O。线上以“B2C+精品C2C”销售模式为主，线下规划建设近万家实体加盟店，通过线上和线下的充分融合互通互动，既发挥线下体验的优势，又充分使用线上便捷支付和聚客的功能，构建流畅的O2O消费生态圈，实现线上线下的分享式体验性互动购物。保税优选作为跨境电商的先行者，在其跨境O2O模式线上平台正式运营4个月以来，已经积累了超过50万的客户。

实际上，跨境进口O2O发展至今，已经有越来越多的人参与进来，有单纯的跨境O2O体验店（比如杭州下沙跨境O2O体验中心/B区），有打着跨境进口名号的一般贸易进口模式，也有跨境进口商品和一般贸易结合的跨境O2O模式，也有水货和以上几种掺杂的跨境O2O模式。

领先的企业还是在不断地尝试与摸索，研究出各种创新的跨境电商O2O模式，比如，作为“中国第一展”广交会的唯一电商平台，2012年组建的广交会电商在经过几年的“摸爬滚打”以后，逐渐摸索形成了“通过O2O模式构建跨境贸易B2B数据信息服务平台”的发展之路。广交会电商公司推出的“广交会＋电商O2O”，将展会的线下资源和电商的线上平台直接勾兑，真正实现了跨境O2O。此外，洋码头、聚美优品、天猫国际、携程网、顺丰等也在O2O领域进行了探索，推出了“线上下单、机场提货”“前展后仓”“繁华处体验店”“打造小商圈”等O2O模式。

（二）我国苏宁独特的O2O模式

1. 苏宁云商O2O模式的内涵

苏宁独特的O2O模式是由线下店商、线上电商和零售服务商三大部分组成。这种率先融合“线上（苏宁易购）+线下（苏宁传统零售商）”的O2O模式翻开了我国传统零售行业新的一页。

（1）店商

店商即为传统的店面连锁经营，截至2015年底，苏宁的线下实体店铺已经渗透到大陆地区的297个城市中，并且在入驻我国香港、澳门和日本、东南亚市场取得逐步胜利的基础上进一步开拓欧洲市场，目前在全球共计拥有线下零售店铺1638家。

2014年，苏宁在进一步完善实体门店的互联网布局方面，打通线上线下交互订单和自助支付等购物环节，在全国所有门店增设网购的自提点来提高用户体验，同时加强门店中移动端的应用，从布局WiFi、有奖竞猜和移动支付等环节全面推进“营销、服务和口门店体验”三位一体的互联网店面，同时苏宁非常重视对零售人员的O2O模式相关培训及其激励考核，促进终端零售人员更好地理解O2O模式然后为消费者提供更加专业的服务，从本质上改变线下实体店与线上平台相互融合的能力。

（2）电商

电商是指苏宁的线上交易平台，包括苏宁易购、苏宁云台和天猫苏宁旗舰店，共拥有线上会员1.55亿。

①苏宁易购。

苏宁易购自2011年上线以来，不断提升苏宁线上零售的市场份额。从近几年的线上销售收入可以看出转型O2O模式后，苏宁的线上销售额增长迅猛。到2020年，苏宁易购预计实现3000亿元的销售额。

截至2014年底，连续3年成为中国B2C行业前三强，2014年线上交易占比达到17.9%，门店自提比例达到15%。在2014年5月，苏宁易购上线了超市频道，产品均为苏宁易购自营商品包括粮油干货、厨房调料、汽车装饰、家装建材等商品，之后又上线了生鲜食品，促使苏宁易购向全品类经营战略转变。

②开放平台建设。

2013年9月，苏宁推出苏宁云台，并且实现企业后台资源对全社会开放。到2015年，苏宁平台入驻的商家超过10万，消费者可以通过PC端和移动端实现自由购物的需求。在实际消费过程中，网购最麻烦的事情是从海量商品信息中挑选商品或者是遇到假货、水货和售后服务没法保障的现象，苏宁开放平台真切地给商家减少经营成本，来提升他们的盈利空间，为的是商家可以为消费者提供更多的优惠。苏宁用自己的品牌价值为商家担保，向消费者承诺保障无假货。在苏宁的这种统一服务和监督机制下，可减少消费者与商家进行沟通协商的烦琐程序，更好地维护消费者的合法权益，极大地提升了消费者在苏宁的购物体验。

③天猫苏宁旗舰店。

2015年8月，阿里巴巴入股苏宁，以283亿人民币成为占据苏宁19.99%股权的第二大股东，允许苏宁云商在天猫上开设自己的旗舰店，拉开了双方全面战略合作的序幕。截至2015年6月底，拥有物流仓储总面积452万平方米，快递点2721个，同时加强与天猫和菜鸟的合作，进一步提高自己的物流服务能力，而且广州和杭州的保税仓已经投入使用，后续将再完成8个。截至2014年12月，中国B2C网络市场报告中，天猫排名第一，占据59.3%的份额；京东名列第二，占据20.2%的份额；苏宁易购排名第三，占据B2C零售3.1%的市场份额。

综合起来看，苏宁打造的互联网线上线下O2O云商模式，已经初具规模，目前已经进入“直道加速”阶段，2015年苏宁牵手阿里巴巴，有望打造O2O零售最强组合。

（3）零售服务商

苏宁的零售服务主要包括苏宁云台、苏宁物流以及与天猫合作后的双方物流方面的合作化及“苏宁互联”独立品牌，三大支柱巧同撑起苏宁的零售服务系统，这种零售模式使得苏宁比只拥有线上交易平台的淘宝、京东和1号店等线上电商零售企业多了线下实体店铺的一层优势资源。

①苏宁云台。

截至2015年底，苏宁云台已经完成其线下实体店铺中的互联网转型及O2O布局，进一步加强了苏宁易购线上平台建设，进一步加强自身的仓储、物流配送能力建设，为苏宁进一步深化线上线下O2O融合打下了坚实的基础。同时苏宁还为入驻云台的商户提供“店铺云服务”“物流云服务”和“广告云服务”等一些商业增值配套服务，来更好地为入驻的商户和消费者提供令人满意的服务。

②苏宁物流。

苏宁云商的物流为了实现“信息化管理、立体式物流网络和机械化标准作业”的目标，在全国各地甚至海外市场建立了配送中心，目前，在我国国内已经形成了覆盖全国范围的包括区域配送中心、城市配送中心和城市中的配送点的三级物流网络体系（图2–4），这种高执行力而低成本的物流网络得益于苏宁完善的供应链管理能力。

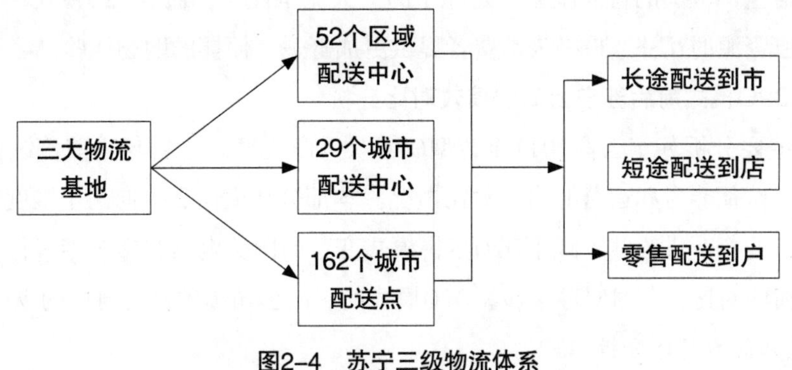

图2–4　苏宁三级物流体系

③“苏宁互联”的独立品牌。

截至目前，苏宁已经与中国移动35个城市、中国联通61个城市和中国电信55个城市签订了通信业务协定，并且在2014年9月，正式开通了“10035”客服热线来为用户提供24小时全天候咨询服务。未来苏宁云商的互联网通信业务还会结合商务和供应链服务等其他方面的服务，最终为其会员提供全方位的增值服务。

（4）苏宁云商O2O模式的特点

①线上线下同价。

从2013年7月起，苏宁云商线下实体店的商品实现与线上苏宁易购的商品同价，这种“线上线下同价”策略可以推翻消费者认为的“线上购物价格更低”的想法。消费者可在苏宁云商自由穿梭于线上和线下业务中，通过线上商品的展示、比较和线下的真实购物体验，获得苏宁提供的相同的售前、售中和售后服务。

②线上线下联动。

为了吸引客流量，在节假日和周末的时候，传统零售商往往在实体店中进行打折促销活动，同样的道理，线上电商平台也进行特定时期的打折促销活动来促进销量。例如著名的天猫“双十一”购物节会得到大量消费者的青睐，因此会在短时间内聚集超高线上流量压力，严重影响顾客体验。为了避免或者缓解这种现象，苏宁强化自身线上线下的联动能力，通过O2O模式，在线上进行促销活动的宣传，然后引导消费者到线下实体店铺中进行购物消费，来缓解节假日单一渠道的高流量问题，提高消费者的购物满意度。

③重视顾客体验。

为了进一步提高苏宁的服务能力，为消费者提供更好的购物体验，在O2O模式下，苏宁将线上苏宁易购平台定位为一个展示商品信息和方便对比商品价格的窗口，同时在节假日流量高峰期时主动引导线上消费者向线下实体店转移，而实体店则主要承担着摆放具体商品、讲解商品、让消费者亲身感受商品和售后服务功能，其中售后服务是线下实体店的一大优势，例如空调和电视等大家电，零售商出售的是半成品，都需要后续的安装和售后服务，而覆盖全国范围的售后服务点是苏宁的一大竞争优势，通过O2O模式，可以实现线上和线下渠道资源的互补，最终为消费者提供更加舒适、便捷的购物体验。

2. 实行O2O模式前后苏宁云商的绩效对比分析

本部分主要分析苏宁云商2011年转型O2O双重商业模式之后与之前传统模式的绩效（盈利能力、偿债能力和运营能力）对比情况。本部分从横向和纵向两个维度进行对比分析：选择同行业企业进行线上线下O2O零售模式变革的国美电器和整个零售行业的平均绩效指标进行横向对比，同时对苏宁转型O2O模式前后的公司绩效进行自身的纵向对比。

（1）盈利能力对比分析

选取销售毛利率和净资产收益率两个指标来分析苏宁云商2011年转型O2O模式前后公司盈利能力的变化情况。

①苏宁转型O2O模式前后销售毛利率对比分析。该指标常常用来评价一个企业在一段时间内的经营成果。2004—2014年，苏宁云商、国美电器和零售行业的平均水平三者的销售毛利率如图2-5所示。

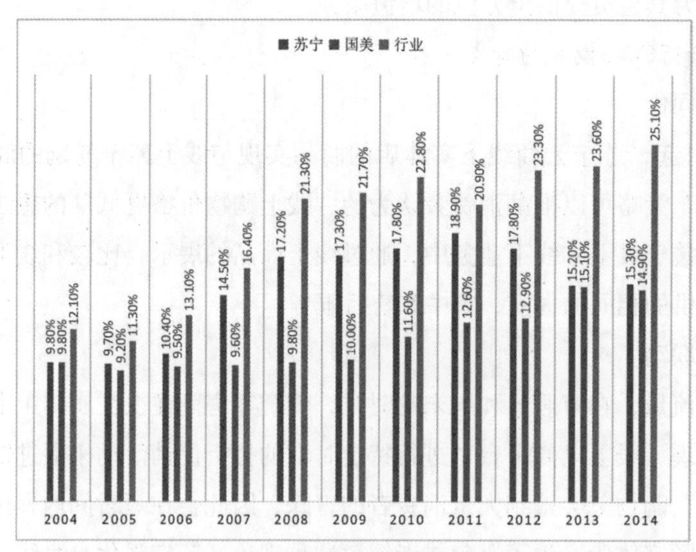

图2-5　苏宁、国美和零售行业的销售毛利率对比分析

从图2-5可以看出，在苏宁转型O2O之前的2004—2010年间，苏宁与整个零售行业的平均销售毛利率都处于增长状态，国美电器的销售毛利率也在2004—2012年间从9.8%增长到13%。但在之后的2011—2013年，苏宁销售毛利一直在下降，而国美也在2013年之后销售毛利率也开始下降，但在此期间整个零售行业的销售毛利率还保持着持续上升的态势，此现象的原因是苏宁在2011年开始转型O2O模式而国美在2013年开始转型O2O模式，

所以得出结论：苏宁和国美在短时间之内销售毛利率下降的情况是因为自身转型O2O模式造成的。

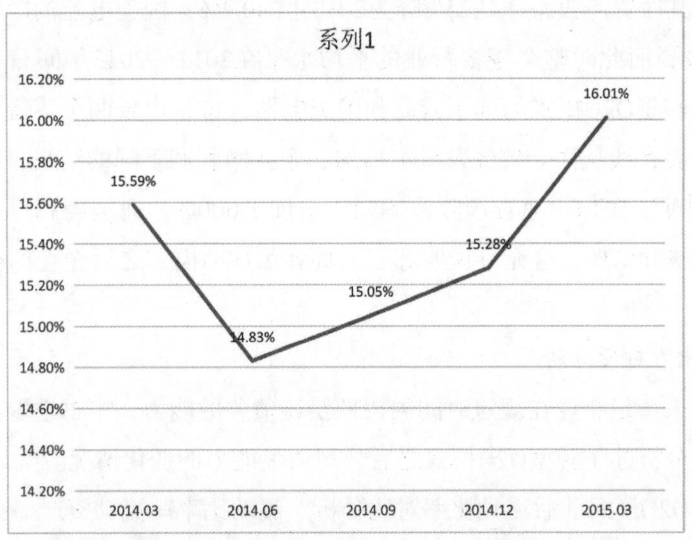

图2–6　苏宁转型前后的销售毛利率的增长率

值得注意的是从图2–6可以看出，苏宁的销售毛利率从2014年开始上升，2015年第一季度苏宁的销售毛利率达到16.01%，说明苏宁O2O转型之后公司的销售毛利率开始上升，公司的获利能力逐渐增强。

②苏宁转型O2O模式前后净资产收益率对比分析。净资产收益率＝净利润/同期平均权益资本，用来表明股东的盈利能力。2004—2014年，苏宁云商、国美电器和零售行业的平均水平三者的净资产收益率如图2–7所示。

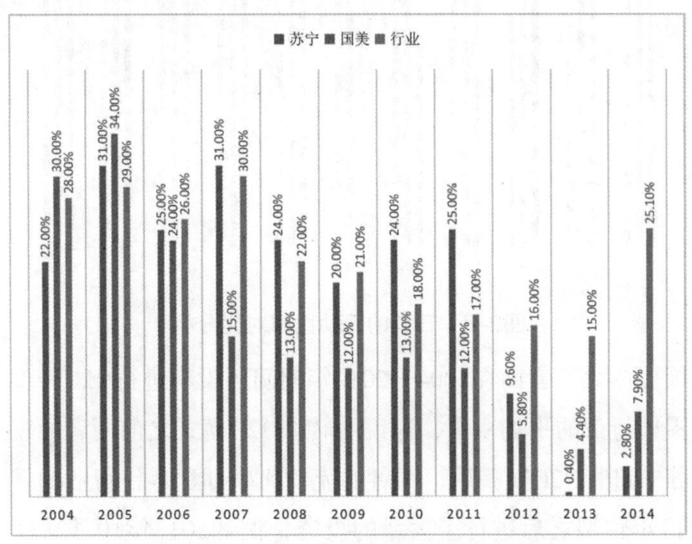

图2–7　三者的净资产收益率对比分析

在2004—2011年间，苏宁与整个零售行业的平均水平呈现出相似的波动趋势，这说明此期间苏宁净资产收益率的变动与整个零售行业的变化密不可分，但是2011年苏宁转型O2O模式之后，其净资产收益率从25%降为2013年的0.4%，国美电器的净资产收益率也在2012年降至5.8%，而此时整个零售行业的平均水平在2011—2013年间只下降了两个百分点，降幅远低于转型O2O模式的苏宁云商和国美电器，这是由于两个零售商布局自己的线上苏宁易购和国美在线从而导致经营成本增加、企业净利润下降的结果，但是从图中我们可以清楚地看到苏宁2014年净资产收益率同比增加了600%，而国美和行业净资产收益率增长率分别是80%和67%，这充分说明苏宁云商转型O2O模式之后企业的获利能力显著增强。

（2）偿债能力对比分析

此项指标用来衡量企业在规定时间内按期偿还债务的能力，本书选取流动比率和资产负债率两个指标分析苏宁转型O2O模式之后公司偿债能力的变化情况。

①苏宁转型O2O模式前后流动比率对比分析。流动比率＝流动资产/流动负债，该指标用来反映企业在一年之内可用流动资产来偿还到期流动负债的短期偿债能力，流动比率一般在2%左右比较适宜。2004—2014年，苏宁云商、国美电器和零售行业的平均水平三者的流动比率，如图2-8所示。

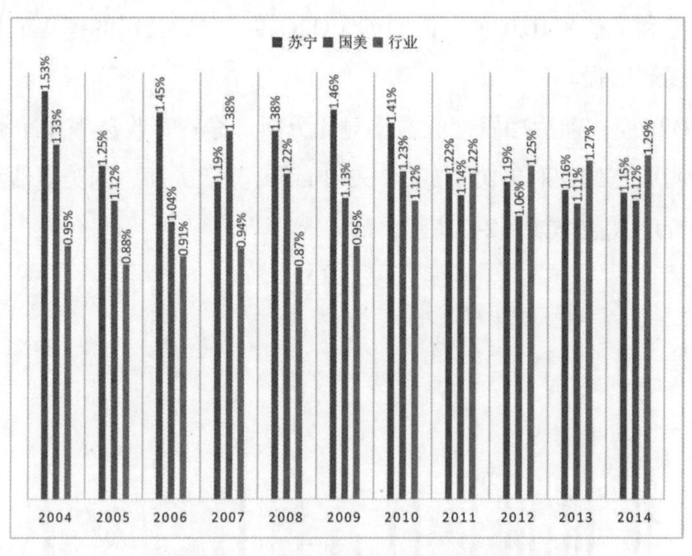

图2-8　三者的流动比率对比分析

因为苏宁和国美两大零售商在2004—2010年期间还没有进行O2O转型，所以他们的流动比率高于整个零售行业的平均水平，这说明转型O2O模式之前两者的短期偿债能力是较好的，但是2011苏宁进行O2O转型后，两者的流动比率都比零售行业的平均水平要低，这是因为苏宁在2011年转型之后进行了大量的投资，例如2013年10月28日，苏宁云商投资4.2亿美元并购PPTV，而在2014财年的报告中得知，2014年PPTV不仅没有盈利还亏损了

4.85亿元，同时苏宁线下实体店经营成本升高、苏宁物流基地和电商信息平台的建设等都需要大量的资金投入，这些投资最终导致了苏宁云商的流动比率降低。通过与同样进行O2O转型的国美电器的比较，可看出转型之后苏宁云商的流动比率仍高于国美电器的流动比率，说明O2O转型后苏宁的短期偿债能力较好。

②苏宁转型O2O模式前后资产负债率对比分析。资产负债率=负债总额/资产总额，用来反映债务在企业的总资产中的比重。2004—2014年，从苏宁云商、国美电器和零售行业的平均水平三者的资产负债率变化情况来看，整个零售行业的资产负债率一直维持在60%左右。2010年之后国美的资产负债率低于苏宁云商，这是因为国美电器在2009年吸收了来自美国贝恩的18亿港元投资，也正因为有了这项资本的支撑，国美在2013年转型O2O模式后负债率依然变化不大，但是由于苏宁在2012年和2013年为了进一步提高自身的物流能力和完善线上平台建设，累计发行了125亿的企业债券来募集资金，从而导致其转型之后资产负债率迅猛上升，这说明苏宁需要进一步优化自身的资金结构，降低财务风险。

（3）营运能力对比分析

主要用存货周转率和应收账款周转率两个指标来对比分析苏宁转型O2O模式前后公司的营运能力变化情况。

①苏宁转型O2O模式前后存货周转率对比分析。此指标主要用来衡量企业在各个生产制造环节中存货运转效率高或者低，一般来说存货周转率的值越高，说明其存货周转率越高，三者的具体数据如图2-9所示。

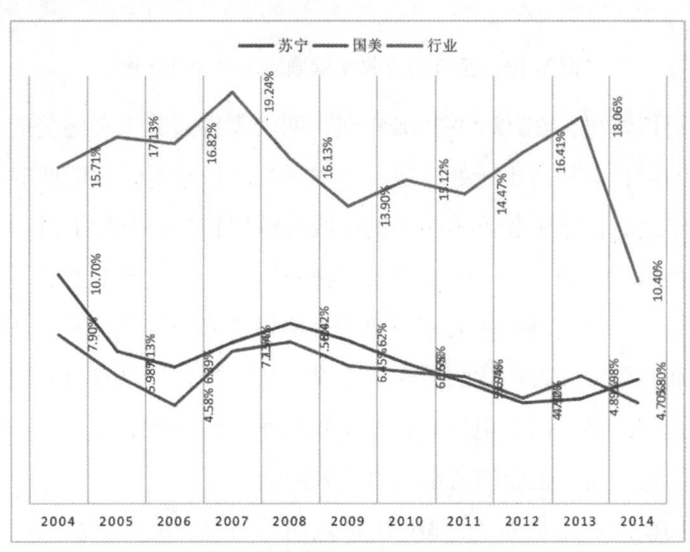

图2-9 三者的存货周转率对比分析

从图2-9可看出，在2004—2014年，两大零售商苏宁和国美的存货周转率的波动幅度基本相似，但在2011年和2013年两大零售商的存货周转率出现下降现象，而2013年之前整个零售行业的平均存货周转率处于上升的态势，这说明两大零售商转型O2O模式导致企业短期内存货周转率下降，但是从图2-9中可以看出在2013年整个零售行业的存货周转率急剧下降的情况下，苏宁云商出现了小幅度增长，2014年依然保持了强劲的增长状态。原因是我国零售行业2013年受到宏观经济增速放缓、国内市场逐渐饱和、缺乏消费热点等因素的影响导致行业存货周转率下降。而苏宁云商因为转型O2O模式之后，其线上业务发展势头良好，2014年三、四季度实现同比增长52.26%和42.25%的业绩，使得苏宁在国内整个零售行业发展不景气的情况下存货周转率在2014年不降反增了20.8%。

②苏宁转型O2O模式前后应收账款周转率对比分析。应收账款周转率是用来反映企业应收账款的变现速度的指标，三者的具体指标数据如图2-10所示。

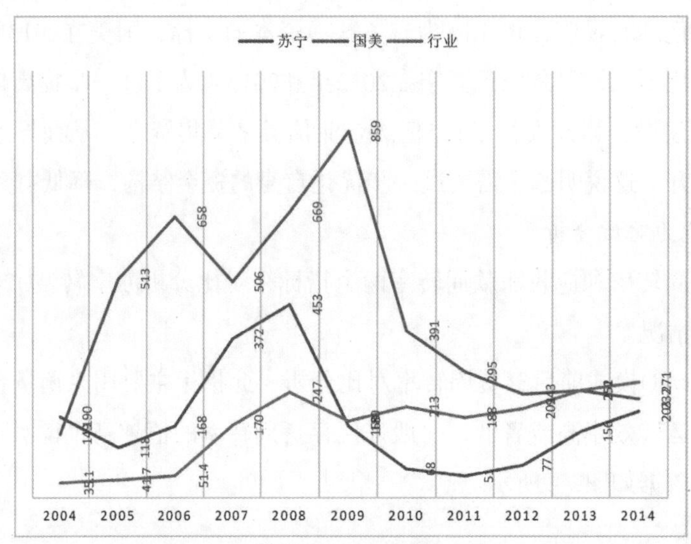

图2-10　三者的应收账款周转率对比分析图

从图2-10中可以看出，在2004—2009年间，两大零售商苏宁和国美的应收账款周转率迅猛增长，他们的增长率都高于所处零售行业的平均增长水平，说明此时两者的偿债能力较好。但是2009年之后，苏宁和国美两者的应收账款周转率都开始下滑，出现下滑的原因是国家在2009年推出惠农的“家电下乡以及旧换新”政策，此政策虽然短期内刺激两大零售商的销量飞速增长，但是需要两大零售商先行垫付这部分财政补贴，从而导致苏宁和国美的应收账款增加，导致应收账款的周转率下降，从图2-10可以看出2012年之后苏宁的应收账款周转率增速明显高于国美电器和行业平均水平，说明2011年转型O2O模式之后，苏宁的资金利用率明显提高，企业的营运能力显著增强。

通过同行业的横向对比及苏宁转型O2O模式前后的盈利能力、偿债能力和营运能力的纵向对比可以看出，苏宁转型O2O模式之后企业整体的绩效水平逐渐增强。其中因为O2O模式前期需要增加大量固定资产与物流基地等投资，而这些投资的收益期较长，所以从短期看苏宁的偿债能力是降低的，但是与同行业进行线上线下转型的国美电器相比，苏宁云商的偿债能力是高于国美电器的，说明苏宁云商转型O2O之后，偿债能力实际是相对较强的。在我国宏观经济不景气的情况下，苏宁云商依靠线上发展的后发优势，使自身的运营能力不但没有下降反而上升，呈现出自己独特的发展魅力。可以说苏宁的O2O模式为我国其他零售企业进行O2O转型提供了可借鉴的经验教训。

3. 苏宁转型O2O模式的优劣势

（1）优势分析

①超强的品牌影响力。作为在我国国内一直拥有良好口碑和较高人气的老牌零售企业，苏宁的供应链合作伙伴早已遍布全球各地，这在一定程度上进一步扩大了苏宁的品牌影响力。因为消费者更愿意到知名度高、商品质量值得信赖的网站网购，所以苏宁刚推出其线上平台苏宁易购时，苏宁易购可借助母公司苏宁集团树立的良好的品牌形象很快得到消费者的认可，获得B2C领域前三的市场份额。所以苏宁云商拥有的良好的品牌形象和强大的规模采购优势，必将成为苏宁云商未来商业模式发展的重要优势。

②强大的物流配送能力。2015年1月12日，苏宁董事长张近东在其春季部署会上宣布成立苏宁物流集团，推动物流板块产业化、独立化发展。目前，苏宁已经完成了其在中国大陆、香港、澳门和日本等国家（地区）的物流网络布局。截至2015年底，苏宁已经在全国建成了如图2-11的物流网络系统。

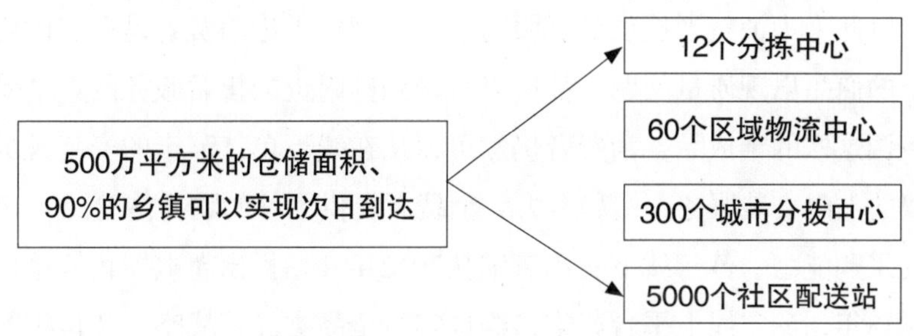

图2-11 苏宁的物流网络布局

除此之外，苏宁目前正在建设中面积约20万平方米的南京二期自动化物流仓库，建成后其仓储能力可达2000万件商品，日发货量181万件，与此同时苏宁物流集团将加速向第三方、第四方物流的角度转变，将其仓储能力向全社会开放。

③优质的服务品质。2007年，苏宁引领行业潮流，在零售行业中率先提出具体为优选精选、省心省力、售后无忧、整体解决和满意体验的5项贴心服务，并且企业确保这5项服务真实地融入消费者购物的售前、售中和售后服务的全过程中，以此来真切地提高消费者在苏宁的购物体验，具体服务措施如下。

优选精选：苏宁云商现在实行全品类经营战略来满足消费者一站式的购物需求，所在商品采购上非常注重商品品质，在此基础上优先选择新推出的产品、个性化的精品或者服务，来保障消费者在苏宁可以第一时间放心购买到自己所需的商品和服务。

省心省力：对比其他零售商，苏宁云商率先在全国范围内开展不限地域的会员积分业务，使得苏宁云商的会员可以持一张会员卡刷遍全国范围内的苏宁实体店铺，并且苏宁的会员卡集多功能于一身，不仅可以进行积分的存储，还能当电子消费券、预付款账户使用。例如消费者在结账时，会员卡中立马就会存入下一次购物可用的电子优惠券，既可免去保存纸质优惠券容易丢失的麻烦，还能节省消费者等待获取纸质优惠券的时间成本，让消费者省心省力。

售后无忧：为了提升自己的服务竞争力，苏宁目前已经在国内建成了超过5000个售后网点，来实现100%覆盖全国一、二线城市并且在三、四线城市的覆盖率达到89%以上的目标。并且以每年平均增加1000个售后服务网点的速度来布局自己的全国售后服务网络，确保消费者在苏宁购物后售后无忧。

整体解决：苏宁扮演咨询师的身份来为消费者提供一系列量身定制的商品咨询和设计方案，以便消费者用最少的精力购买到最适合自己的优质商品。并且因为苏宁实行全品类经营策略，不仅可以满足消费者对传统家电产品的购物需求，还能满足消费者衣食住行等其他方面的购物需求。

满意体验：服务是苏宁唯一的产品，所以消费者满意的购物体验就是苏宁追求的目标。比如在实体店铺中，从室内温度（18～26℃）到主要通道宽度要在3米以上都有非常明确的规定，以此来为消费者提供最舒服的购物环境；无论消费者是在实体店铺还是线上平台购买苏宁的商品出现质量问题，都可以直接到其附近的售后服务网点享受免费维修服务，对于像空调这样的半成品，消费者仍然可以从在线下单，苏宁的安装人员会为消费者提供优质免费的上门安装服务，竭尽全力为消费者提供更好的购物体验。

④强大的采购能力。苏宁线下实体店铺从2012年开始提出超电器化战略，实现全品类经营战略。2013年，苏宁线上平台苏宁易购也实行全品类经营战略。2014年苏宁实现营业收入1089亿元，因为苏宁易购和苏宁线下实体店铺进行统一采购，所苏宁拥有非常庞大的采购规模，如此庞大的销量及采购规模使得苏宁拥有很强的谈判力及话语权，这极大地提高了苏宁在零售终端的价格优势。

（2）劣势分析

①线上客户群不稳。根据国际权威机构ALEXA的数据显示，苏宁易购的线上顾客流量波动幅度非常大，苏宁的排名会在其线上促销活动时排进前100名，但是促销期过后其流量排名就会在500名左右。而且在促销期间，线上运营能力不足严重影响顾客体验，例如“双十一”促销时期，苏宁的线上压力很大，消费者会遇到页面打开时间长、已经没有库存或者依然可以下单却因库存不足不能按时交货的情况。所以这种临时性的促销引起的线上流量大增的情况并不能从根本上增加苏宁稳定的客户群，需要进一步完善线上运营能力。

②线上用户体验有待改善。为了增加苏宁线上运营的影响力，苏宁易购与极具全球

影响力的网络社区天涯合作，在天涯社区上开设专门的“苏宁线上积分商城”来鼓励消费者积极地向企业反馈线上购物体验，论坛上出现2013年7月12—15日连续3天投诉苏宁易购售后服务的帖子，但是截至16日24时，始终没有见到苏宁相关服务人员的回复或者处理结果，随着社会化网络的影响力与日俱增，如果不能及时处理顾客投诉，苏宁的声誉和形象必将受到影响。

从上述分析中，可以看到苏宁云商实行O2O模式转型之后，虽然新模式运行的时间不足3年，但是从2014年第四季度已经可以明显地看出苏宁云商的盈利能力、偿债能力和营运能力有了明显的提高，这主要得益于苏宁云商自身拥有的品牌影响力、强大的物流配送能力、优质的服务品质以及强大的采购能力，当然其中还存在线上运营经验不足的问题，需要进一步完善。苏宁转型O2O的经验可以为我国其他渴望转型O2O模式的零售商提供参考和借鉴。

（三）我国零售O2O模式的SWOT分析及国际营销创新设计

虽然O2O模式成为全球新一轮零售革命的发展趋势，但是零售的商业本质并没有改变，而是通过线上线下的无缝融合更好地为消费者提供服务。从上述描述中可以看出，全球范围内，传统零售业都在经历着从线下实体店到线上线下协调发展的新一轮O2O革命，其中美国的零售巨头梅西百货和英国的零售巨头Argos已经取得了O2O转型的初步成功，从国内零售商苏宁云商的案例分析中可以看到我国零售业转型O2O模式的可行性，在SWOT分析的基础上，设计出适合我国零售商进行跨国营销的O2O模式。

1. 我国传统零售商实施跨国O2O模式的SWOT分析

本节通过SWOT分析法来进一步了解我国传统零售商进行O2O变革所具备的优势和机遇、需要进一步完善的不足及面对的威胁，进而根据我国零售商的跨国经营情况，量身定制适合我们自己的跨国O2O营销模式，来抓住这场全球范围内的O2O变革带来的机遇。

（1）优势分析

①在国内积累了丰富的渠道经验。在我国零售业的发展过程中，渠道的布局和运营能力是我国传统线下实体零售商的核心竞争优势，传统零售商在长期的发展过程中持续优化自己的营销渠道网络，这些线下实体门店资源可以为我国零售商进行O2O转型带来巨大的优势，因为零售商可以通过这些线下零售店为消费者提供独特的购物体验。例如：苏宁云商截至2015年12月31日，全球共计拥有连锁1638家实体零售门店，覆盖我国大陆地区297个城市，还包括中国香港、澳门，日本，美国，韩国，德国，澳大利亚，荷兰等多个地区和国家。2014年，苏宁推出自己的线下体验店——苏宁小店，真实地让消费者从商品信息查询、游戏互动、支付环节和商品配送等环节感受线上线下无缝融合的购物体验，消费者可360°随时切换线上或者线下消费模式，极大地满足了消费者的舒适购物追求。在

我国零售商进行跨国经营的时候，如何梳理原有的渠道资源，更好地提高线下实体门店的购物体验是我们应该考虑的主要问题。

②成熟的物流配送体系。物流配送是零售价值链体系中非常重要的一环，物流配送能力的高低直接影响消费者的购物体验。近年来，跨境电商发展迅猛，已经成为我国贸易增长中新的助燃点，所以国家也出台了一系列相关服务配套政策，这种背景下进一步完善了我国零售企业的全球物流配送能力。这些物流服务等配套措施增加了我国零售业成功运营O2O布局的筹码。

③丰富的营销经验。因为零售行业与消费者的日常生活紧密相关，所以传统零售商在长期的经营过程中积累了丰富的营销经验，也拥有自己的精英营销团队，甚至可以说这些营销人才比消费者自己更加了解消费者自己的需求。例如零售商通过门店进行商品促销来吸引对价格敏感的消费者购买；在大型商超中，以时装秀的形式来刺激冲动型消费者的购买欲望；还可以定期向自己的忠实会员提供换购活动进一步刺激实体店的消费。虽然O2O是零售行业的一种创新发展模式，但是商业的本质并没有改变，最终目标是为消费者提供更好的购物体验。而传统零售商在线下实体零售渠道中积累的丰富的销售经验可以帮助零售商更好地了解消费者的消费心理，所以对拥有丰富线下销售经验的实体零售商来说，这些资源对发展O2O模式是非常宝贵的财富。

（2）劣势分析

虽然传统实体零售商选择O2O模式拥有自己的竞争优势，但同时也面临着诸多挑战，比如线上运营经验不足、网上支付存在风险。

①线上运营经验不足。对我国传统零售企业而言，线上运营经验不足是制约传统零售企业转型O2O模式最大的问题，因为传统零售商没有专业的线上运营知识，而那些既拥有丰富线下门店经营经验又具备专业的电商知识的O2O高端复合型人才是非常匮乏的。所对积极寻求O2O模式创新的零售商来说，改变线上经验不足的短板就需要招募O2O人才，因为任何竞争的本质都是人才的竞争。

②网上支付存在隐患。传统零售企业涉足O2O模式面临的另一个困境是网上支付存在安全隐患。虽然目前像阿里巴巴、苏宁、京东等拥有线上交易平台的零售商纷纷推出自己的线上支付方式，来保障消费者的支付安全问题，但是我们却依然常常听到消费者因为在线支付而遭受财产损失的消息，这些问题导致消费者对线上支付的安全性没有信心。对我国大多数零售企业而言，建立值得消费者信赖的网上支付系统是传统零售企业面临的一个困境。

（3）机遇分析

①全球消费者的消费偏好趋于相似。如今，移动互联网的发展，缩短了世界各地消费者之间的距离，电子商务乃至跨境电商的迅猛发展使得消费者只需动一动手指就可以获得

世界其他国家和地区的商品，加速了各国之间的贸易往来和文化交流，所以世界各民族之间的消费方式逐渐融合，消费需求和偏好越来越相似。我国零售商通过线上布局，可为全球消费者提供物美价廉的中国产品，提升我国零售商的国际影响力和竞争力。

②全球网购潜力巨大。从全球来范围来看，消费者在网购支出方面的比例不断提高。据WorldPay在2012年发布的《全球用户网络购物态度调查报告》显示，平均全球消费者用于网购的消费支出占其总收入的22%，在印度、巴西及中国等国家，消费者将收入的30%左右用于网购；美国和英国等发达国家的消费者每年也将23%和25%的收入用于网购，这些数据充分说明我国零售商抓住世界零售革命的机遇，积极布局线上零售平台是符合世界消费者的消费需求的。

（4）威胁分析

①存在网络欺诈现象。根据Forreste发布的数据显示，全球消费者的平均网购欺诈率为14%，其中美国18%的消费者有过网上购物被欺诈的亲身经历，而中国消费者遭遇过网购欺诈的比例为19%，同时中国消费者对网购的安全问题关注度提升到75%。所从在网购风靡全球的时候，在线支付的安全问题成为消费者进行网购最大的安全隐患，这在一定程度上降低了消费者线上购物的热情。

②网上零售缺乏诚信机制。目前，线上零售平台的运营还没有非常完善的标准流程，消费者在网购时如果遇到假货或者是售后服务跟不上等问题时，都会影响O2O模式在消费者心中的形象，从而降低消费者网购的热情和信心。所以面对这种情况，我国政府和相关部门应该加强对线上网购的监督力度，进一步规范O2O的运营机制，维护O2O零售市场的秩序。

从以上对我国传统零售业进行O2O转型的SWOT分析来看，我国传统零售企业线下实体店的渠道布局、营销经验和物流配送能力以及全球消费偏好趋同等因素都是我国零售业开展O2O营销模式的优势和机遇。总体而言，我国零售业积极进行O2O转型，抓住这场全球零售革命的契机是可行的。

2. O2O模式成功的关键要素

通过英国零售商Argos和美国零售商梅西百货两个国际零售巨头的O2O的成功实践，可得出零售商O2O模式成功的关键要素是他们给消费者提供了核心的体验，表现在：

①线下购物方便快捷。不论是英国的零售巨头Argos还是美国的梅西百货，他们的O2O模式都更加注重其线下实体店为顾客提供的购物体验。比如在Argos的门店中没有具体的商品，但是门店中随处摆放着购物的商品目录，详细地描述商品的具体信息，并附有产品编码和彩图方便查询，消费者甚至可以带回家慢慢看。在梅西百货的实体店，消费者可随时通过手机App查询到附近店铺信息及折扣信息，甚至在商场内为消费者提供地图导航服务，方便消费者进行商品定位和信息查询；消费者还可以在商场内部的大屏

幕上下单，可以货物自取或者采用送货上门服务，换句话说实体店的服务已经超越在线体验了。

②多渠道信息沟通方式。在O2O零售模式下，消费者不再局限于只能从实体店获得商品信息及最新打折促销信息的困境，而是可以通过手机App或者网上商城足不出户来获得商品信息，例如在Argos，消费者可以选择到实体门店查看商品目录获得商品信息，也可以通过Argos的网上商城查询所需的商品信息，还可拨打24小时服务热线随时查询所需商品库存信息，Argos用多种信息渠道来为消费者提供更加透明化、便捷化的购物信息。

③物理仓储配送及时。从全球看，传统百货受电商冲击严重，而电商相对传统零售的一大优势是其送货上门的物流配送服务。Argos拥有立体式的仓储物流格局，包括配送中心、区域配送中心和转运点，这种“立体式”的物流网络可以保障所购商品在48小时内送到消费者手中，而梅西百货承诺，如果消费者通过PC端或者手机移动端购物，可以实现24小时到店取货或者送货上门服务，在当前激烈的零售竞争环境中，物流配送能力已经成为零售企业生存发展的一个关键性因素。

④可视化库存管理。O2O模式下，消费者可以通过可视化的存库信息管理，及时查询到门店的商品和存库信息，方便消费者下单购买。例如在Argos，消费者可以通过手机App查询到附近门店商品的库存情况，如果附近门店有库存商品，消费者可以直接到所在的店铺取货，如果没有库存，消费者也可以在线下单，Argos会送货上门或者送到消费者指定的实体门店中。梅西百货在全美的实体店中使用“RFID应用和扩展”技术，可以进行精准的实时库存盘点，使零售商可以及时准确地了解到商品的库存情况，方便第一时间调货补货。

3. 我国零售商O2O国际营销创新设计

通过一套适合我国大型零售企业跨国营销的O2O模式的基本框架设计，从信息查询阶段、吸引交易阶段、支付阶段和售后阶段四个环节，来打造“O2O全渠道”购物模式体验，这个新模式根植于现代数字技术，使零售商可以方便地搜集到消费者在购物过程中的每一个细节信息，从而根据精密的信息参数来确定目标顾客群，然后根据目标顾客的特点来打造更加富有吸引力的营销互动方式和品牌体验，以便我国零售企业抓住这场世界范围内的零售O2O革命时机。

（1）信息查询阶段

①线上PC端、App信息查询。为了更好地实现线上线下渠道的无缝融合，为消费者提供方便快捷的信息查询方式是非常重要的。比如消费者对某种商品有了购买需求，可以直接通过PC端或者移动端访问零售店的网上商城或者店铺App来查询所需的商品信息，输入所需商品信息后，为了帮助消费者解决挑选商品时需面对海量商品信息的困扰，网

上商城或者App会为消费者提供所需商品详细的商品介绍、原始及折扣价格、商品质量说明和信用排名等信息，甚至可以通过买家评论进行买家与买家之间的互动交流，方便消费者了解所需商品信息及其使用效果。最终让顾客在线上购物时就像在实体店购物一样方便、清晰。

②线下门店信息查询。在零售的实体店铺中，可从通过以下几种方式为消费者提供信息查询的方式：第一，在消费者进入店铺的时候，手机端提示连接店铺免费Wi-Fi，同时向消费者实时发送最新的店铺促销信息以及优惠券。第二，进入店铺之后，通过扫描商品的二维码就可以轻松地获取商品的信息及实时更新的来自淘宝、京东、亚马逊等第三方平台的评价以及零售商自身网上商城的商品评价，以便消费者即使身处实体店铺，也能感受到像线上消费时那么便捷、高效的信息查询和互动效果，提高顾客体验。

（2）吸引交易阶段

吸引交易阶段，指把在线上或者零售门店中进行商品信息查询的、有购买需求的潜在顾客转化为最终购买商品的消费者的过程，世界零售巨头Argos和梅西百货的O2O营销实践给了我国零售商O2O模式创新的灵感。

①精准营销。当前，消费者张扬个性，消费需求变得日益多样化和个性化，这就要求我们改变传统大规模生产然后促销的营销方法，转为精准化和个性化的营销方式。我国零售企业进行跨国营销时，应该根据实体店和线上交易平台的用户消费数据，分析用户的交易记录和行为特点，做重点数据分析来挖掘用户需求，然后有针对性地向用户发送优惠券和制定相关的促销计划。例如我国的跨国零售商可以实行会员卡和App绑定的方式，通过会员卡持续跟进更新消费者的消费信息，利用数据分析技术，挖掘到消费者的潜在购物需求，然后有针对性地向有此需求的消费者以发送电子邮件或者是电子优惠券的形式提供商品折扣信息，以此来拉近与消费者之间的距离，提高自身的国际竞争力。

②位置信息服务。如今，手机地图的地理位置服务已经发展成熟，我国零售商可以把门店的App签到和推送优惠券服务与此项位置服务相结合，通过消费者所处的地理位置，为消费者提供最佳的购物地点和路线规划，以此来吸引用户到门店购物，而且在消费者进入门店之后，这项位置信息服务还能帮助消费者在最短时间内查询到所需商品的地理位置及最佳行走路线。目前Shopkick这款软件已经得到包括沃尔玛、百思买以及塔吉特等国际零售巨头的青睐，并且建立了战略合作伙伴关系。例如，梅西百货与其合作之后，当消费者走到梅西百货的品牌专柜门前时，手机上就会收到该专柜的商品推荐和优惠折扣信息，简化了消费者查询商品信息和寻找商品的过程。

③开放ERP信息。我国跨国零售商通过向消费者开放自己的ERP系统，使消费者可以通过PC端、手机App或者是零售门店的ERP信息查询平台，查询到所需商品在消费者所处位置附近门店的库存情况，以便消费者实时了解所需商品的库存情况从而做出最优的购

买决策。如果消费者所需的这款商品在附近的零售门店有库存，ERP可以引导消费者到离自己最近的零售门店购买；如果附近门店没有现货，消费者可以通过在线预订的方式，1～2天内到货，届时可以采取到附近门店自提或者送货上门两种服务，这样做的效果是消费者可以准确把握商品的库存信息。

④储物柜功能。储物柜功能就是线上下单线下提货功能，因为电商零售企业没有实体店铺，一般是通过在线下单之后的快递业务将货物送到消费者手中，但是传统零售商除了拥有自己的线上平台之外，还拥有丰富的线下门店资源，我国零售商进行跨国营销时，可以充分利用自身已经建立的线下门店网点资源，为消费者提供更加便捷的商品配送服务。例如，我国跨国零售商可以在实体门店中设置储物柜，对于那些白领上班族，可能不方便在家取货，他们在线下单后，可以选择把商品配送到消费者指定的任一储物柜中，手机或者邮件会收到一个唯一的提货验证码，3天之内消费者可以在任意时间取走商品，这项服务不仅可以增加我国零售商线上运营的竞争力，还能增加实体零售门店的客流量，促进实体门店其他商品的销售。从Internet Retailer的报道中，我们可以看到20%的消费者会在到零售门店取网上订货的时候，顺便在此门店购买至少60美元的商品，所以发展储物柜服务对零售商线上线下销售都有好处。

（3）支付阶段

支付阶段主要是指消费者在选择好自己所需的商品之后进行结算的阶段，此阶段我国零售商可以进行的O2O创新包括扫码结账和自助结账方式。

①扫码结算。扫码结账方式包括扫码比价和支付结算两个功能，具体指消费者通过门店App中自带的扫码服务，来扫描消费者选购的商品二维码和条形码信息，并且可以非常方便地看到同样的一款商品在不同渠道中的价格情况，这项扫码对比商品价格的服务对影响在意价格的消费者来做出购买决策具有重要的作用。同时消费者还能通过手机端实时看到商品的统计汇总情况，自动统计出所购商品的价格总额。当用户完成所有商品的选购之后，可以直接去自助付款台结账，也可以选择直接采用手机支付等创新功能，不再需要花费大量时间排长队，此来提高我国跨国零售商的国际竞争力。

②自助结账。自助结账是指消费者在线下店铺消费时，选定自己所需的商品之后，选择实体门店的自助结账区域，在自助结账机的一步步提示和指导下，自己进行商品扫描，选择适合自己的支付方式（现金支付、银行卡支付或者线上支付），最后选择自己带走所购商品或者选择零售门店提供的送货上门服务。

（4）售后阶段

当消费者付款完成交易之后，用户跟零售商的关系并没有结束，企业可以借助自身O2O线上平台和自有App服务，与消费者保持持续联系以此来提高顾客忠诚度。这一阶段我国零售商可采取的创新措施有评价晒单和完善的售后服务措施。

①晒单评价。晒单服务是指消费者通过我国跨国零售商的线上平台或者是实体零售门店的大型互动显示屏，把自己所喜欢的商品信息或者是购买商品后的真实感受或体验，通过这个平台分享到微博、微信等社交平台的行为，并且消费者可对自己购买和使用过的商品进行详细的说明和评价。通过这种分享和晒单的行为，可对商品起到口碑传播的效果，一方面可以为其他消费者提供真实可靠的参考，方便其他购物者获得全面的商品功能和信息；另一方面，我国零售商也应该通过消费者的晒单评价情况，深入了解晒单背后消费者的心声，并且从消费者的反馈中了解自身商品或服务过程中存在的不足，积极与消费者进行互动交流来解决问题，提高顾客满意度和忠诚度。

②售后无忧服务。售后无忧服务是指消费者不用担心自己购买的商品一旦出现问题得不到零售商及时有效的售后服务。例如我国零售商进行跨国营销时，必须保证售后技师100%持证上岗，必须在24小时之内完成产品的配送与安装过程，承诺在2小时内回应消费者的售后服务要求及会员过了保修期的产品进行售后服务时享受8折的优惠折扣等完善的售后服务措施，当然这一切都需要我国零售商首先在国际市场上建立适合企业自身发展规模的售后服务中心和售后服务网点，这样才能真正的保障一旦出现售后问题，可以第一时间解决消费者的问题。

本节从信息查询、吸引交易、支付结算及售后服务4个环节来设计的这套O2O购物模式体验，在依靠移动互联网及现代数字技术的基础上，使我国零售商可方便地查询到消费者购物过程的每一个细节信息，从而提升用户转化，优化用户购物体验，最终在这场全球零售革命中树立自己的品牌和形象，提升我国跨国零售商的国际竞争力。

总而言之，移动互联网已经成为人们生活不可分割的一部分，所以与消费者的日常生活密不可分的零售行业更应该关注消费者消费方式的变化，及时进行营销创新。

本节采取理论指导和国内外零售O2O实际案例相互融合的方法，零售商跨国营销理论和国内外O2O的理论研究为依据，首先分析了我国零售商积极探寻国际市场的必要性及发展现状，接着分析了世界范围内零售行业的最新四大发展趋势，可以看出国际零售行业正在进行新一轮的O2O革命，并且国际零售巨头Argos和梅西百货都进行了O2O创新营销并且取得了一定的成功，这些国际零售巨头的O2O转型实践说明零售行业转型O2O模式的可行性，为我国跨国零售商进行O2O国际营销创新提供了参考和学习的成功模板；之后通过对我国零售商苏宁云商的具体案例分析，解读其独特的“线上电商+线下店商+零售服务商”的O2O模式及其绩效分析，找到苏宁云商模式的优劣势，为我国零售企业跨国营销提供经验和教训。

通过研究分析，得出结论：在如今竞争激烈的世界零售行业中，零售商的成功不能单纯地依靠线上平台或者是线下门店资源，而是全渠道融合的O2O零售模式，对于那些拥有庞大的线下门店资源的传统零售商来说，一旦建立了适合自己经营特色的线上购物平台，那些被认为是巨大制约零售企业的发展的线下门店资源就能发挥出巨大的作用，零售业的发展机遇会倾向于既拥有线上资源又拥有线下资源的零售企业，所以文章最后设计出一套适合我国零售企业进行跨国O2O营销模式，从信息查询、吸引交易、支付阶段及售后服务4个环节来利用移动互联网技术为消费者提供方便、快捷和更加舒适的购物体验。

项目三
中小企业出口跨境电商平台模式分析

跨境电子商务平台的出现为中小企业解决了出口贸易问题，为了帮助中小企业利用好第三方平台做跨境电商运营，本章选取阿里巴巴、敦煌网、米兰网进行比较，对传统跨境大宗交易平台模式、综合类跨境小宗交易平台模式、垂直类跨境小宗交易平台模式以及专业第三方跨境服务模式的代表进行分析。还讨论了跨境电商平台的选择、不同市场的产品定位、产品关键词的选择、根据平台制定物流线这几个议题。

学习目标

1. 掌握国内三大跨境电商平台模式的发展现状及策略
2. 了解综合类、垂直类跨境小额批发零售平台运行模式
3. 掌握第三方跨境电商平台类型
4. 了解几种主流出口跨境电商平台的特色

关键术语

跨境电商平台　阿里巴巴
eBay　交易平台　营销推广
供应链模式　物流

任务一
三大跨境电商平台模式

选取国内三大跨境电商平台，阿里巴巴国际平台、敦煌网跨境服务云平台和米兰网垂直类B2C平台。下面我们来看看这三大跨境电商平台在海外市场的分布情况。以便中小企业根据自己的特点做出相应的选择。

一、阿里巴巴国际平台

在国内所有跨境电商平台中，就数阿里巴巴国际平台最大，它的海外市场也最为广阔，基本上说有跨境电商的地方，就有大宗B2B模式。

在阿里巴巴国际跨境电商平台上，全世界用户有4600万，这当中包括中小企业用户420多万，分布在全球有经济影响力的国家及地区。通过阿里巴巴跨境电商平台交易，它的总交易额度占全国总额的40%以上，达到了第一的位置。它作为一个B2B国际平台进行跨境大宗交易，有90万个中小企业已在其上注册营业，大多数都来自国内。

（一）阿里巴巴电商经营发展路径生态格局与平台影响

1999年9月，阿里巴巴（简称阿里）在浙江杭州创立，主要从事国内外批发贸易的网络服务。从此，阿里成为国内与全球有影响力与传播力的互联网巨头、电商巨头与广告巨头。美国亚马逊逐渐形成了销售自营商品的B2C电商平台，而eBay则逐渐成为主要以二手物品、收藏品在线拍卖销售的C2C（Customer to Customer）电商平台，都对全球电商发展具有重大影响。阿里与eBay、亚马逊的发展模式不同，形成了具有中国特色的电商发展模式，构建了我国电商广告经营的发展路径、传播战略与场景生态，同时也产生了问题和挑战。

1. 电商平台化的发展历程

新浪、搜狐、网易的电商只是新闻门户网站的一个组成部分，不是朝平台化方向发展的。阿里电商立足平台化发展，促进我国广告业健康发展，形成了阿里的电商龙头地位。

（1）平台起步期（1999—2008年）

在web1.0向web2.0的发展过程中，阿里主要通过模仿与探索，夯实国内电商市场，成为国内电商发展的领头羊。

1999年6月，阿里巴巴国际站（阿里巴巴.com）上线，从事B2B业务，是阿里巴巴的第一个业务单元。2003年5月，淘宝网创立，主要从事服务小客户的C2C业务。2008年4月，淘宝网推出淘宝商城，进入B2C业务领域。

2004年口碑网上线。该网站主要从事房产信息服务，是本地化的生活社区网站。2006年获阿里战略投资。2008年被雅虎中国并购，以雅虎口碑网为名从事O2O本土生活服务。2009年8月，雅虎口碑网并入淘宝网。2011年暂停推广，2015年阿里与蚂蚁金服注资60亿，试图使口碑网像美团、饿了么等一样，成为O2O主流渠道与用户生活方式。

（2）平台打造期（2009—2015年）

抓住移动互联网的发展风口，布局国内国际电商，打造电商平台（由海内外零售、批发电商平台与营销平台构成），形成核心电商业务，构建电商生态发展模式。

①1688批发网站。2010年3月，1688上线，从事B2B业务，以“网上批发大市场”业务为核心。2013年9月，单日在线交易总额突破41.9亿，创造B2B行业的全球交易纪录，成为继淘宝、天猫后的第三大在线交易平台，从信息交互平台转型升级为在线交易服务平台。

②聚划算。2010年3月，淘宝网推出团购网站——聚划算。聚划算是“闪购网站”，不同于主推本地化生活服务的团购网站。2010年聚划算的团购成交额为2亿元。

2011年加强本地化线下团购业务。10月，聚划算从淘宝网拆分为独立的团购平台。2011年聚划算成交额为100亿元，正式成为阿里的核心业务。2015年12月，成为国家CCC认证信息数据库的首家电商平台。

③全球速卖通（Aliexpress）。2010年4月，全球速卖通上线。全球速卖通被称为国际版淘宝，主要从事B2C业务，是阿里打造的以支付宝为核心的国际在线交易平台，具有完善的物流系统。2013—2014年，对海外重要国家布局，如法国、西班牙等西欧国家，俄罗斯、波兰等东欧国家。

随着互联网移动化、算法与电商技术的发展，全球速卖通在2017年进入发展新阶段，在全球各地开花结果。全球速卖通成为俄罗斯第一大电商平台，成为西欧国家的主要电商平台，占有波兰一半的电商市场。2018年，全球速卖通布局220多个国家和地区，成为中国唯一一个覆盖“一带一路”全部国家和地区的跨境出口B2C外贸交易平台。在2020年新冠肺炎疫情防控期间，线上消费成为主要生活方式，全球速卖通成为中东、巴西等新兴国家（地区）市场的主要电商平台。

④淘宝网一拆为三，形成各自业务特色。2011年6月，淘宝网被分拆为3个独立公司：淘宝商城、一淘网、淘宝网，与阿里B2B、阿里云等并列。2010年初，淘宝商城推出垂直商城，阿里的垂直商品搜索业务逐渐发展成形。8月，推出手机客户端。11月，启用独立域名tmall.com。2012年1月，淘宝商城更名为天猫，专门服务品牌商，主要是B2C业务。

（3）平台拓展期（2015年至今）

加强对专营海外品牌电商的战略投资与并购，形成海内外知名发展品牌的国内卖场，以满足广大用户对美好生活的追求。

实施并购战略，试图做大做强。2015年7月，阿里以1亿多美元战略投资B2C电商“魅力惠”（域名为www.mei.com），打造奢侈品与轻奢闪购电商平台。

2019年9月，以20亿美元全资收购网易旗下跨境B2C电商平台网易考拉。2017年8月，天猫奢品专享平台LuxuryPavilion上线，该平台是全球首个为奢侈品专属定制的虚拟App。2018年10月，阿里与奢侈品电商YNAP（Yoox Net-A-Porter）成立合资公司，YNAP同时入驻天猫奢品专享平台。LuxuryPavilion《2018新世代奢侈品消费者洞察报告》显示：在整个淘系奢侈品用户中，“90后”新一代年轻人占比近五成，并完成高达46%的奢侈品成交。

2. 平台全球化的战略布局

在移动互联网时代，阿里天猫国际与全球速卖通等电商平台利用自身优势，不断拓展海外市场。2014年2月，推出天猫国际，开始走国际化电商路线。2016年的博鳌论坛，阿里首次提出了eWTP（Electronic World Trade Platform，世界电子贸易平台）的设想。通过并购在东南亚、南亚等地“跑马圈地”，成为全球知名的跨境电商。

一是购买团购网站股票。2016年2月，并购美国Groupon团购公司5.6%股权。

二是并购东南亚、南亚的电商平台。自2016年来，阿里以10亿美元获得东南亚最大电商平台之一Lazada的控股权，股权从51%增至83%，2018年总投入达40亿美元，形成东南亚电商市场优势。2017年6月天猫启动“天猫出海”项目，宣布将带领12亿国货走出国门，天猫出海项目在Lazada开通马来西亚“Taobao Collection”（淘宝精选）站点，吸引中国商家入驻。8月，阿里以11亿美元融资印尼电商应用Tokopedia，在东南亚大部分地区重构了又一个在线购物平台。2017年，阿里国际商务收入达26亿美元（含广告，约3.89亿美元），增长136%；天猫“双11”之时，全球网民参与覆盖达225个国家地区。2018年5月，全资收购德国电商孵化公司火箭网络（Rocket Internet）旗下的南亚跨境电商Daraz公司。

加强香港市场的合作与并购。2014年1月，阿里13.27亿港元入股香港综合信息及内容服务供应商中信21世纪（00241.HK），试图在医药领域拿到医药电商的直销牌照。

三是加强国际合作。2015年8—9月，阿里与梅西百货（美国百货零售巨头）、麦德龙（德国零售贸易巨头）形成战略合作，后者均进驻天猫国际。2016年4月，阿里加入国际反假联盟（IACC），成为该组织的首个电商成员。

四是以国家利好政策拓展海外市场。全球速卖通深度布局全球220多个国家和地区，是“一带一路”的受益者。2019年，全球速卖通面向俄罗斯、西班牙、意大利等海外商家开放。成为中国唯一一个能够覆盖“一带一路”全部国家和地区的跨境出口B2C外贸交易平台。

阿里以自营商品销售收入与广告（含佣金、会员费等）形成国际收入来源。2017年阿里国际收入为133亿美元，其中零售收入为37亿美元（表3-1）。

表3-1　2017年阿里国际零售批发业务与阿里妈妈（含广告、佣金、会员费等）收入来源

平台	业务内容	阿里妈妈（含广告、佣金、会员费等）收入来源与模式
国际零售	速卖通	交易佣金：交易额的5～8%； 广告费：P4P和第三方联盟营销
Lazada	东南亚零售	自营商品销售收入；交易佣金：扣点率1%～12%
阿里巴巴	国际批发	会员费：金牌供应商（GoldSupplier）会员费；广告费：P4P广告；增值服务：清关、VAT退税、橱窗产品等，增值服务收入占比35%

3. 平台生态化的战略特色

（1）发展新零售，形成电商的服务合作与战略布局

立足线下百货公司。2015年8月，与苏宁云商形成战略合作。2017年2月，与区域零售商百联集团在上海开展新零售业务。11月与欧尚零售（Auchan Retail S.A.）、润泰集团，2018年2月与北京居然之家，8—9月与星巴克、Kroger和茅台达成新零售战略合作。

加强餐饮、出行、医疗、教育等方面的服务布局。通过一系列的战略合作、战略投资等方式，形成电商利益共同体与利益重要相关者，拓展了社交传播与电商发展。

（2）支付宝以第三方支付平台使阿里成为电商

良性循环的“血液”与金融话语权。2004年12月，阿里推出支付宝。支付宝成为影响力巨大的第三方支付平台与移动金融平台，改变了金融发展形势、市场交易方式与生产生活方式，为电商布局与网络广告提供了发展动力与传播活力。

（3）菜鸟物流成为电商社会化大发展物流的生态动脉

三通一达（申通、圆通、中通、韵达）等物流公司以及金融机构组成中国智能物流骨干网（China Smart Logistic Network，CSN）工程，打造国内与全球的物流骨干建设，成为电商发展与繁荣的基础工程与生态动脉，阿里电商成为推动物流发展的支柱力量。

（4）拓展大文娱传播，试图形成维护自身市场权益的舆论话语权与主导权

加强新闻网站的并购与合作。2005年，阿里收购雅虎中国——雅虎的门户、一搜、IM产品、3721以及雅虎在一拍网中的所有资产。同时，阿里获雅虎10亿美元注资。同时，加强对传统主流媒体的并购收购。

2015年6月，阿里投资12亿元人民币参股上海文广集团（SMG）旗下第一财经，涉足财经新媒体与财经数据服务。12月，以2.66亿美元收购《南华早报》及其旗下的其他媒体资产。并购UC优视，开始大文娱之路。在国际浏览器市场上，UC浏览器占到10%市场份额，拥有1亿多海外用户。2013年3月，阿里以5.06亿美元战略投资UC；12月，以1.8亿美

元增持UC，两次总计约人民币42.27亿元，控股比例达66%。同时，合作推出神马移动搜索。2014年6月，阿里全资并购UC，以UC为基础设立阿里UC移动事业群，负责浏览器业务、搜索业务、LBS业务、九游移动游戏平台业务、PP移动应用分发业务、爱书旗移动阅读业务等建设和发展。

对网络电影、视频与音乐网站的并购与发展。2014年3月，以62.44亿港元投资并购香港在香港联交所主板上市公司文化中国传播（01060HK）60%股权，为阿里巴巴影业集团（阿里影业）打下基础。2010年优酷（NYSE：YOKU）于纽约证券交易所上市。2011年土豆网于纳斯达克上市。2014年5月，阿里以12亿美元入股优酷，获16.50%股权。2015年11月，阿里以45亿美元收购优酷土豆。2016年4月，优酷土豆完成私有化。2015年7月，阿里音乐集团成立。2016年2月，阿里以355亿韩元（约1.95亿元人民币）入股韩国娱乐公司S.M.ENTERTAINMENT（SM）4%的股份，形成SM在华音乐业务和电子商务业务的战略合作协议。

2016年6月，阿里成立“阿里巴巴大文娱板块”，囊括阿里旗下的阿里影业、合一集团（优酷土豆）、阿里音乐、阿里体育、UC、阿里游戏、阿里文学、数字娱乐事业部，对新媒体广告发展形成发展优势。

4. 平台生态导致的发展问题与严峻挑战

一方面，阿里推动我国电商积极发展，有效拓展全球电商市场，客观上满足了人民群众对美好生活的追求，并形成自身发展特色与全球举足轻重的电商地位。另一方面，阿里以生态经营发展具有垄断性，对市场健康、舆论安全与数据市场等方面形成发展挑战。对此，必须有清醒认识，辩证对待，加强规范，强化治理。

阿里等数据巨头位居数据链顶端，容易形成国内市场闭环与信息传播的“高墙壁垒”，危害互联网产业健康有序发展。数据巨头一旦获得国内市场主导地位，走出去和全球化发展能力逐步弱化乃至丧失，网络关键核心技术研发难以创新发展，巨头内部难以构建相互协作而形成抑制中小企业创新的产业生态体系。至2020年6月，国内排名前30名的App，阿里系占有7家，活跃用户达31.28亿，主导了电商的发展方向与市场经营。其后果是，中小企业要么从市场消失，要么沦为其市场“爪牙”，容易形成一家独大、“大树底下不长草”的互联网发展生态。2020年10月以来，阿里“社区电商”成为重要舆情事件与重大公共舆论事件，舆论普遍反对平台资本无序扩张、赢者通吃，而对其科技创新充满期待。这种情况不只是阿里一家，国内其他巨头也存在如此情况。

从国内阿里、国外谷歌等互联网巨头看，它们通过平台垄断可以把持传播通道、把控内容生产、操控社会舆论。随着我国互联网平台化进程日渐加深，社交媒体、资讯客户端、短视频、搜索引擎、支付系统等聚于一身的互联网平台，已经成为社会大众主流的传播方式、生活方式、交往方式和生活基础设施。阿里并购了近百家传统新闻媒体、互联网新媒体，形成了一家“电商+媒体+社交”的平台公司，完全可以以流量变现决定新闻生产与传播内容，通过制造话题形成传播议程，并借助市场营销形成舆论演化，某种程度上能够危害到国家舆论安全，从而受到舆论谴责。同时，平台媒体对我国新型媒体平台建设形成生态制约。为此，宜在制度层面落实落细党管媒体原则，建设有效传媒资本治理体系。如今，阿里正在停止媒体并购步伐，有意识地适时退出传媒市场，这无疑是明智的。

要高度重视平台垄断形成的“数据剥削”“数据集权”“数据安全”。从我国互联网行业情况看，寡头竞争的趋势日益明显，数据竞争已成为互联网行业与网络广告竞争趋势。至2020年6月，阿里支付宝应用连接8000多万商家和2000多家金融机构合作伙伴，国内用户超过10亿，是全球最大的商业App，支付交易规模达118万亿元。“数据集权”愈演愈烈，互联网巨头掌控了数字经济时代所有线上业务的基础。比如，云计算、支付模式、信息传输等。互联网寡头无形的数据垄断，也是用户个人永远跨不过的“五指山”。目前，我国互联网巨头的股权结构大多数为VIE（协议控制）架构，它们对大数据的储存、传输和使用都存在泄露隐患。从数据安全角度看，数据资源存储和分配及其基础技术由少数超级公司直接控制或由外国政府与资本间接控制，将会因过度集中而形成强大的支配力，足以威胁到国家数据主权安全，必须加以有效规范与严格治理。

（二）阿里巴巴商业模式

1. 跨境电商平台发展概况

（1）跨境电商平台发展现状

跨境电商的快速发展离不开跨境电商平台的有力保障，跨境电商平台是跨境电商交易活动的重要媒介。近年来，我国跨境电商平台无论是数量还是交易规模都呈现出井喷式增长的趋势。根据国家统计局数据显示，2016—2020年，全国电子商务交易额从26.10万亿元增长到37.21万亿元，年均增长率为9.3%。中国网购用户规模已达7.82亿，连续多年保持全球规模最大、最具活力的网络零售市场。跨境电商的高速发展得益于国内电商的成功，从中国海关总署发布的数据来看，在2021年我国货物贸易进出口总值为39.1万亿元，比2020年增长21.4%。随着全球贸易链条的不断深化，极大缩减了中国优质产品与世界贸易市场的距离。作为一种外贸新业态，跨境电商变成“致富密码”，商家都在想尽办法抓住商机，社交媒体平台相继推出跨境电商平台App，各行各业共享这块“红利蛋糕”。

（2）阿里巴巴国际站简介

阿里巴巴国际站属于B2B型跨境电商平台，可以为商家提供一站式的线上服务，中小企业可以依靠入驻平台扩大自身出口营销推广服务，从而降低企业成本，更加高效地开拓海外贸易市场。阿里巴巴国际站在发展历程中一共经历了3个阶段。第一阶段，打造不间断广交会的概念，为企业提供展示贸易交流的机会；第二阶段，阿里巴巴集团收购一达通公司，为商家提供外贸便利的供应链服务；第三阶段，利用自身多年沉淀的大数据技术，全力塑造数字化贸易体系，加速外贸行业的数字化转型。

2. 阿里巴巴国际站的商业模式分析

（1）战略目标

在探索数字经济的道路上，阿里巴巴国际站的全球化战略逐步加深，阿里巴巴国际站致力于让所有的中小企业都成为跨国公司，把让天下没有难做的生意作为企业使命，帮助企业在专业且安全可靠的平台上完成信息共享和贸易交流。

（2）目标市场

早在1999年阿里成立之初，阿里就布局了阿里巴巴国际站这一业务板块，便于今后从事跨境电商领域，成为国内跨境电商行业的领跑者。在顺利打通欧洲、美洲和东南亚等市场后，又收购了东南亚地区最大的在线购物网站Lazada和印度尼西亚最大的电商平Tokopedia等多个电商平台。越来越多的买家通过阿里巴巴国际站的平台进行采购从而获得更多的市场机会，同时更多的卖家入驻平台，让竞争变得更加激烈，创造新的商机。阿里巴巴国际站有效地定位自己市场群体的客户画像，吸引更多商家入驻平台，大大提高了转化效率。

（3）产品及服务

在产品推广方面，阿里巴巴国际站推出智能实验室服务，分别是智能橱窗、智能内容营销和智能产品优化。对于买家来说，通过大数据分析为其推荐产品，可以更精准地匹配到自己心仪的商品。对于卖家来说，高效采集了消费者的购买数据，大幅提高了产品的销量，同时达到了增加销售额的目的。

在操作方面，阿里巴巴国际站还提供线下服务，拥有系统、专业的课程培训，为客户提供更舒适、贴心的体验感。在配送方面，阿里巴巴国际站提供“门到门”服务，货物从工厂拉到境内港口、报关，通过海陆空进入境外港口，清关、完税，最后完成末端配送。

在支付方面，2021年9月，阿里巴巴国际站推出了阿里巴巴.comPay服务，更好地帮助商家进行跨境收款，同时可以关联国际站订单，将提现手续费降低至0.125%，没有开户费和管理费，实现快捷高效的转账体验。

（4）盈利模式

①定价模式。阿里巴巴国际站的特色是采用外贸直通车的方式，即P4P，成为阿里会员的企业可以通过自主设置不同的关键词，对其进行出价竞争，获得免费展示产品信息的机会，进而吸引买家关注、点击产品，并按照点击进行付费，P4P产品的搜索结果享有排名优先的地位，P4P推广的目的是吸引更多的流量和获得更多询盘。

②收入模式。阿里巴巴国际站的收入可以分为三大类。第一类是营销服务收入，包含

广告费、会员费等；第二类是流通型服务收入，包括与物流和资金流相关服务收入和供应链服务费；第三类是日常经营服务收入，包括CRM、ERP等服务的收入。

③盈利空间。阿里巴巴国际站在近几年的规划中，着重加强供应链的建设，整体平台收入开始从流量主导逐渐演变为多元综合型发展，供应链服务费收入的占比逐年递增，远超会员费的同比增速。

3. 跨境电商平台的选择

各类跨境电商平台都有自身的特点和长处，也各有其不足。卖家应对自身的业务范围、平台优势、平台收费模式、信息流操作模式、资金流动模式和物流模式进行深度分析，根据自己的优势选择最适合自己的跨境电商平台。

（1）企业目标市场和产品定位

首先，卖家应充分了解和分析目标市场，如美国市场、欧洲市场或者非洲市场。其次，应该熟悉自身商品的种类、数量和特点。入驻综合型跨境电商平台还是入驻垂直型跨境电商平台，卖家必须根据自己的特点做出合理的决策。专业性较强的企业不宜选择综合型跨境电商平台，而应选择垂直型跨境电商平台。

（2）跨境电商平台的规模和影响力

启动早、规模和影响力都很大的跨境电商平台在平台运营方面具有丰富的经验，在会员管理、信息管理、网站推广等方面具有丰富的资源，可以为卖家提供更好的服务。

（3）跨境电商平台的宣传推广能力

为了让更多的海外买家和采购商熟悉和了解继而吸引他们在平台上采购，跨境电商平台必须通过某种渠道，如参加国际著名展览、搜索引擎推广、投放广告、对外合作等进行宣传和推广，卖家在选择跨境电商平台时要考虑平台的宣传推广能力和投入的力度。

（4）跨境电商平台提供的附加值

如果跨境电商平台提供的附加值很大且优惠很多，卖家就能充分利用附加值和优惠来降低成本以获得更高的收益。

（5）跨境电商平台服务项目的收费情况

我们在购买商品时大多会考虑价格因素，同样，卖家在跨境电商平台上购买平台收费服务也要考虑价格因素。虽然平台也会提供一些免费的服务，但对照片、认证、排名等服务有各种限制。卖家应根据自己的需求和购买力选择合适的平台服务项目。

4. 阿里巴巴国际站的SWOT分析

（1）优势

①核心能力。经过20多年的数据积累，阿里国际站完成了商业模式数字化、交易终端数字化、物流体系数字化、客户服务数字化和支付方式数字化，极大程度上提高了平台的交易效率，数字化发展成为阿里巴巴国际站最核心的资源和技术。RFQ采购直达是阿里会

员商家获取商机和订单的重要途径之一，买家会在平台上主动发布采购需求，外贸企业和供应商可以找到有切实需求的客户进行报价，RFQ可以作为增加询盘的一种方法。

背靠阿里巴巴集团，让跨境支付变得更加便捷。阿里巴巴国际站拥有全球支付网络，支持26个主流贸易本地货币，覆盖67个国家，提供七大主流支付方式。交易全程可视，资金流动透明且可以追溯，为客户的财物提供安全保障。

②品牌效应。品牌和用户口碑对跨境电商平台的整体运营起着至关重要的影响。阿里巴巴国际站是国内最大的B2B型跨境电商平台，一个企业想要转型升级，开拓海外贸易市场去做B2B型跨境贸易，第一个想到的就是阿里巴巴国际站，由此可见阿里巴巴国际站的知名度高。

③网络效应。阿里巴巴国际站通过增加网络连接点提升自身网络效应。入驻平台的买家越多，入驻的卖家也越多，从而形成一个正向循环，便会吸引更多的商家入驻。随着用户人数的不断增加，自身价值也随之增加，即使用的人越多，第三方的价值就越大，平台的发展会越来越好。阿里巴巴国际站分别通过用户、产品和市场3个不同维度来强化自身的用户黏性，进而增强网络效应的强度和频率。

④生态系统。我国政府近年来出台相应政策，大力扶持跨境电商成长，为跨境电商平台的发展保驾护航。随着跨境电商的崛起，用户数量迅猛增长，阿里巴巴全面布局跨境电商。根据信息生态理论，阿里巴巴国际站在20多年的时间里，从只提供买卖双方接触的黄页网站，再到现在将线上交易、支付和物流完全整合，完成了从平台模式到生态体系的进化。用户习惯在阿里体系的平台上进行交易后，很大概率上会再次选用阿里巴巴配套的产品和服务。例如，阿里物流、信保服务和付费推广等。随着时间的推移，用户数量不断积累，阿里国际站不断创新，由此提高了平台整体的交易效率，从而完善自身生态系统建设。

（2）劣势

①投入成本高。阿里巴巴国际站并不是免费推广和宣传的，企业要想排名靠前，达到脱颖而出的效果，就需要进行大量投资。同时在物流环节可能出现送货延迟、产品质量达不到预期、货品损坏、海关扣留等情况，跨境物流在商品运输和配送的途中出现成本高、时间长的问题，导致企业可能出现亏损等情况。

②竞争风险大。平台上诚信通会员过多，价格战较为严重，导致竞争异常激烈。由于买家会同时向多名供应商进行询盘，而这些供应商所提供的产品质量和价格都不统一，因此多数供应商采用低价策略吸引客户下单。

③机会。从社会环境方面看，2019年年末，疫情暴发，给全球经济带来不小冲击，但任何事物都具有两面性，对于企业来说更像一场优胜劣汰的比赛，我国跨境电商行业凭借自身优势和国家正确的疫情防控措施，抓住了疫情红利。随着移动终端用户规模不断增

加，跨境电商市场急速扩大，为跨境电商平台的发展打下了良好的用户基础。

从政策方面看，近年来我国政府接连出来多项扶持政策，保障跨境电商行业稳健发展。与此同时，国务院也挑选出多个具有发展潜力的城市，开设跨境电商试点，大力推进了跨境电商行业的运行和发展。

从企业发展方面看，传统贸易模式在近些年的发展中屡屡碰壁，原来从事传统贸易的企业需要依靠转型升级来维持自身发展，在一定程度上提高了我国跨境电商的准入门槛，推动了行业内的跨境电商平台良性发展。

④威胁。国外有很多具有竞争力的同行，同时国内短视频平台也看准跨境电商的发展，纷纷在原来企业的基础上加入跨境电商。后疫情时代下，无论是国内还是国外，短视频都成为新的流量风向标，短视频形态的跨境电商平台，更加推动了线上购物的发展。目前新冠疫情还在持续中，而短视频平台类的跨境直播吸引大批顾客观看并转化成购买。传统跨境电商还停留在寻找商品、商机的阶段，短视频类的内容型跨境电商则进化成“你应该买什么的”阶段。在行业竞争压力大的状况下，跨境电商平台更需要专业基础强、敢于大胆创新的复合型人才，辅助跨境电商平台发展。

5. 跨境电商平台目前存在的问题

（1）存在垃圾询盘

入驻平台后，企业在运营时，经常收到很多无效的询盘，包含广告、同行探价、重复询盘、钓鱼询盘等。成为平台会员的企业会收到很多新的询盘，特别是在做了阿里巴巴排名优化服务后，询盘量将会大幅增加，但其中有很多都是没有实际效用的虚假询盘。假设这是一个真的有购买需求的客户，而外贸业务员没有认真答复，就可能错失机会。但遇到一位业内同行，此时却认真发了报价，将会泄露个人信息，也会给企业带来损失。

（2）创新发展过程中，缺乏复合型人才

电子商务，打开了网购无国界的大门，但随着跨境电商的兴起，传统贸易人员早已不能满足企业创新发展的需求。与传统电商平台相比，跨境电商平台更需要多元化发展的复合型人才，不仅要有扎实的专业基础，还需要掌握外语、外贸、互联网技术等多方面知识。虽然跨境电商的商机巨大，但如果没有真正懂得电商的新型外贸人才，就有可能被挤出赛道。与跨境电商的飞速发展形成鲜明对比的是，全国跨境电商人才严重缺乏，不仅制约了跨境电商平台的发展，更使跨境电商企业陷入困境。

（3）跨境物流成本高

跨境电商物流的资源整合难度大，缺乏有效贯穿上下游的跨境电商物流服务，大大增加商家的运营成本，同时也会降低顾客的整体消费体验，导致顾客因为对物流服务不满意而寻找其他跨境电商平台。

6.跨境电商平台发展的对策方案

（1）不断优化平台对于询盘信息的筛选能力

跨境电商平台应做好内部优化，提高网络安全漏洞防范意识，定期更新平台网络建设和平台自动识别系统，为入驻平台的跨境电商企业的正常运营提供基础保障。

（2）实施跨境电商人才培养战略，建立专业的跨境电商团队

应大力推进校企合作，全国各高等院校及中职学校应该根据市场需求调整教学思路，打造高素质应用型、外向型、复合型人才。跨境电商平台在运营过程中，也应组建专业的跨境电商人才培养团队，助力传统贸易企业加速转型升级，吸引更多企业入驻平台，推动跨境电商企业发展。

（3）平台与企业间加强全球供应链的协同发展

跨境电商平台与企业间，应加强数据协同，提升供应链效率。阿里巴巴国际站作为跨境供应链的关键环节，目前阿里国际站物流共有超过2.6万条线路，支持全国近200个城市上门揽收，覆盖全球200多个国家和地区。同时在有效防控疫情的前提下，保证跨境物流通道快捷、通畅。

本节基于对阿里巴巴国际站进行商业模式分析，结合目前跨境电商平台的实际发展情况，提出针对跨境电商平台发展的优化方案，进而改善我国跨境电商平台在发展过程中存在的弊端。阿里巴巴国际站采取数字化创新的方式，让更多传统贸易企业用更低的成本转型升级为符合新时代要求的跨境电商企业，大大提高了外贸行业的效率，进而增强了中国企业的国际竞争力，从中国制造转向中国创造。在新冠疫情防控期间，全球的电商行业更是黄金发展期，线上采购变成大势所趋。在这一趋势下，企业通过跨境电商平台简化了传统贸易的交易流程，降低了生产、交易成本，增加了企业的交易频率和交易金额，跨境电商平台助力中国外贸产业链和价值链转型升级。跨境电商的重要性在当前时代背景下是毋庸置疑的，企业应抓住机遇，顺应时代潮流，开拓新的业务渠道，利用平台优势推进线上线下的共同发展，企业不断增强自身研发技术，树立品牌理念，提高企业核心竞争力。发展跨境电商是缓解外贸压力稳妥之选，国家政府也应积极推出更多扶持政策，在更多城市开设跨境电商试点，为更多企业提供创新发展新机遇，同时优化我国跨境电商的经营环境，推动我国跨境电商行业稳健发展。

（三）阿里巴巴B2B电子商务平台开发国际贸易客户的途径

1. 阿里巴巴的战略与商业模式介绍

阿里巴巴集团的发展目标和愿景是构建未来的商务生态系统，“让客户相会、工作和生活在阿里巴巴，并持续发展最少102年”。持续发展最少102年就意味着，从企业1999年成立算起，要横跨3个世纪，能够与少数取得如此成就的企业匹敌。本着“让天下没有难做的生意”的宗旨，阿里巴巴致力改变小企业与创业者旧有的营商方式，并从中为消费者

带来更多的产品及服务选择。企业经营的商业生态系统，让包括消费者、商家、第三方服务供应商和其他人士在内的所有参与者，都享有成长或获益的机会。现如今，阿里巴巴集团的前景和发展优势（表3–2），可以概括为：

表3–2　阿里巴巴集团的前景和发展优势

序号	发展优势
1	中国巨大的商务机会
2	规模和市场领先地位
3	蓬勃的交易市场、平台和生态系统
4	不容置疑的移动商务领导地位
5	清晰的增长战略
6	优秀的管理团队及深厚的企业文化
7	强劲的收入增长、盈利能力及现金流

中国巨大的商务机会。阿里巴巴集团的业务将受益于中国消费者不断上升的购买力（图3–1）。

图3–1　巨大的电商商机

中国的网购渗透率还相对较低。中国拥有全球最多的上网人口，在线购物者和电商消费还有很大的上升空间。中国的实际消费额占国民生产总值的比例，相对于其他经济发达国家（比如美国）还是较低。

规模和市场领先地位。根据IDC按2013年商品交易额的统计，阿里巴巴集团是全球最大的网上及移动商务企业，其商品交易额明显比其他电子商务企业高，其现有的发展规模，具备从中扑捉市场机遇的竞争优势。

蓬勃的交易市场、平台和生态系统。阿里巴巴集团其交易市场庞大的规模及多样性，吸引了不少的买家和卖家。此外，不少卖家和第三方服务供货商都在这个生态系统里创建业务，其生态系统覆盖数以亿计的买家、卖家、服务商及其他合作伙伴，所形成的网络效应日益增长。

不容置疑的移动商务领导地位。根据艾瑞咨询的统计，2014年前2个季度，全中国的移动零售商品交易额当中有逾86%都是通过阿里巴巴集团的交易市场产生。根据艾瑞咨询基于移动月度活跃用户数（MAU）的统计，自2012年8月以来，手机淘宝一直是中国最受欢迎的移动商务手机客户端。

清晰的增长战略。增加交易市场活跃买家数，并提升现有买家的网上消费水平；发展和推广更多产品及服务，增加产品类目及服务种类；扩大移动业务的领导地位，令移动服务成为客户日常生活的中心；在更大基础上，帮助阿里巴巴平台上的卖家成功；提升数据和云计算服务的能力；发展跨境商务机会。

优秀的管理团队及深厚的企业文化。其员工清楚了解公司的使命、长远目标和价值观，这种阿里巴巴文化是其成功的关键。

强劲的收入增长、盈利能力及现金流。从历年数据看到，阿里巴巴交易市场的商品交易额持续强劲增长；其由于采用交易市场业务模式，没有任何库存成本；其轻资产的业务模式产生强劲的现金流。

2. 基于阿里巴巴B2B平台开发国际客户的现状

阿里巴巴国际交易市场（www.阿里巴巴.com），是阿里巴巴最早创立的业务之一，作为B2B电子商务的创始者和领军人，是目前知名度最高的B2B电子商务平台之一，现今已经成为全球商人网络推广的首选网站，被商人们评为“最受欢迎的B2B”网站，多次被美国权威杂志《福布斯》选为全球最佳的B2B站点之一，为全球数以百万计的买家和供应商提供跨界贸易平台，阿里巴巴国际交易市场上的卖家一般是来自中国以及印度、巴基斯坦、美国和泰国等其他生产国的制造商和分销商。截至2012年12月31日，阿里巴巴国际交易市场拥有3670万名注册用户及280万个企业商铺，服务覆盖超过240个国家和地区，囊括的产品超过了40多个行业类目，其海外浏览量及海外注册用户数在同类网站中均排名第一。

2003年“非典”暴发，电子商务价值凸显，阿里巴巴成为全球企业首选的商务平台，网站各项指标持续高速发展，其中代表商务网站活跃程度和网站质量的重要指标——每日新增供求信息量比去年同期增长3～5倍。通过对阿里巴巴140万中国会员的抽样调查，发现在“非典”时期3个月内达成交易企业占总数的42%，业绩逆势上升的企业达52%，更进一步巩固了阿里巴巴全球第一商务平台的地位，并为国内企业提供了一系列开发国际和优化国际客户的机会，例如，7天签下430万美金合同的江阴印染企业、用一年时间实现外贸业务从零到五百万突破的厦门电力设备制造企业等，将产品销售到其他国家。

总结阿里巴巴的运行模式，可以简单理解为注册会员提供网上贸易平台，并根据其企业的类型、服务的级别和需求不同，为企业提供咨询收发或者更为高端的交易辅助服务，使企业和企业通过网络进行贸易，达成交易。阿里巴巴为买家和供应商提供的主要信息栏目包括：商业机会、公司全库、产品展示、行业资讯、价格行情、以商会友、商业服务等。通过对阿里巴巴的分析，我们发现，阿里巴巴电子商务存在以下的特点：

第一，阿里巴巴电子商务服务的对象定位于中小企业。

中国的市场是一个正在成长的市场，其蕴藏着极大的潜力和机遇，而电子商务是这个潜力市场中最受关注的领域之一；同时中国的市场发展也正处于初级阶段，在这个市场中中小企业占有很大的比例，有数据显示，目前我国中小企业的数量已经占到企业总数的60%，而盈利已经占到总数的40%。与美国电商成熟市场中电商以大企业为主不同，中国的电子商务市场主要参与者是中小企业，由于他们灵活机动，更容易接受新鲜事物，通过电商也能更好地服务于他们。

第二，会员准入门槛低。

阿里巴巴，正是看好了中小企业面对激烈的竞争压力，想要通过低廉的网络开拓客户的方式，创造更多的商机，赢得发展的机遇，所以为了赢得更多的中小企业会员，提供免费会员制来吸引中小企业进行注册，增加浏览量和关注，在这个过程中又扩充了阿里巴巴平台的供需双方信息，为平台提供了更多的咨询信息；即使是收费会员，能为其提供更多的咨询服务和发布信息的机会，其费用也相对低，对于中小企业来讲很容易被接受。这样就尽可能将电子商务的优势发挥出来，形成供需双方与阿里巴巴之间的共赢。

第三，针对不同需求的用户，通过为其增值服务，为客户提供更优质的信息。

阿里巴巴，通过对用户的需求信息的收集和总结，针对不同的用户需求，提供增值服务，不仅为客户提供了更多的项目和功能，并增加了平台直接盈利的机会；同时利用其集团的优势资源，通过数据的分析和挖掘，进行Web推荐服务，实现集团旗下资源B2B平台和B2C的对接，为阿里巴巴用户提供更多的商业机会。

第四，阿里巴巴很注重品牌影响力的提升。

阿里巴巴在推广过程中很注重自己的品牌形象的提升。通过参与福布斯评选，提升品牌的关注度和影响力，通过各种宣传和运作，多次赢得国际上评选出的最佳B2B平台之一。同时也注重通过人员的任用提升品牌的国际影响力，比如说通过聘请世界贸易组织前任总干事、现任高盛集团总裁彼得·萨瑟兰担任特别顾问等方式，提高阿里巴巴的品牌的影响力，优化其国际形象和号召力，为阿里巴巴生态发展提供强大的助推力。

3. 基于阿里巴巴B2B平台开发国际客户的途径与方法

阿里巴巴国际交易市场，是帮助中小企业拓展国际贸易的第三方贸易平台，通过提供给企业平台向海外买家展示企业和产品，以获取贸易的商机和促成交易的达成。其对中国供应商采取会员制的管理方式，根据其需求不同，采用免费制和收费制的注册方式。免费的注册方式，主要是为了吸引更多的人来关注阿里巴巴这个平台，而收费的方式为不同需求的用户提供更优质地开发国际客户的途径和服务，费用是4万～15万元/年不等，有的甚至更高。接下来将分析基于阿里巴巴B2B平台开发国际客户的途径与方法：

（1）阿里巴巴为会员提供专门的网站服务

使企业可全面地展示自己的公司和产品，并可以提供给与国外的卖方进行浏览，创造商机。阿里巴巴在网站上为会员开通专门的网页，卖方可以在此发布自己公司和产品的详细信息，买方可以在此发布自己公司的情况和详细的需求信息，而阿里巴巴通过账户管理，可以使买卖双方在此为双方搭建可以互相了解的平台，创造更多的商机，在多语言的平台下，以实现在线采购的实现。

另外阿里巴巴为使会员更好地使用网站提供相关的咨询和培训服务。设立有专门的VIP贸易服务部，设置服务专员，为付费会员提供贸易服务，帮助客户进行资料发布和管理，解答客户遇到的技术问题。另外阿里巴巴针对不同合作阶段客户的需求，会进行有针对性的培训服务。例如：针对合作期在2个月内的客户，以培训使用阿里巴巴客户管理工具（CRM）为主；针对半年内的客户，主要以培训外贸操作技巧为主；而针对半年以上的客户，则以企业发展战略引导为主。

（2）阿里巴巴为会员提供交易保障服务

阿里巴巴为会员提供交易保障服务。包括了第三方认证服务，信用保障，SecurePayment、赊销保等保障服务。第三方认证服务，是阿里巴巴联合华夏国际信用集团、澳美资讯Asian CIS等国际知名信用机构，为阿里巴巴中国供应商会员进行的，验证该会员是否是合法存在的公司以及申请人是否属于被认证公司的A&V身份认证，该认证服务对于提高中国供应商在国际交易中的信誉，提高贸易的成功率，起到了一定的保障作用。信用保障服务是指，为了帮助供应商向买家提供跨境贸易安全保障，阿里巴巴根据供应商的基本信息和贸易额度等指标综合评定后，给予一定的信用保障额度。这个额度，需要完成“一达通”开票人预审和产品预审，同时买家的评价也可以展示在会员的公司和产品的页面上，增加国际客户对中国供应商的立体认知。Secure payment，是阿里巴巴联合第三方支付平台alipay提供线上资金交易安全保障服务，通过买家下单—买家付款到Secure payment账户—卖家发货—买家确认收货—放款至卖家国际支付宝账户，完成支付保障服务，并解决在交易过程中的纠纷。赊销保是由阿里巴巴公司联合中国银行和中国出口信用保险，由阿里巴巴旗下的子公司一达通，为符合条件的国际买家垫付80%的赊销订单应收货款，为企业分担资金压力，同时收取一定服务费的提前“放款”的金融服务。

（3）帮助注册会员实现线上和线下一体化推广，创造更多的商贸机会

通过其庞大的机构网络，特别是海外分支机构，组织和参加国际展会，向与会的买家提供产品和企业资料，帮助注册会员实现线上和线下一体化推广，创造更多的商贸机会，为国内供应商开发国际客户提供了更多的支持。在国内，通过会员俱乐部的形式，为国内外贸商提供经验交流的平台，共同进步。另外企业提供外贸和电子商务实战培训，帮助企

业解决当前管理中的难题，同时培养相关的电子商务专业人员，以便更好地开拓国际市场服务。

（4）为用户提供国际物流服务平台

为国内供货商的发货，实现交易的正常化和便捷化，提供物流保证，涉及的服务范围有海运、航运、国际快递。国际物流服务平台为国内的中小外贸企业简化烦琐的贸易流程，轻松应对国际贸易规则，提供了重要的参考和物流保证，消除了国内供应商开发国际客户的一个重要顾虑。

（5）为供货商提供资金支持

阿里巴巴针对中小企业融资难，提供以信誉为主要放贷依据的网商贷服务，为中国的供货商提供资金支持。网商贷与一般贷款的优势体现在，放贷的依据是纯信用，无抵押、免担保；其目的是促成交易，阿里巴巴报价阶段展示授信勋章（Credit Checked）、显信用、促成交；额度现金最高100万，平均3个工作日放贷，首次申请客户，可享受3天无理由退息的申请权利。这样的服务为中国的中小企业开拓国际市场提供了资金支持。

4.基于阿里巴巴B2B平台优化国际客户资源的途径与方法

阿里巴巴B2B平台，不仅是开发国际客户的资源良好平台，同时对于优化国际客户资源也有着重要意义。接下来将分析基于阿里巴巴B2B平台优化国际客户的资源的途径与方法：

（1）阿里巴巴为会员提供商务软件管理工具和管理系统

阿里巴巴为会员提供商务软件管理工具和管理系统，优化交易资讯和客户资源。阿里巴巴对加入中国供应商的企业提供专业的商务管理软件以及互联网基础设施服务，这样的专业商务管理软件，比如说客户管理系统（CRM），用户支付类管理平台，数据管家等，为开发国际客户、实现交易提供基本的技术和管理保证；同时对于提高交易信息的质量也是重要的保障。再比如，新询盘功能，为买卖双方自主进行交易提供了更多的机会。这些专业化的管理软件和系统，帮助客户实现轻松管理企业外贸信息。同时，阿里巴巴提供排名优先服务，增加客户和产品的曝光率，抢占市场先机。

（2）阿里巴巴提供的信誉认证服务

为了优化国际客户资源，除前面介绍的交易保障服务外，阿里巴巴提供的金品诚企认证服务也很受关注。该服务是阿里巴巴和必维国际检验集团（BUREAUVERITAS，简称BV）、德国莱茵（TÜV）两家公司合作的，提供企业能力评估、主营认证产品、验厂视频、8组橱窗、出口通等服务的业务；其流程为派送认证—认证文审—视频拍摄—现场认证—认证报告/视频上传—认证完成—发送纸质报告。金品诚企服务为提高卖方企业的信誉，优化信息的质量，提升交易的安全起到了一个重要的尝试作用。

（3）提供搜索引擎服务和智能外贸直通车服务

搜索引擎现如今已经成为资讯、服务、应用进入窗口，其重要性不言而喻。阿里巴巴联合搜狐，打造高性能的搜索引擎服务，期待在智能Robot系统，对全球新网页和更新的资料进行分秒不停地自动检测并自动分类识别的同时，提高检索的质量和信息的价值，以帮助国内供应商优化国际客户资源。另外阿里巴巴的外贸直通车服务，是阿里巴巴新开发的全新网络推广方式，其有利于提高供应商与国外客户联系的紧密度，提高国内供应商的工作效率。其具体的操作，是通过阿里巴巴国内的会员企业自主设置关键词，免费展示产品信息，并通过大量曝光产品来吸引潜在卖家，并按照点击进行付费的方式来进行交易。外贸直通车服务，提供帮助专区、培训专区、名人专区、互动专区，为优化国际客户资源提供平台保证和咨询、交流服务，强大的体系网络、信息资源为优化客户资源提供了强大、安全的后方保障基地。

（四）阿里巴巴B2B平台开发国际贸易客户的创新优势与问题

1. 阿里巴巴B2B平台开发国际贸易客户的创新优势分析

（1）客户管理制度创新

阿里巴巴一直较为重视客户管理制度的创新，这是为了适应市场和客户需求的变化。阿里巴巴吸引了更多的会员，会员队伍扩充了，用户的产品类别与贸易种类也不断地丰富和优化，这样既兼顾了市场规律，也保持了用户的活跃度，为平台带来了更多的潜在增值服务的空间，最终让阿里巴巴的盈利结构更为优越。

阿里巴巴通过研究不同地区、市场、行业的用户的不同商业习惯和行业规则，不断推出增值服务，更新付费会员的服务内容，提高用户对平台的忠诚度。表3-3是阿里巴巴平台会员服务体系的升级情况表。

表3-3 阿里巴巴平台会员服务体系的升级情况

推出时间	会员身份	服务对象
2000年10月	Gold Supplier会员	针对香港出口商出口业务
2007年4月	Gold Supplier会员	针对香港出口商出口业务
2008年11月	Gold Supplier出口通版会员	出口通版会员针对国际交易市场
2008年11月	国际Gold Supplier会员	取代原有的国际诚信通，为海外的供应商提供与中国供应商平等的贸易机会
2011年1月	2011版中国Gold Supplier	取代原有的Gold Supplier出口通版

通过表3-3我们可以看出从2007年开始，阿里巴巴2008年、2009年、2011年连续不断地更新会员用户级别体系，注重用户的体系升级，推出增值服务，以满足不同用户、用户

的不同时期的需求，这样会员体系升级服务的更新速度是适应了现在电子商务发展趋势的，也正是这样，阿里巴巴为此也赢得了更多的用户关注和注册，阿里巴巴的国际交易市场注册用户规模也以史无前例的高速增长。

从2007年开始阿里巴巴交易市场注册客户数快速提升，这样的趋势与阿里巴巴从2007年开始为会员不断提升增值服务、升级用户体系的规律一致。阿里巴巴国际交易市场的注册用户数不但增加了，其付费会员的数量也增长了。

无论是阿里巴巴Gold supplier会员，还是国际诚信通会员人数呈增长趋势，这样的趋势与阿里巴巴升级会员体系，以及阿里巴巴国际交易市场的注册用户数的增长趋势是一致的。就是到了2011年，由于2011版中国Gold Supplier取代原有的Gold Supplier出口通版，所以以前传统的Gold supplier会员、国际诚信通会员人数呈现小幅度下滑，会员升级或者并入中国Gold Supplier，因为没有中国Gold Supplier的统计数据，所以在此也无法分析，但是这样的趋势也说明了阿里巴巴的会员体系的升级和变动对付费会员是有直接影响的。阿里巴巴国际交易市场中，不仅其注册客户数、付费会员的人数快速增长，企业店铺也快速扩充。

阿里巴巴国际交易市场企业商铺的数量从2007年开始，呈现出快速发展增长的趋势，这与阿里巴巴提升用户增值服务、升级会员体系的趋势是一致的。

总之通过以上对阿里巴巴平台会员服务体系的升级情况、阿里巴巴国际交易市场注册客户数、阿里巴巴付费会员、阿里巴巴国际交易市场企业商铺2006—2011年数据分析，可以看出阿里巴巴平台会员服务体系的升级情况的发展趋势与阿里巴巴国际交易市场注册客户数、阿里巴巴付费会员、阿里巴巴国际交易市场企业商铺增长趋势是一致的，那么我们可以推定之所以阿里巴巴国际市场注册客户数、付费会员、国际交易市场企业商铺快速增长，与阿里巴巴重视管理制度的创新、不断地推出增值服务、优化平台会员服务体系有着直接的关系。其这样的创新模式对于国内B2B平台有着重要的借鉴和参考意义的价值。

（2）平台整合力创新

伴随着电子商务快速发展，对于第三方B2B电子商务平台功能要求越来越高，要其能够提供给供应商、经销商、采购商各种需求的不同类型的服务，显然要达到这样的标准，光由第三方B2B电子商务平台的供应商来提供，不可能也不能达到预想的效果。所以电子商务平台的整合能力，就决定了该平台的生命力和客户对其的依赖度。平台的整合能力，在具体的实务操作中，往往体现在制定行业标准的能力，以及该行业标准能否被大家认同和广泛推广。作为第三方B2B电子商务平台由于受到自己的规模和用户数量和类型的限制，往往缺乏对行业标准制定的能力和条件。比如美国现今的B2B电子商务中心，就存在各个中心各自隔离，缺乏统一的交易标准，也不能进行对接和扩容，其数据不能实现共享，也就无法实现集聚效应的优势。所以现在很多的学者和专业人士都在思考如何建立第三方B2B平台的行业标准，建立这样的标准要具备的条件有：一方面，要求各个平台之间的交易规则、贸易环节能否与平台进行兼容和对接，特别是与国际贸易习惯和规则能否顺利对接；另一方面，是该平台对其平台使用的用户要有足够的控制力。

阿里巴巴正是看到了平台整合能力的重要性，在制定行业标准和规则方面进行了尝试。我们通过之前的分析知道，要解决这个问题的话需要具备的能力和条件：一个是要能与国际贸易习惯和规则进行有效兼容和对接，也就是其在制定的规则和习惯的时候要充分考虑到国际习惯和地区差异，为国际客户和服务的扩容提供足够的空间。同时作为中国企业国际贸易提供服务第三方B2B平台，其关键之一就是要协调多个环节，这也是其发展的难点。另一个是阿里巴巴平台的规模和客户要达到一定的规模，对用户有足够的影响力，才能保证该行业规则的执行。阿里巴巴借助自己的规模和客户优势，在行业标准的制定和推出广泛实用的产品方面进行了开创性的尝试。比如在金融危机期间，阿里巴巴推出"08版中国供应商"版本，在该版本中，供应商可以无限量传输企业产品图片，这样的标准受到了企业的追捧，现在已经成为行业标准。阿里巴巴在全球速卖通服务里，建立标准化的平台，为全球物流公司登录平台提供机会和标准，这样的尝试让第四方服务提供商能够登陆到阿里巴巴平台上，为阿里巴巴客户提供必要的商务贸易辅助功能，抢占仓储和物流服务，为阿里巴巴用户抢占市场先机提供优越条件。对于阿里巴巴推出的广泛使用的产品，全球速卖通借鉴国内支付宝经验，为客户提供贸易担保交易模式，推出支付宝国际版，将支付宝模式推向国际贸易，这个就是阿里巴巴推出广泛使用产品的典型代表。阿里巴巴平台整合能力的创新，是在看到电子商务发展前景的基础上，为了更好地服务用户，而推行的开创性措施，这些措施显然已经收到了用户的关注和喜爱，期待阿里巴巴整合能力的进一步提升，同时也为国内其他电子商务行业提供借鉴和参考，从而规范电子商务市场。

（3）平台支配力创新

第三方B2B平台的支配力，是指平台依靠其本身的规模优势和客户优势，对贸易模式、贸易规则、贸易实体的实际支配能力和力度。这样的支配力是建立在市场主体平等的基础上，而不是建立在行政隶属关系上，所以其对平台的要求也就越高，平台管理的难度也就越大。传统的观点认为，电子商务只是传统贸易在网上的延伸，也就是说电子商务依附于实体贸易，很多受地域限制的网站就是这样的模式。比如说义乌的"中国义乌电子商务及网络商品博览会"就是一个以实体平台为主的，在网上的推广平台，该平台的特征是以实体贸易平台为基础。为了满足不同地域、不同行业、不同类型用户的贸易需求，要求第三方贸易平台能够为用户开拓更广阔的市场，搭建平台，提供便捷优质的服务，那么对平台的支配力要求就很高。以阿里巴巴为代表的第三方B2B电子商务平台为此进行了大胆、有益的探索和创新。

其支配的对象，对传统的贸易模式的对象进行了扩充，除了贸易主体之外，还囊括了第四方贸易服务商、实体的贸易设施，还有就是政府和社会相关机构第三方B2B平台。支配对象类型丰富了，在以前的单一的贸易主体（供货商、贸易商、采购商的基础上）基础上进行了扩容。第四方电子商务服务提供商，主要包括了为贸易主体提供仓储、物流的企业、银行、保险公司、咨询机构、法律机构、电子商务业务的代理企业、数据软件统计、分析企业、网店的装修等企业，其提供了平台贸易主体所需的贸易各个环节的相关服务，对整个平台的服务能力的提升是个有益补充；平台支配的实体贸易设施和工具，主要有港口、仓库、保税区等；平台的支配对象还会涉及政府部门和相关的机构，主要是外贸相关的管理和服务部门。

而平台支配力的体现，主要表现在平台的整合能力、平台的网络外部性，还有就是平台的品牌形象。平台的整合能力，通过文章前面部分的分析，我们知道其是平台支配能力的重要体现，其行业标准的制定能力和广泛产品的推广能力，直接关系着该平台的影响力，也是受平台的实力所左右的，其是平台支配力的直接体现。平台的网络外部性，主要体现为：第三方平台处于一个相对公正的第三方角色，能够为相关的贸易主体和平台的其他参与主体提供一个较为公平的贸易平台。减少因为关系贸易带来的一些不必要的贸易壁垒而错失商机。对于贸易主体来讲，其为了提高贸易效率、降低交易成本、降低交易风险，会选择影响力较大、信誉和口碑较好的平台入驻，比如阿里；而第四方服务提供商为了赢得更多客户，其选择合作平台的话，也会选择规模较大、口碑较好的平台。这样围绕第三方平台服务商建立起来的支配结构就形成了，通常规模大的企业，用户的集聚效果就很明显，通过这个平台获取的资源和信息也就更优越，这样网络的外部性的优势就展现得更为充分。平台的品牌形象也是一个支配力的一个很重要的指标，是平台的无形资产，拥有良好的平台品牌形象，在进军国际市场的时候，才能更好地得到海外企业和相关机构的支持和信任。所以阿里巴巴在打造平台的品牌形象方面投入了大量的人力和物力。阿里巴巴良好的贸易业绩表现为在成立后的短短时间实现了平台的盈利在业界已经首屈一指；同时为了赢得更好的口碑，经常参加福布斯等有影响力机构的排名评比，经常获得全球优秀排名；同时对高层管理人员的选任上，比如说通过聘请世界贸易组织前任总干事、现任高盛集团总裁彼得·萨瑟兰担任特别顾问等方式，提高阿里巴巴的品牌的影响力，优化其国际形象和号召力。综上我们可以看出，阿里巴巴对于平台支配力的创新，进行了有益的探索，有些经验值得我们同行业的相关企业进行学习和借鉴，同时阿里巴巴平台也存在一些不足需要正视，并进一步完善，以期能为中国供应商开发国际新市场，提供更高水准、更优质的服务。

2. 阿里巴巴B2B平台开发国际贸易客户的问题分析

（1）中国供应商会员的抽样调查

通过对阿里巴巴中国供应商会员随机抽样，选取了50个企业进行问卷调查，我们发现：在受访的企业中，以中小企业为主占到95%，其中小企业占到60%。

对阿里巴巴B2B平台使用满意度调查中，使用阿里巴巴平台的用户认为平台非常满意的为5%，认为满意的为15%，基本满意的为65%，不满意的为20%；可见用户对于阿里巴巴的服务整体来讲是满意的，满意度基本上达到了80%。对于阿里巴巴B2B平台交易配套服务效果的满意度调查中，认为非常明显10%，认为明显的40%，认为一般的40%，认为不明显的10%；可见对于阿里巴巴B2B平台交易配套服务效果的程度，认为明显的达到了50%，认为一般的占到40%，认为不明显的占到10%，也就是说服务效果有待提升，但对服务完全不满意的用户还是少数。

通过对阿里巴巴B2B平台的协商机制的满意度调查，发现协商机制非常满意的5%，认为满意的为10%，认为一般的20%，认为不满意的占到了65%，我们可以看出对阿里巴巴B2B平台提供的协商机制不满意的居多，而且占到了比例的50%以上。

通过对阿里巴巴B2B平台的询盘效果调查，认为协商机制非常明显的5%，认为明显的为10%，认为一般的10%，认为不明显的占到了75%，我们可以看出对阿里巴巴B2B平台询盘效果认为不明显的居多，而且占到了在受调查的用户企业中占到了70%以上。

另外对阿里巴巴B2B用户平台需要完善功能进行统计，其中有30%认为平台的安全和诚信体系需要完善，30%平台的服务质量需要完善，20%认为平台需要完善用户体验，剩余的其他占到了20%。

（2）阿里巴巴B2B平台存在的问题分析

第一，没有进行有效客户管理，对大型企业市场的重视程度不够。国际客户开发的重要理论就是客户中心理论，客户中心理论的重点就是对客户进行有效的管理。通过问卷调查，我们可以看出阿里巴巴B2B平台主要服务于中小企业，帮助他们搭建国际贸易平台。在整个国民经济中，大型企业虽然只占有40%的比例，但是其盈利额占到总数的60%，可以看出我们的国民经济中大企业处于主导地位。按照我们以前的思维方式，认为大企业有自己的固定客户和销售渠道，所以其不需要第三方B2B平台的辅助。其实这样的思维方式存在误区，理由是在激烈的市场竞争环境中，大型企业也面临巨大的挑战，特别互联网的发展，对消费者的消费习惯起到了重要的影响作用。电子商务依托互联网，突破了传统贸易的地域限制、降低了成本，为企业的发展带来了新一轮的变革，面对这样的变革，大型企业也不能不正面面对，进行战略调整，同时也存在如何调整的深深困惑，纵观发达国家的成熟市场，我们发现电子商务平台中以大型企业为主，包括第三方提供的B2B平台，也就是说这样的模式可能是我们电子商务的发展趋势，最起码说明了一种成功的可能性，在这样的趋势和可能性的指引下，阿里巴巴和我国的其他第三方B2B平台没有引起足够的重视，是阿里巴巴决策上或者战略上需要调整和注意的问题，如果处理不好将导致该平台最终信誉和价值的问题，真正有实力的国外客户可能就不会在该平台上选择供货商，那么阿里巴巴本身的收入势必也会受到影响，导致平台可持续发展受到限制。因此，阿里巴巴如何考虑让自己的商业模式也能为大型企业服务，满足他们的发展需求，填补该块市场的空白，是阿里巴巴目前存在的一个大问题。

第二，沟通管理还不完善，企业之间基于信息流的互动缺乏。沟通管理理论强调了沟通在企业管理中的重要性，在企业做任何决定时，对事实的掌握都是最重要的，而事实掌握就是建立在良好的沟通的基础之上。阿里企业平台上虽然为注册的会员提供了信息发布平台以及相关的贸易管理软件，并通过信誉保障服务等内容帮助中国供应商会员开发和优化国际客户资源，但是阿里在企业信息流互动方面的服务设计仍然重视不够，表现在：即时通信工具基本上没有，对于进一步沟通方式的设计想得还不够；虽然其提供有询盘功能，但是对于这项功能的有效性来看，大家对此都颇有微词，甚至绝大多数人对此项服务不满，认为没有起到应有的作用；同时阿里对此没有配备足够的人员对企业之间的信息交流进行服务保障，对于其信息交流的质量也就无从把握，或者给予比较好的指导和筛选；同时阿里也忽视了与会员之间的交流，对于会员提出的投诉和意见，往往采取回避，或者归咎于用户本身网络问题与操作问题；对于中国供应商用户利用平台进行信息发布管理的细节的问题沟通不到位，导致业务员对利用系统进行贸易活动掌握程度良莠不齐，运用得好，对公司的业务是很大的促进作用，运用得不好，怨声载道认为所缴纳的会员费并未起到应有的作用，影响对平台的公正评价。

企业之间基于信息流的互动缺乏，在中国供应商身上还体现为，很多供应商只知道按照流程将信息发布在阿里巴巴平台上，就可以坐等订单，而B2B电子商务作为传统的贸易在互联网上的延伸，光有信息发布是不够的，如果有的信息不进行更新，可能就是过时的资料，这样就会让很多的买方客户或者时卖方，失去对电子商务的兴趣。必须要有企业间的信息流的互动，这样才能让买卖双方增进了解，所以如何利用企业发布的信息，建立主动的或者辅助的交互机制，将是阿里巴巴需要进一步探索的重点内容。虽然现在阿里巴巴在这个领域有了排名、外贸直通车等服务，但是这些都处于探索阶段，需要我们进一步完善和创新基于第三方平台的企业间信息流互动的模式。

第三，对管理模式的重视程度不够。沟通管理需要有一个完善的沟通管理模式作为支撑，如果没有建立一个好的沟通模式，沟通管理很难开展。阿里巴巴平台在运行的过程中，对中国会员会提供培训服务，以帮助他们更好地掌握阿里巴巴平台，但在这个培训过程中，之前的培训目标层次中对培训会员的管理模式的调整重视程度不够。之前阿里巴巴对于客户的培训有一个大致的目标和体系，就是针对合作期在2个月内的客户，以培训使用阿里巴巴客户管理工具（CRM）为主；针对半年内的客户，主要以培训外贸操作技巧为主；而针对半年以上的客户，则以企业发展战略引导为主。这个过程中对于管理模式重视程度不够，没有注意到对于中国供应商会员来讲，对于技术的投入之外，调整管理模式以适应电子商务的应用更为关键。

第四，电子商务平台的信息安全性仍然较低。电子商务信息安全理论强调信息安全的重要性，主要是保护电子商务平台信息的安全，不被窃取和篡改，同时要保证信息的完整、真实和有效，不可撤销。

阿里巴巴虽然在平台安全方面投入了大量的精力进行研发和完善，但是由于各种病毒和木马程序的恶意攻击，导致阿里巴巴平台的安全性能受到挑战。

由于我国的电子商务技术和网络安全技术起步较晚，阿里巴巴平台的维护也是在不断地完善和规范的过程中，我们不得不承认，其平台的安全性仍然较低。所以，阿里巴巴在加强平台的安全性方面应该投入更多的人力和物力，配置专业的安全维护人员，制定和执行严格的安全管理制度，以避免安全漏洞遭受到攻击，导致会员遭受难以弥补的损失，特别是现在阿里巴巴提供国际支付保障服务该项业务，对于资金的安全性的要求就更高，那么客户的顾虑也就更多，是否能更好地解决这一问题，将关系到会员使用阿里巴巴平台的信心。所以打好平台的安全保卫战，维护用户的信息安全，是所有以阿里巴巴为代表的电子商务平台必须攻克的难关。会员企业由于自身的安全基础条件不同，导致安全的硬件设施和管理能力存在良莠不齐的情况，这样也不利于整个平台提高整体的安全性能，可能导致一处受到攻击，影响整个平台的情况，所以商务平台的安全性是可能影响到阿里巴巴是否能持续发展的关键问题。

在信息的完整和不可撤销方面，阿里巴巴B2B电子商务平台对企业的约束有效性不够。阿里巴巴在成立初期，为了吸引更多的用户关注这个平台，采取了比较低的准入门槛，而通过阿里巴巴这个平台进行交易，如果存在什么问题和风险的话，都是由这些会员自己进行审核和承担，也就是说阿里巴巴对企业的约束的有效性不够，导致交易存在高风险，要是长期放任这样的现象继续持续下去，将最终导致用户对阿里巴巴平台失去信任，流失真正的优质客户，在这样的情况下阿里巴巴的前景也将是一片黯淡。阿里巴巴正是注意到了这个问题，现在逐渐在相关领域进行尝试和创新，比如，阿里巴巴联合华夏国际信用集团、澳美资讯AsianCIS等国际知名信用机构，提供第三方认证服务，是为阿里巴巴中国供应商会员进行的，验证该会员是否是合法存在的公司以及申请人是否属于被认证公司的A&V身份认证，该认证服务对于提高中国供应商在国际交易中的信誉，提高贸易的成功率，起到了一定的保障作用，但是其主要展示的指标是该企业是否合法注册，国际贸易中评估贸易风险仅凭这样的方式还不够。阿里巴巴和必维国际检验集团（BUREAUVERITAS，简称BV）、德国莱茵（TÜV）两家公司合作，提供的金品诚企认证服务，是在信誉认证服务基础上有所突破和创新，但是审核和认证都过多地流于表面形式，其企业约束力度仍然不够。阿里巴巴仍需要在现有的基础上，继续探索能对企业进行有效约束的管理和约束策略，以提高交易的安全性，促进买卖双方的交易与阿里巴巴平台发展的共赢。

（五）基于B2B平台的国际贸易客户开发完善途径

阿里巴巴B2B电子商务是电子商务平台的代表，阿里巴巴B2B电子商务存在的问题具有普遍性，对这些问题深入分析，找到解决问题的方法和途径，对基于B2B平台的国际贸易客户开发完善有着积极作用。

1. 以客户为中心，为客户量身定做B2B电子商务服务

在生产条件和生产技术越来越接近的今天，企业之间的竞争已经变成以满足客户需要而安排开发、生产和营销的竞争。第三方B2B电子商务平台更是把更多同类型的企业集合在了一起，让大家在一个平台上展开公平的竞争，在这样的竞争中取胜的法宝就是要以客户为中心，研究顾客的需要，如何让顾客满意，这是企业最关心的问题。顾客是企业发展的重要资源，如何获得更多的客户是企业发展最优先解决的问题，在第三方B2B电子商务平台要想开发更多的国际客户就必须坚持以客户为中心。

客户中心理论就是要求电子商务平台进行有效的客户管理，让企业的每个部门都要有客户为中心的概念，建立一个系统规范的流程，让每个客户的需求都能通过这个流程得到妥善的处理。同时让服务同一个客户的企业各个部门和人员能协同工作，从而大大提高企业的销售业绩和顾客满意度。客户管理是实现客户中心的重要手段。有效的客户管理才能更好地发现客户和服务客户，建立长期稳定的客户群。阿里巴巴平台下，中国供应商用户国际客户开发更需要坚持客户中心理论，进行有效的客户管理。所以建立有效的客户管理模式，对于阿里巴巴来讲至关重要，同时电子商务平台也要重视对用户基于平台管理模式的培养，这样不仅有利于提高客户本身的平台掌握能力，提高管理效率，降低用户成本，同时对于电子商务平台制定行业规范，加强对客户的管理和支配都有重要的作用。

客户中心理论要求电子商务平台做好客户关系管理，要使用数据挖掘和数据库分析，了解客户行为、客户需求和客户历史，分析客户的观念以及客户的忠诚度，根据分析的结果随时制定出相应的沟通技巧和营销策略。客户会根据市场的变化以及自己掌握的信息资源重新调整自己的采购计划，现在是自己的客户并不表示永远是自己的客户，同样现在不是自己的客户也有可能变成自己的客户。市场环境和竞争形势是在不断变化的，和客户的沟通方式以及营销策略必须紧跟最新形势进行有效的调整，真正做到以客户为中心，满足客户的表面需求和潜在需求，才能提高现有客户的忠诚度，同时吸引更多的新客户，只有客户的数量增长才能保证客户资源的聚集效应和整个平台的可持续发展。以客户为中心可以提高客户的满意度，进而提高客户的忠诚度，让企业在B2B电子商务平台上的信誉和美誉度提高，这样就更容易吸引客户，这是一个连锁反应，而以客户为中心是这个过程发起的前提条件。

客户关系管理能更好地整合企业内部资源，最大限度地提高客户的满意度，只有客户的满意度提高才能说明客户开发成功。在B2B电子商务平台下国际客户开发过程中的客户关系管理要有很多工作要做，作为平台服务提供方的电子商务平台要引导中国供应商用户做好以下工作：首先是客户的概况分析，要通过阿里巴巴B2B电子商务平台下的数据库对有购买意向的客户进行一个概分析，分析客户的基本信息、信用情况、以前购买情况以及购买习惯、这次定货型号以及数量等，通过这些分析掌握客户的概况，分析客户是否是潜在客户，针对客户的概况制定相应的营销策略。其次是客户利润分析，和客户达成第一笔交易后要对客户利润进行分析，包括购买数量、型号，总销售额以及净利润和附加利润等，这是对客户进行深入分析的必备数据。然后就是客户忠诚度分析，通过对客户信息以及利润分析，结合和客户的沟通情况，分析客户对企业的信任程度、客户的持久性以及客户的变化情况，解读出客户的忠诚度。最后是客户未来分析，主要分析客户的数量以及客户的类型，客户未来的发展情况以及将来采取的争取客户的手段等，这是客户开发的关键一步。第三方B2B电子商务平台下国际客户开发必须做好客户关系分析，这是客户中心的重要手段。电子商务平台作为平台的服务提供商要引导客户做好客户关系分析，同时也要为客户进行数据分析提供必要的技术支持和条件。

第三方B2B电子商务平台是一个完全开放的电子商务平台，任何企业只要通过审核都可以在这个平台上进行电子商务活动，这个平台可以让全世界不同规模和性质的企业进行交易，可以平等地在这个平台进行交易，不会因为企业规模和企业的性质问题就区别对待，但是这个平台只是给买卖双方提供一个公平的交流和交易环境，并不对买卖双方的谈判和交易过程进行干涉，可以最大限度地保证买卖双方的利益。这些都有助于企业进行国际客户的开发，因为这个开放的平台简化了企业接触国际客户的流程，缩短了企业和国际客户的距离，为企业开发国际客户提供了便利的条件和机会。但是国际客户开发不是一个简单容易的过程，而是一个复杂的系统工程，在第三方B2B电子商务平台下可以扩大企业接触国际客户的数量，但是不能带来直接的国际客户，可以提供和客户交流的平台，但是不能代替企业进行交流。所以在第三方B2B电子商务平台下进行国际客户的开发还是需要企业以客户为中心扎扎实实地做好沟通和营销工作，这样才能把在第三方B2B电子商务平台提供给企业的国际客户群变成企业的潜在客户，最终变成自己的国际客户。

所以电子商务平台应该以用户为中心，按照其地区、交易习惯量身打造相关的服务，以提高服务的有效性和针对性，培养客户对于该平台的忠诚度，实现电子商务平台的支配力。

2. 加强与企业用户的沟通，促进企业间信息流的互动

沟通管理对企业和组织非常重要，所有的管理过程就是沟通过程。没有沟通就没有管理，沟通让管理充满活力。从企业管理角度看，企业管理的4种基本职能是计划、组织、领导和控制。企业要想行使这些职能就必须依靠沟通，沟通是这些职能行使的主要方法。企业的销售管理和行政管理都必须依靠沟通才能进行。只有依靠沟通才能了解客户需求和市场信息，只有沟通才能激发员工的潜能和工作的热情。现在企业文化和精神对企业起着重要的作用，企业文化和精神的塑造也是员工思想、情感沟通的结果，这也是沟通管理的最高形式和内容。没有沟通员工就不会了解企业的精神和文化的精髓，也不能让企业员工形成共识、激励员工，企业文化和精神也就失去了存在意义。可以说现代企业的管理就是沟通管理。

良好的沟通和有效的沟通方式是项目成功的关键，阿里巴巴电子商务平台下国际客户开发是一个复杂的过程，良好的沟通和有效的沟通方式也是国际客户开发的关键。B2B电子商务的国际客户开发自身的复杂性也决定了其沟通管理的复杂性。电子商务平台要想进行良好的沟通管理就必须协同B2B电子商务各个环节。

B2B电子商务是一个电子化的流程，在进行国际客户开放过程中良好的沟通管理要保证平台语言的统一、流程之间的互通以及文件传输的流畅。这需要平台各个环节的紧密联系和配合。电子商务平台是一个开放的平台，国际客户开发中信息的共享是必不可少的，信息要在各个环节和层级间共享才能完成有效沟通。任何环节信息的不公开和不流通都会导致客户开发的停滞。但是也要注意信息共享过程中客户信息的保密和商业秘密的保管，不是无限度的全公开。阿里巴巴电子商务平台是一个完整的电子商务系统，国际客户开发只是其重要作用之一，所以在进行沟通管理中从全局出发，整体考虑，要考虑到各国不同的政治、经济和文化差异，要采用全方位整体性的思维，不能片面地追求客户开发而忽视整个电子商务平台整体沟通管理。

B2B电子商务平台国际客户开发中沟通管理理论具有重要的作用。在企业做任何决定时对事实的掌握都是最重要的，而事实掌握就是建立在良好沟通的基础之上。通过沟通才能掌握准确、全面、及时和有效的信息，根据这些信息才能更好地做出正确的决定，制订出切实可行的计划。良好的沟通管理可以让企业领导及时准确地了解国际客户开发的进程，掌握国际客户开发的重要节点，适时作出决定和改变，让国际客户开发工作更加顺利地进行。因为B2B电子商务平台国际客户开发是个复杂的系统工程，涉及不同的部门，需要很多人员的参与，只有通过有效地沟通才能让各部门和全体成员向同一个目标迈进，沟通管理是所有成员按计划有步骤开展工作的重要保证。如果没有顺畅良好的沟通，各个成员和部门间就会考虑自己的利益而步调不一致，让目标出现差异，这不利于国际客户开发这一大目标的实现。

B2B电子商务平台国际客户开发过程中也需要和客户的沟通，只有有效的沟通才能让目标客户变成真正的客户，沟通管理是有效沟通的保证。

B2B电子商务平台的特点决定了必须保证信息的流畅才能完成交易，而国际客户开发是电子商务的重要一环，也需要流畅信息的支撑，沟通管理是信息流通的重要保证。

加强企业用户的沟通，是了解客户需求的重要来源，这样的沟通思维，同样适用于阿里巴巴为平台贸易双方提供的协商机制和信息交流的渠道，增进双方的了解，提高订单的成功率。

3. 重视网络安全打消国际客户对安全的顾虑

B2B电子商务平台是依托开放的互联网络，但是由于互联网的开放性和其他各种因素的影响，使得网络安全成为现在人们关注的焦点。

B2B电子商务平台进行的是企业与企业间大金额的电子贸易，对信息安全会更加关注。网络犯罪的案件也是逐渐增多，从窃取用户信息到利用网络打击对手，网络在推动经济发展的同时也给经济安全带来新的挑战。

B2B电子商务平台在进行电子商务活动时会建立一个庞大的数据库，这个数据库可以为电子商务提供很多支持，同时这个数据库的安全也是参与B2B电子商务平台的企业所关注的，电子商务信息安全保证是电子商务发展的重要环节。

要保证电子商务信息安全，可以需要采取数据加密、数字签名、电子证书、防火墙等安全技术，特别是要积极采用密码技术，这是网络运行中信息安全的核心技术，同时还需要加强负责网络信息安全的人员管理，因为除了网络黑客对电子商务信息窃取外，电子商务信息安全的另一个重要威胁就是内部人员窃取信息。这些电子信息安全问题是针对电子信息的存储安全，而电子商务信息安全不仅仅是存储安全，还涉及很多方面，比如信息的真实性、信息的完整性、信息的有效性和信息的不可抵赖性。这些电子信息安全问题和信息存储的安全性问题一样直接影响电子商务的发展。特别是B2B电子商务平台，作为第三方平台任何保证电子商务信息的安全、真实、有效都非常关键，这是赢得客户信任的前提。

第一，信息的真实性。B2B电子商务平台进行交易的双方并不见面，通过网络进行沟通，双方都对对方不了解，要想交易完成，必须要保证双方的信息的真实，否则双方都会怀疑对方是骗子，所以作为B2B电子商务平台必须加强身份认证，通过自己加强信息甄别让买卖双方相信B2B电子商务平台，从而相信对方。

第二，信息的完整性。电子商务对国际贸易流程进行简化，同时也对信息的完整和统一有了更高的要求。在信息输入过程中人为的失误或者信息的重复以及故意的欺诈行为使得买卖双方的信息存在差异，信息的完整性将影响到买卖双方的营销策略。对国际客户的开发同样如此，只有掌握客户的全面完整的信息才能有针对性地制订开发方案，否则会因为信息的不完整造成方案的偏差，错失国际客户开发的良机。

第三，信息的有效性。国际客户的开发是电子商务的一个重要部分，信息的有效性直接关系到国际客户开发的成败。只有有效的信息才是电子商务需要的，但是电子商务的信息错综复杂，一些无效的信息充斥其中，给企业判断带来困扰。B2B电子商务平台有义务保证信息的有效性。B2B电子商务平台要加强对网络故障、操作失误、软件错误以及电脑病毒的预警，控制信息安全风险，重视潜在威胁，保证平台信息的有效性。

第四，信息的不可抵赖性。电子商务是一个无纸化交易，传统交易中的签字盖章等交易完成的确认手段不适应电子商务，所以电子商务重点就是保证信息的不可抵赖性，买卖双方进行传输的数据和信息不能否认，B2B电子商务平台可以通过数字签名来保证信息的不可抵赖性。

在B2B电子商务平台上开发国际客户属于被动寻找客户，要等待客户询价，一边等待客户上门，一边还要对现有的询价信息进行分析，判断哪些是潜在的客户哪些是竞争对手在刺探价格。在B2B电子商务平台海量的信息中找寻真正有效、真实的信息是做出准确判断的重要依据，所以信息安全非常重要。一方面是要求询价的买方信息是准确的、完整的、真实的，只有这样才能保证卖家发现客户。另一方面要求卖家随时对自己的信息进行更新，保证自己的信息的有效性、真实性和完整性，这样才能吸引更多的买家进行询价，带来潜在的客户，这两点信息安全是在B2B电子商务平台进行国际客户开发必须具备的前提，没有信息安全的保障国际客户的开发就没办法开展。

对于网络安全的重视，是每一个B2B电子商务平台都必须重视的问题，其是交易安全的保障，阿里巴巴应该投入更多的资源在其技术研发和人员保障上，对于一些技术可以和相关的机构开展合作，利用双方的优势，保障平台的安全维护客户的切身利益。

4. 迎合时代的进步不断为客户提供最新的服务

B2B电子商务平台应该对新技术的技术标准和运行规则投入精力进行完善。我们进入大数据时代，数据分析产生的价值已经被大家所认知。阿里巴巴作为第三方电子商务的提供商，数据分析就更为重要，其对于市场的预测和决策分析将起到至关重要的作用，可以这么说，作为第三方B2B电子商务平台，利用好大数据技术进行数据的采集与分析，并为客户提供有价值的决策参考，是第三方B2B电子商务平台的服务质量的一项重要的指标，甚至会影响到优质客户是否入驻平台的决定，决定着阿里巴巴平台在激烈的竞争中能否赢得市场的先机。

综上，B2B第三方电子商务平台，其开放性和服务功能决定了对于新技术的高度敏感性和依赖性，所以其应迎合时代的进步，采用新的技术不断创新服务内容和标准，只有这样，才能真正服务好用户，也才能赢得客户对平台的忠诚度，最终实现平台和用户的共赢。

二、敦煌网跨境服务云平台

2017年3月31日，敦煌网推出的跨境服务云平台，全面整合了关务系统、国际物流系统、支付服务系统以及金融服务系统四大功能模块，提供一站式可视化的全流程外贸综合服务，成为国内首家与中国国际贸易单一窗口直连的跨境电商服务平台。

敦煌网大贸服务一体化平台解决了传统大贸业务模式下，因物流、通关、支付、金融等环节上的低效率、延误或信息不对称甚至沟通出错所导致的企业产品无法按时按需到达海外客户全球仓库或门店的问题，同时帮助外贸企业实现了与客户、工厂、外贸代理、货运代理、报关行、海关等单位数据无缝对接，做到信息和数据“一个源头，多环节使用”。促成了供应链上下游的全程协同和信息共享，极大地提高了效率，为客户节省了成本和时间。举例来说，敦煌网的在线关务平台仅用7分钟就能够实现外贸企业从报关到放行的全通关过程。该订单企业工厂所在地为无锡，货物出口口岸在上海，申报地在北京，审单在天津，通过敦煌网的通关一体化全程协同解决方案，实现了货物通关效率方面质的飞跃。

在敦煌网登记注册的世界范围的用户达到了550万家，只有18%的用户属于国内商家，可见海外用户的数量如此之多，他们分布于世界各地，来自世界的大多数国家和地区。

（一）敦煌网跨境电子商务经营模式

1. 敦煌网简介

敦煌网（http://www.DHgate.com）是由王树彤在2004年创立，它是一个汇集了国内外繁多的中小企业供应其商品的平台，海外较多的中小采购商在敦煌网进行购选，进行二次销售从中赚取差价，而敦煌网作为B2B批发交易平台，给国内外企业提供了便利的服务。

2. 敦煌网跨境电商经营模式

敦煌网的经营模式打破了传统电子商务模式，采用更有效的盈利方式，既能减少企业的风险，又能节省开支，因此对敦煌网的经营模式进行分析变得尤其重要。为此，选取其盈利、支付、运营和物流模式进行分析。

（1）盈利模式

敦煌网采用的收费战略是针对买家的。买卖双方都能够免费注册成为这网站的会员，贸易协商并实现双方买卖成功下单后，依据单笔贸易的金额向买家按比例收取佣金作为敦煌网的服务费，其费用比例通常为交易额的3%～12%。与此同时根据各大行业的收益，作出了不同行业不同收费，以这样的手段来维持平台的运行费用。除此之外，敦煌网还有两大收入来源——为会员用户提供了增值服务和广告服务。所谓的增值服务就是将多种的功能、资源和服务进行优化整合，组合成各种不同的产品，用户可以根据自己的需求进行选购。目前，敦煌网提供的增值服务主要是“增值包”服务，该服务分为黄金礼包、白金礼包和钻石礼包，购买此产品的用户与一般的免费注册用户相比，在产品的展示页面、产品分类、店铺功能和在线咨询工具等诸多方面，都有着其特定的优势，根据自身不同所需，可以选择不同的礼包，礼包的价格分别为：黄金礼包每年4800元、白金礼包每年9800元、钻石礼包每年16800元。从2004年敦煌网开始采用新型的盈利模式后，我国各大型跨境电商平台纷纷模仿。

（2）支付模式

敦煌网提供平台进行交易，它作为第三方平台提供了卖方的收款和买方的支付功能。敦煌网为用户提供多个海外国家的支付方式，用户需要使用电子银行汇款到指定账户完成交易，敦煌网之所以能做到这样是因为它与多个海外支付机构有着合作关系。除了信用卡外，用户还可以使用银证进行支付，这样的话可以免除很多转支付手续费。比较多的海外大型的支付机构都和敦煌网保持着长时间的合作，例如：WesternUnion、GlobalCollect、WorldPay、Moneybookers等，因此，用户可以信任平台，并且通过平台进行支付，一是保障了买卖双方的利益，二是平台通过成功交易获取利益。

（3）运营模式

敦煌网络的运营模式相对较新。它不使用会员支付，而是采用第三方保证模式，即平台不仅是显示产品的接口，而且作为参与者参与交易。在贸易的过程中，敦煌网会对贸易的过程进行监督，并且作为第三方平台代收买方货款，如若买卖双方出现纠纷，作为第三方进行协商调解。敦煌网除提供商品展示的平台和有着极强的推广服务外，还拥有着信用担保和交易过程监督服务。敦煌网以贸易服务作为最主要的服务，除此之外，还提供了信息整理服务，支付模式和物流模式等内容作为整体贸易服务，并在单笔买卖完成后收取佣金。

（4）物流模式

敦煌网采用海外直发的物流模式。根据上文所述，其主要客户和服务对象主要皆为中小商户，贸易金额相对来说也比较小。因此对于这些企业而言他们制造时间少、库存压力没有那么紧张，货币贬值或升值等外界环境因素不会对企业造成巨大的冲击，面对风险有着极强的抵抗能力。但是相对而言，国际运输的长途性和复杂性、物流费用等原因，让这些中小型企业面临的巨大的支出。

3. 敦煌网跨境电商运营对策

敦煌网引领了中小企业跨境电子商务平台的发展，是中小企业跨境电子商务的典型代表，并且盈利、支付、运营、物流等模式有所创新。但在发展过程中也存在着一些不足，对此，敦煌网可从以下几方面进行改进。

（1）做好维持平台的第三方工作

平台的第三方工作在跨境电子商务运行中有着极其重要影响，做好维持平台的第三方工作，可从以下几方面进行：第一，敦煌网平台的日常推广。第二，利用商户在平台的个人资料、经营情况和交易记录等，建立自有信用系统，对用户进行信用分级评定。第三，核查用户的支付信用，确保用户的资金流动，保证支付安全，减少交易纠纷。第四，不断更新并增添新功能，满足平台发展需要客户共同需求。第五，加强和完善平台后台监管工作。在交易的过程中，实时监控平台对双方发生的交易纠纷，通过后台大数据和具体情况做出针对性的解决方案。

（2）提供优质的平台服务

敦煌网平台服务可以从以下方面进行加强：第一，继续加强完善信息平台服务，不断开发新功能，优化平台智能数据分析服务和多种语言多种文化平台服务，根据买卖双方所在地区文化和综合商品出售情况，给用户进行销售提醒，促进交易成功，减少文化冲突的纠纷。第二，完善页面更新，根据不同的国家和不同的文化，对网页的页面进行更新，突出所在国家的文化，减少客户交易的异地感和增强客户对平台的黏合度。第三，保证商品质量，抵制假货、高仿产品进入，维护平台自身形象，提高竞争力。对卖家进行商品的定期核查，避免伪劣仿冒产品的出现，保证卖家所销售的商品质量。第四，完善物流模式服务，在保证商品质量和原有的物流服务的基础上，增加物流市场信息快速更新服务和建立一个企业、物流、平台的信息系统。第五，提供安全便捷的支付消费服务，减少支付时出现的不安全问题。第六，完善供应方金融服务体系。

（3）加强各环节的联系，提高信息一体化程度

敦煌网在做好维持平台第三方工作、提供优质的服务外，还需加强各环节相互联系，提高信息一体化程度。由于受到传统电商的运营方式和管理方面的影响，虽然敦煌网在发展过程中形成了盈利模式、支付模式、运营模式和物流模式等四大先进模式，但整体管理没有集约，企业在收集信息、物流协调、资源共享、智能服务等方面各自为战，相互之间缺乏有效的联系，无法形成规模和专业化优势，当双方遇到问题时，大家不能提供一个较为完整的专业解决方案，不能完全满足买卖双方交易社会化和专业化的要求。例如：通过敦煌网进行购买某一商品，商品支付后，企业从仓库发货，但是发货途中遇到商品丢失情况，会给用户带来不好的体验。所以，为了避免以后这样的情况发生，加强各环节相互联系，提高信息一体化程度势在必行。

（二）敦煌网商业模式分析

1. 敦煌网运作模式

敦煌网于2004年创立，是国内首个聚集中国众多中小供应商的产品，为国外众多的中小采购商提供采购服务的全天候国际网上批发交易平台。作为国际贸易领域B2B2.0电子商务的创新者，敦煌网融合了新兴的电子商务和传统的国际贸易，为国际贸易的操作提供专

业有效的信息流、安全可靠的资金流、快捷简便的物流等服务。敦煌网采取佣金制，免注册费，只在买卖双方交易成功后收取费用。据PayPal交易平台数据显示，敦煌网是在线外贸交易额中亚太排名第一、全球排名第六的电子商务网站，其在2010年的交易达到60亿美元规模。

敦煌网是为国内中小企业提供的向国外中小企业销售产品的第三方平台，所以敦煌网买家和卖家的身份是独立的。敦煌网针对买卖双方分别开设了中英文站点，并且提供了相应的翻译工具。在买卖双方注册之后，就可以发布求购信息或者供应信息，双方信息匹配之后就可以进行交易。

具体交易流程如下：第一步，采购商通过敦煌网的平台下订单并且使用在线支付平台PayPal支付；第二步，供货商收到订单通知后备货；第三步，供货商发货；第四步，采购商收到商品后验收并确认付款（包括交易佣金）；第五步，敦煌网将货款打到卖家账户，完成结算。敦煌网提供海外推广、交易支持、在线物流、在线支付、售后服务、信用评价体系及纠纷处理等一系列服务。

3W2H是商业模式的通用表述方法之一，3W2H分别是指What（提供什么即核心产品）、Who（向谁提供即客户）、Where（客户分布）、How to achieve（如何实现）、How to make money（盈利方式）。敦煌网商业模式见表3-4。

表3-4 敦煌网商业模式3W2H

What	敦煌网核心产品是提供一个在线外贸交易平台，向买卖双方提供一站式的电子商务服务
Who	国内供应商，包括全国各地的小型外贸企业与制造商； 国外采购商，包括世界各地零售商甚至个人
Where	国内卖家； 国际买家面向世界各地，主要集中在欧洲和美国
How to achieve	提供交易平台，认证、支付、物流服务、纠纷处理等服务
How to make money	按照交易佣金收费

2. 敦煌网运营环境

敦煌网将自身定位为“B2B在线交易及供应链服务平台”，采取了典型的差异化战略。与阿里巴巴、环球资源网等主要面对大宗采购商的策略不同，敦煌网的买家大多数是小型供货商，他们单次采购额很小、但是采购的频率很高，而且采购的商品更倾向于成品。这类小额频繁涉外的交易，对于物流的要求相对很高。因此，敦煌网为买卖双方提供了完善了的供应链服务，使客户的物流负担得以减轻。敦煌网在盈利模式上也采取了创新。由于涉及交易的物流层面，敦煌网介入了B2B电子商务的整个贸易链，因此，敦煌网实现了“按交易提成”的盈利模式。这一点使得用户的每一次付费都有效果，会产生相应的价值，所以提升了用户付费的满意度。除去模式上的创新之外，敦煌网的竞争力还体现在对客户的贴心服务上。除去常规的B2B信息平台服务以外，敦煌网还提供竞价排名、免费翻译、物流推荐等服务。敦煌网对于客户的服务涉及企业贸易的方方面面、线上线下，并亲自协助用户获得海外订单，因此，其用户黏度比较高。但是敦煌网在运营过程中也面临着诸如知名度较低、来自贸易大环境以及行业竞争的挑战和威胁。

（1）敦煌网的竞争优势

①客户市场的差异化竞争。目前电子商务行业呈现出3种发展趋势：一是由信息服务向在线交易服务发展；二是服务范围从国内走向国际；三是从面向个人的电子商务向面向企业的电子商务发展。敦煌网正引领这个发展潮流，针对国内外中小企业采取“为成功付费”的商业模式。

敦煌网采取买卖双方免费注册的方式，按照成交金额采取浮动佣金制，向买方取向收取一定比例的佣金，平台现有的佣金规则为：当订单金额≥8000美金，佣金向买家按3.5%收取；当8000美金>订单金额≥200美金，佣金向买家按4.5%收取；当订单金额<200美金，采用浮动佣金机制。此时，平台将会通过复杂的运算，自动计算出价格（除平台针对特殊类目做佣金调整的情况外，其他非特别类目均采用4.5%佣金规则）。

敦煌网平台上的卖家主要由外贸生产型企业、外贸公司、外贸SOHO一族组成，这类人群同时也很有可能是阿里巴巴或者其他B2B平台的会员，或者也在eBay、淘宝等各类C2C平台上做生意。这几类卖家中，主要以中小型的外贸公司以及外贸SOHO一族为主，一些有实力的外贸生产型企业参与的比例较小。

针对上述几类卖家的特点，敦煌网的“为成功付费”的商业模式颇具中国特色，中国卖家免费入驻该平台、由海外买家支付交易佣金是敦煌网直接针对阿里巴巴、中国制造网等其他B2B第三方平台实施的强有力的竞争利器，阿里巴巴和慧聪网的盈利模式主要是付费会员的会员费和广告费，这些费用都是向国内的供应商收取，难以评估是否能够为国内供应商带来直接的效益。而敦煌网的盈利模式是收取买家与卖家成交的佣金，是实际达成了在线成交后的报酬，所以，更容易被国内卖家所接受。与其他B2B第三方平台相比，敦煌网的入驻成本接近于零，降低了中小企业进入外贸B2B平台的门槛，有效规避卖家投资风险，从而吸引了广大中小企业的进驻。

②完善的服务体系。敦煌网在吸引众多国内卖家入驻该平台之后，结合卖家特点，提供了强大的客户服务以增加客户黏性。同时，敦煌网也考虑到海外买家的购物习惯、支付方式等，在页面设置、支付方式和物流方面都提供了针对性的服务。

第一，“敦煌一站通”服务平台的推出。传统的B2B电子商务平台，因其对外语谈判以及网络操作技术的要求，无形中降低了许多有货源缺技术卖家的活跃度，同时也流失了大量有技术却苦于没有货源的新卖家。另外，对于出口企业来说，在线外贸平台的操作有许多难点，诸如语言、文化障碍，还牵涉到跨境的物流、支付、客户服务和纠纷处理等运营难点，敦煌网深入分析广大卖家群体的需求，发布了能够为供货商提供全价值链服务的“敦煌一站通”服务平台。

“敦煌一站通”是敦煌网全力创新打造的集卖家账号管理、店铺经营、产品代销等一体化、一站式、全方位的营销服务平台。为一些渴望尝试在线外贸，却又不具备成熟的操作能力的中小企业、供货商提供服务，帮助他们跨越了语言关、文化障碍关，以及跨境物流、支付、客户服务和纠纷处理等运营难点，实现在线外贸。“敦煌一站通”的推出，不仅为国内卖家提供好的货源和好的服务、帮助卖家在扩大经营的同时降低人力以及其他成本，还更进一步整合了国内最好的外贸产品资源和服务，为海外买家提供了更丰富的产品选择和更好的消费体验。

第二，在线外贸交易培训平台的搭建。网上跨境交品的激增凸显出第二代电子商务人才需求的巨大缺口，中国卖家的成长速度相对海外买家呈现出的强大购买力略显迟滞。为了规模化助推外贸网商群体的形成，敦煌网于2010年全面启动敦煌动力营计划，敦煌网从近5年的电子商务经验中提炼出“敦煌动力营”的核心课程，向有意从事外贸网商事业的创业人群、就业人群和中小企业人群，提供实战型的培训。

敦煌动力营线上版依托敦煌网，以视频、网络视频会议、教程和论坛等方式，免费提供丰富的自学工具，帮助新注册人群和发展中的卖家补充和提升在线外贸交易所必需的各种技能。为众多希望成为外贸网商的人群提供一个新的创业路径、就业机遇及商业通道，帮助传统贸易网商走向线上、内贸网商向外贸网商成功转型。

第三，敦煌工具的整合。敦煌工具包括管理软件敦煌助理、通讯软件敦煌通和在线翻译。敦煌助理是敦煌网为卖家量身定制的一款免费的管理软件，于2009年面世，并于2010年2月10日发布了版本号为V2.0.09的新版本。是一款集产品管理、订单管理和客户管理于一身的管理软件。它可以让卖家离线编辑产品，并能将这些产品迅速地、大量地上传到敦煌网账号上；同时，卖家无须登录敦煌网，就能够在软件里对订单和客户进行管理，大大提升管理效率。

敦煌通是敦煌网专门为卖家打造的一款即时通信工具。它采用客户端的形式，集对话、管理、消息查询于一体，为卖家带来全新的沟通体验。当卖家在线时，买家在产品页可看见在线的标志，买家点击“online chat”按钮就可以直接与卖家进行交流。

敦煌翻译助理，可以为卖家提供翻译服务。因为敦煌网要求卖家所有的产品信息必须用英文描述，在卖家产品上传页面，敦煌翻译助理可以帮助卖家对产品信息进行翻译。同时，在“站内信”中，敦煌翻译助理可以对买家发送的站内信进行语言翻译，从而帮助卖家更好地与买家沟通，快速成单。敦煌网还在线整合了语言服务提供商首都信息发展股份有限公司和传神联合信息技术有限公司，可以为卖家提供更为专业的翻译服务，作为敦煌网卖家可以享受一定的价格折扣。

第四，增值服务的提供。敦煌网为国内卖家所提供的增值服务分别是年费3500元的交易通、8800元的商务通以及15800元的兴旺通，“三通”产品在产品展示数量、店铺功能、在线即时沟通工具等诸多方面具有较大优势，满足不同层次的卖家的需求。同时，增值服务也是敦煌网的盈利来源之一。

第五，完善的管理后台。敦煌网把产品促销、产品维护、卖家管理、买家数据、物流信息等多方面数据贯穿到一起，形成矩阵式功能管理后台。单界面操作，一键式管理，单点触发。把电子商务应该有的OA办公及订单自动化、界面自动化很好地结合到了一起。

第六，针对买家习惯的流程设计。由于面对的主要是欧美客户，敦煌网的网页设计充分考虑到欧美人群的购物习惯。比如分类栏与搜索栏的布局类似于购物网站亚马逊，分类栏出现在页面的左边，每个大类由下拉菜单带出更多小类，最上方的搜索栏为消费者提供了第一时间搜索到商品的便利。支付方式也比较符合欧美人群的习惯，采用西方社会常用的几种主流方式，支付的便捷性从某种程度上提高了客户的购买欲。在语言方面，敦煌网准确流利贴近生活的外文表达增添了买家购物的方便和愉悦性。

③安全支付系统的建立。敦煌网上提供的所有支付方式，都被称为“DHgate Buyer Protection”服务。在国外，这类服务也通常被称为“Escrow Service”，即“交易护航服务”，或直接称为“交易保障服务”。提供Escrow服务的平台运营商，直接或间接地控制了交易的现金流向，为诚信交易提供了决定性的保障。在这方面，敦煌网与PayPal合作，买家验货之后，货款由敦煌网转至卖家账户，此举有效降低了交易风险，保护交易双方的权益。2011年4月，PayPal宣布与敦煌网在跨境移动商务领域达成战略合作，集成了PayPal Mobile Express Checkout（移动快速结账）支付应用的敦煌网移动商务平台已正式上线。自此，PayPal遍布全球190个国家和地区的过万活跃用户将可以通过手机登录敦煌网，向中国商户批发采购共4000个类别下的超过300万种产品。这项应用可以大大加快交易结账的进程，保障买家财务信息安全。

④深入到贸易物流层面。

a. 在线物流推荐。“在线推荐物流”是敦煌网推出的便捷物流发货服务，由燕文物流有限公司提供的EMS国际及英邮（欧洲专线）两种国际快递服务，全部实现在线操作，同时也是敦煌网为卖家争取优惠运输价格而采取的大力举措，目的是使卖家轻松享受发货便捷、发货价格低廉的优势，客户使用这个功能发货无额外费用。国内卖家使用“在线推荐物流”，发货只需在网络上填写发货单，可以避免线下联系的麻烦；同时可以享受优惠的运输价格。在线发货后，可以通过敦煌网后台轻松跟踪货物。货物妥投后，敦煌网自动安排请款，节省资金周转时间。除了敦煌网推荐物流，卖家同样可以自主选择经过敦煌网审核指定的诸如EMS、UPS、DHL、FedEx、TNT、Ocean freight、China Post Air等多家物流公司进行货物运送。海外买家根据卖家提供的运单号在线查询货运信息，如果发现是虚假运单号，可以向敦煌网举报，平台会及时通知卖家并进行相应的处理。物流信息的跟踪服务可以有效保证货物运送的安全，当出现货运问题时，也便于平台界定责任。

敦煌网在物流方面还有一个很大的优势就是拼单砍价。敦煌网将大量的客户需求汇集起来去和物流供应商谈最低折扣，大量的订单让敦煌网有了很高的议价能力，DHL、联邦快递的费用至少下降了50%，这也成为了敦煌网增加客户黏性的关键之一，物流费用的节约可以帮助客户节省更多的成本。

b. 海外直发业务的销售模式。"海外直发业务"是敦煌网率先推出的全新销售模式。利用敦煌网海外的仓储及配送服务，实现中国卖家直接销售存储在海外仓库的产品，从买家所在国家本土发货的销售模式。从而缩短订单周期，提升买家购买体验。帮助中国卖家在全世界范围内扩大销售、降低成本、提升服务。目前为跨国电子商务运营商提供面向美国市场的专业仓储管理和物流配送以及后期产品销售一条龙服务。卖家可以通过海运和空运的方式将货物发至海外仓库。敦煌网海外仓库不但可以以敦煌网作为其销售产品的有效途径之一，而且支持其他平台上销售的产品配送服务。

c. 自定义运费。敦煌网考虑到卖家对运费设定的多种需求，开通了产品"自定义运费"功能，卖家可以自主制定运费，使产品运费更具竞争力。

⑤管理团队的从业经验。敦煌网CEO王树彤曾在微软工作6年，从普通职员做起，一直做到事业发展部经理，之后到全球市值最高的思科公司担任市场部经理，一年后又加盟卓越网，并出任首席执行官，负责整个公司的管理、业务运作、市场及与合作伙伴的关系等。她有长达10年的IT业工作经历，积累了丰富的管理经验，对中国的IT市场有独到的见解。此外，敦煌网的管理层也多有海外及国内IT从业经历。

（2）敦煌网的劣势

作为国内B2B2.0电子商务模式的开创者，敦煌网依靠自身的优势得到快速的发展，但是与阿里巴巴等老牌电子商务企业相比，在品牌知名度以及资金实力方面还有一定的劣势。

①品牌知名度不高。从阿里巴巴综合查询和敦煌网综合查询的比较数据来看无论是从百度权重、网站流量还是反链的数量，敦煌网与阿里巴巴都有一定的差距。敦煌网是在2004年创立的，比起1999年创立的阿里巴巴，有着5年的空白，5年的时间使得阿里巴巴在B2B贸易领域站稳了脚跟，多年间海外买家与供货商已经建立了成熟的买卖关系，产品推广效果也比较明显。平台上的中国供应商以中小企业为主，其续签率也非常高。敦煌网缺少的是由时间所累积的经验、知名度，敦煌网现在所需要做的就是对自己的网站做进一步的优化，在现有基础上提高自己的品牌知名度和信誉度。

②运营成本较高。敦煌网创新以收取交易佣金为主的盈利模式为其带来了巨大的收益，但是，敦煌网的在线交易平台所需要的技术支持相对比较复杂，资金投入较高，运营成本相对于其他“线上洽谈、线下交易”的第三方电子商务平台要高出很多，盈利周期相对较长。同时，尽管敦煌网出台了一系列举措防止“线上交流、线下交易”，但是仍然有买卖双方为降低交易成本铤而走险，这会导致网站的收入流失。

③客户服务的专业化程度较低。敦煌网卖家全部为海外客户，业务性质为外贸电子商务，但对外贸易不是敦煌网管理层所熟悉的领域，客户服务人员对于贸易过程中出现的诸多问题如产品和支付问题经验不足。

敦煌网的客户服务相对于阿里巴巴等企业来说比较薄弱，阿里巴巴拥有大量优秀的直销和电话销售团队，无论售前开拓还是售后服务都做得比较到位，销售网络也遍及全国。反观敦煌网，敦煌网吸收了很多地方公司作代理商来推广付费会员业务，这导致客户服务质量参差不齐，很多业务员比较注重前期推广，而在售后服务和纠纷处理方面跟进不足，在官方论坛、贴吧、其他网站都能看到这方面的负面评价，这导致敦煌的形象受到一定程度的影响。这是敦煌网的劣势，同样也是敦煌网运营中的问题之一。

（3）敦煌网面临的机会

敦煌网面临的发展机会首先是适宜的发展环境，参与电子商务的中小企业的增多和全球经济环境的影响，使得小额外贸得到快速的发展；同时得益于互联网技术的不断发展和升级，也为敦煌网的推广提供了很多技术支持以及平台合作的机会。

①适宜的经济环境。据艾瑞统计，2010年，具备电子商务应用能力的中国中小企业数量超过4500万家。随着经济的逐步复苏，中小企业数量开始稳步增长，预计增长率保持在的8%左右，预计到2023年可达9800万家。随着中小企业的电子商务利用意识的逐渐提高，越来越多的中小企业开始使用电子商务服务，同时，很大一部分中小企业开始把目光转向国际市场。

同时，海外买家的采购行为受金融危机的影响也发生了很大变化。原有的国外大中型批发商的长单、大单逐步被小型批发商高频率的短单、小单所取代。大量海外小买家的涌现推动了“中国制造”交易方式的转型。对于主要从事零售和服务业务的国外小企业甚至个人来说，他们无力解决采购周期长、报关手续复杂、中间环节多、利润空间小等问题，敦煌网的模式恰恰满足了他们快速、低成本和一站化的需求。

这为以小额批发在线交易为核心业务的敦煌网带来了高速发展的机遇。数据表明，金融危机是敦煌网业绩爆发的拐点。

②多样化的推广媒介。网络的发展催生出诸多适宜产品推广的平台，论坛、网站联盟、搜索引擎以及SNS都是敦煌网在海外买家发展方面所利用的平台。比如，敦煌网利用Facebook/Twitter等社会化媒体，建立了一个富有黏性、促进口碑的买家社区。对于敦煌网

而言，Facebook成功扮演着品牌传播平台和虚拟的客服中心，现在逐步成为促销的平台。这些推广方式对于提升敦煌网的曝光度和塑造品牌大有裨益。

随后，敦煌网又采取了“网站整合推广”。敦煌网与eBay结成战略合作伙伴，通过在eBay上做推广，促使海外卖家到敦煌网去采购，让eBay数量众多的零售商成为敦煌网的采购商。目前，敦煌网上三成以上的海外买家本身就是雅虎、eBay上的卖家，他们直接把敦煌网上的产品资讯，复制到自己的网上商铺，实现了无库存销售。这种推广方式使海外买家和敦煌网实现了双赢。截至2009年年末，敦煌网海外买家达到280万家。

敦煌网通过同样的方式拓展国内卖家。敦煌网员工采用电话营销的方式，和淘宝、eBay中国上做得不错的卖家取得联系，承诺从他们那里采购，并承担交易风险，吸引这些卖家在敦煌网注册。与此同时，公司还通过邮件和百度推广等方式，让更多供货商们知道敦煌网的存在。

③风险投资助其成长。敦煌网在2006年拿到了凯鹏华盈（KPCB）的风险投资后，又于2007年拿到了集富亚洲（JAFCO）的第二轮投资，2010年3月，敦煌网又完成了由华平国际约3000万美元的投资。敦煌网利用融资，在硬件方面加大服务器投入，扩大网站规模；在软件方面优化网络流程，提高客户体验；另外在相关行业如网络增值服务领域展开兼并收购。以上举措都有助于敦煌网扩大自身规模，提高服务质量，增加客户黏性，从而增强企业竞争力。

（4）敦煌网面临的威胁

敦煌网面临的威胁首先是来自阿里巴巴、eBay等同行业的竞争，其次是从长期看，中国制造业成本上涨会导致出口产品失去价格优势的挑战。

①竞争对手的威胁。虽然敦煌网的商业模式具有创新性，但这种模式并不能构成敦煌网的核心竞争力，容易被对手复制，同时，随着小额外贸细分市场的逐步成熟，一些具有品牌优势及客户资源的电子商务服务商也开始进驻该领域。阿里巴巴全球速卖通和eBay在此领域的快速发展都对敦煌网造成了一定的威胁。

2010年4月26日，阿里巴巴对外宣布，其小额在线外贸平台——“全球速卖通”正式上线，按平台实际成交额提成，坚持“不成交不收费”的原则，并且把第一目标锁定为美国市场。据阿里巴巴介绍，全球速卖通是阿里巴巴帮助国内供应商直接面向全球终端零售商小批量多批次快速销售而全力打造的融合订单、支付、物流于一体的小单外贸在线交易平台。同时，速卖通采用“淘”模式，国内卖家和海外买家实行免费注册，按最终成交收取不高的费用。阿里巴巴年一季度财报披露，商品数过万，其交易额在半年内翻了一倍，网站显示，全球速卖通居于国际在线交易平台流量首位。

可以看出，全球速卖通的运作模式与敦煌网高度相似，阿里巴巴凭借多年的外贸经验以及客户资源，对于敦煌网来说是个很大的竞争威胁。

除了阿里巴巴的全球速卖通，eBay是敦煌网另一个强大的竞争威胁。早在2006年，中国就把注意力转向了跨境B2C领域。目前，外贸出口业务已使得中国成为全球第五大利润中心。eBay在外贸领域具有诸多优势：首先是具备多年的电子商务在线交易的经验，而且拥有旗下支付平台PayPal，最主要的是，eBay在全球网络上拥有足够多的成熟买家。目前，敦煌网30%～35%的买家来自eBay，倘若eBay屏蔽敦煌网，对后者将会产生极大的冲击。另外，相比敦煌动力营，eBay的卖家孵化工程起步更早，早在2007年eBay就启动了“外贸大学”，其培训体系也已覆盖深圳、广州、佛山、温州以及此后的义乌、成都、武汉等地。

此外，一些直接面对消费者的外贸B2C也在齐头并进，并逐渐寻找到合理的盈利模式。兰亭集势等厚积薄发的电子商务企业，正在敦煌网所处的所谓的“蓝海”中分得不少市场份额。

②中国制造业成本上涨的挑战。敦煌网的在线小额外贸模式，除去交易金额小和在线交易的特征，与一般跨境贸易基本一致，因此，从长远看，敦煌网的发展与中国出口行业的宏观背景息息相关。中国因其劳动力成本低廉且劳动素质较高而成为世界制造基地，所以，中国出口贸易在某种程度上依托的正是低成本优势，出口商品以低加工、劳动密集型产品为主。而目前随着新增劳动力供给下降，中国劳动力成本大幅上升已是不争事实，同时，国内企业也面临着原材料价格上涨的现状，所以中国制造业的低成本优势正逐步减弱，低附加值产品的出口空间将逐渐缩小。与之形成对比的是，周边国家如越南、老挝和柬埔寨等，随着社会日益稳定和基础设施逐渐完善，其投资的隐性成本正不断下滑，这些国家的生产制造优势也逐渐显现出来。因此，从长期看，敦煌网低价的平台优势将日益削弱，应时之策自然是将卖家的领域扩展到低成本的国家和区域，但是全新的环境又会使敦煌网面临更多新的挑战。

3. 敦煌网潜在问题分析

（1）知识产权问题

敦煌网的平台性质决定了其对卖家的控制能力不强，这就导致平台上假货、高仿商品等侵犯知识产权的产品出现，这将是制约敦煌网发展的第一个问题。同样也是制约类似在线交易平台发展的主要问题之一。

eBay曾因知识产权问题多次被提起诉讼，并遭受巨额罚款。2008年7月eBay因在网上拍卖假名牌，被法国一家法庭裁定向著名时尚品牌路易威登（LVMH）赔偿4000万欧元（约合6300万美元）。2009年3月，eBay被法国著名化妆品厂家欧莱雅在英国最高法院起诉，原因是eBay在其平台上没有做好有效的预防措施，导致eBay平台上有卖家出售伪冒的欧莱雅化妆品。

和eBay有着类似经营模式的很多网站也都不同程度地被高仿产品的违禁产品困扰，敦煌网同样如此。在实际调研过程中，通过与多位敦煌网国内卖家进行访谈，发现做高仿制品的不在少数。虽然在敦煌网的服务条款中有关于知识产权的约束，“DHgate.com平台禁止销售和展示侵犯知识产权的产品。DHgate.com承诺保护知识产权，并愿意配合执法机关以及知识产权权利人对注册供应商登录并上传或展示的相关商品进行管理”。但同时也有“DHgate.com不可能对第三方知识产权权利人的产品、商标权、著作权、专利权、经销权和价格体系具有专业知识”的自我免责条款。即使是这样，敦煌网也难以避免此类问题，另外，敦煌网与第三方支付平台PayPal合作，如果出现严重知识产权问题，有可能会受到PayPal的制裁，无法用PayPal进行在线支付，将使业务无法正常进行。敦煌网理应更好地处理知识产权问题。

（2）国际支付问题

敦煌网想要长期顺利地运行，必须要解决国际小额支付的问题。目前敦煌网在支付方面是与PayPal进行合作。PayPal具有全球用户广、品牌效应强、资金周转快等优势，目前PayPal在全球190个国家和地区拥有超过2.2亿用户，已实现在24种外币间进行交易。PayPal在欧美普及率极高，目前在跨国交易中超过90%的卖家和超过85%的买家认可并正在使用PayPal电子支付业务。即便如此，敦煌网在国际支付方面仍然存在一些问题。

①PayPal支付纠纷问题。在PayPal的用户协议中明确指出，PayPal自身不是银行，其向用户提供的是支付处理服务，而非银行业务；PayPal对于用户的资金，不是财产的受托人、受信托人或者是待一定条件成熟后再转交给受让人的第三方，而是作为用户的代理人和资金的管理者。通过PayPal进行交易时，PayPal更倾向于保护买方的利益，一旦买方没有及时收到货物或者是认为货物与描述不符时，就会在PayPal平台上发起纠纷，导致卖方拿不到货款，对于卖家来说风险就比较大。而且PayPal提供的可申诉时间比较长，从买家付款之后的60天内都可以发起纠纷。所以即使订单已经操作了放款，当买家对产品有疑问或者对于订单有问题时仍然可以向PayPal发起纠纷，根据不同的纠纷原因，处理的时间一般需要10 ~ 14天不等。另外，PayPal会主动发起对嫌疑付款进行不定期调查即PayPal交易审核，包括ACHreturn银行撤单。调查结果如果被核实为欺诈，货款会被直接收走。调查发起可能在订单执行的任一阶段，这取决于PayPal收集信息和判断的时间，调查时间一般为一两天或者一个月、两个月不等，通常在订单确认1周之内，也包括货物妥投订单已经放款的情况。极少数情况下，会出现重复调查情况。除了商品本身的问题，买卖双方因表达方式或其他习惯的差异，也可能会出现纠纷。而一旦在PayPal支付过程中出现纠纷的话，会导致交易周期过长。这在一定程度上会降低小卖家的资金回笼速度，导致客户对于平台的满意度降低。

②过度依赖第三方支付平台的问题。敦煌网相对阿里巴巴来说，最大的劣势是缺少自己的第三方支付平台，过度依赖其他第三方支付平台有很高的风险。阿里巴巴与PayPal之

间短暂的一年合作便证明了这一点。2010年4月，阿里巴巴全球速卖通与PayPal达成合作协议，而该合作仅在一年之后便宣布终止。这对阿里巴巴全球速卖通产生了不小的影响，据统计，阿里巴巴速卖通平台有50%的外贸支付是通过eBay完成的。此举与阿里巴巴全球速卖通业务的迅猛发展冲击到了eBay中国的业务有关。目前敦煌网的业务量相对来说还比较小，市场份额较低，如果敦煌网的规模达到一定程度，将有可能对eBay的外贸业务产生威胁，eBay同样有可能像对待阿里巴巴一样，提高支付费率甚至终止合作关系。由于敦煌网缺少类似阿里巴巴的支付宝一样的属于自己的支付平台，一旦失去eBay这个支付平台，将会对其产生巨大的不利影响。

③物流和出口退税问题。无论何种电子商务模式，实体产品的成功交易都要依赖物流，而物流也往往成为电子商务发展中的瓶颈问题。物流的质量和速度直接影响到买方的满意度与对卖方的评价。敦煌网在物流方面与多家跨国公司进行合作，如EMS、DHL、UPS、FEDEX、TNT、HKpost、中国邮政航空大包等，为买卖双方提供了很多便利。敦煌网的客户大都是小企业甚至是个人，小额订单居多，多数商品是以国际速递小包的形式出口的，走国际速递时，货值达不到国家规定的报关金额，就无须报关和商检，可以节省时间和一部分报关报检的费用，但是相对于商品价值，物流成本仍然较高，从而会影响卖家以及平台的国际竞争力。除了物流成本问题，货物在运输过程中还存在如货物丢失、买家拒收、货物扣关等风险，敦煌网的买方客户遍布世界各地，即使是同一个物流公司，因为配送的国家和地域的不同，在服务质量、快递速度以及清关能力等方面也会有所区别。多数交场纠纷发生在物流环节。国际件到对方海关可能会清关延误或扣关，也会产生物流费用，同时会因交易周期延长造成卖家资金回笼过慢。

虽然敦煌网上的卖家多以小额订单出口为主，短时间内采用速递方式出口是可行的，但是如果长时间进行商品出口，累积下来，出口退税也是一笔不小的损失。所以敦煌网要解决小额外贸速递出口的法律问题以及合法收汇的财务问题。

④信用评价体系存在的缺陷。信用评价体系和赔偿机制对于在线交易平台来说是非常关键的环节。敦煌网的评价体系（feed back）是根据买家对卖家的评价来展现卖家诚信与实力的一套评价机制，买家只有在下单后才可以给对应的卖家留下评价。评价体系可以通过买家对卖家的有效评价，提升卖家的综合信用水平。卖家服务值包括3个方面，分别是：产品与描述相符程度、卖家沟通有效性和卖家发货速度。敦煌网在卖家诚信管理方面上相对比较到位，但是对于买家方面监管则比较乏力。尽管卖家也可以通过买家的评价分数判断买家诚信度，但是在敦煌网的服务条款中更倾向于保护买家的权益，买家注册和采购时无须进行实名认证，对买家的约束力不强容易给卖家带来较大风险，比如收到货款前的热资风险、买家拒绝收货带来的运费风险等。据了解，屡有海外买家利用平台规则漏洞进行欺诈交易，如收到货物之后不予签收，平台则不会放款给卖家，造成卖家货财两空的

局面。

在买卖双方发生交易纠纷时，如在7日内协商不妥，买家会将纠纷提交至平台，如果卖家证据不足，例如国内卖家在敦煌网上所销售的是中国制造的仿制品，即使买卖双方在交易时已经明确说明产品的来源，但是如果海外买家发起纠纷，卖家是无法拿出诸如注册商标或产品合格证之类的证据，此种情况有涉及知识产权问题。一旦出现此类纠纷，不仅会对卖家造成经济损失，而且对于敦煌网卖家的诚信指数会产生不利影响甚至会导致封号，以上这些都在一定程度上影响了国内卖家使用该平台的积极性。

无论是支付平台还是敦煌网的在线交易平台，都有买家保护政策，首先是买家先收到货物并且无异议时才同意放款，另外，即使在交易结束之后，如果买方对于商品不满意仍然可以要求退货。例如美国的许多消费者习惯先购买再决定要不要。如果用了不喜欢就退货（refund），退货不成就拒付（charge-back）。只要拒付人提出信用卡公司可以接受的理由，信用卡公司就会进行相应操作。目前在敦煌网平台上经常出现买家已经拿到货了但卖家迟迟收不到货款的现象，这意味着卖家回款的周期延长；如果买方拒付成功，信用卡公司会撤款，导致卖家出现损失，卖家损失如何进行赔偿的问题如不能及时有效解决，必然会损害卖家利益，从而影响卖家对敦煌网的信任度。

（三）敦煌网发展策略

1. 借力多样化的推广媒介，提高企业海外知名度

敦煌网善于借助媒体的力量，近两年在国内的知名度越来越高。不过相对于阿里巴巴、环球资源网等传统电子商务企业，海外知名度还有待提升。这需要敦煌网加大海外推广力度，提升企业知名度。网络的快速发展为敦煌网的推广提供了诸多便利，多样化的推广平台可供其选择。由于敦煌网的卖家和买家的群体所处的地域不同，所以推广方式也有一些区别。

海外市场是敦煌网必须占领的市场，它聚焦外贸市场上的长尾生意，通过在线平台上整合国内中小制造企业资源，以及支付、物流等服务，最终服务于海外中小贸易商。敦煌网的海外推广一方面可以通过传统的国外媒体进行，即在国外媒体投放的广告进行宣传；另一方面可通过众多的网络平台来进行宣传。

敦煌网吸引海外买家最主要的网络推广方式是SEM搜索优化推广。通过在Google、Yahoo等网站购买大量的广告来提高流量，把海外买家直接带到敦煌网的产品列表或促销页面。具体方式有关键字搜索、相关广告、目标站点等。关键字搜索是最常用的网站推广方式之一，当买家在搜索栏输入产品的名称等关键字，搜索结果页面就会优先显示出敦煌网的相关产品页面。同时，敦煌网投入的关键词广告还会出现与关键词匹配的Google的合作网站群体中，这样敦煌网的产品就可以更直接地面向目标客户。另外，敦煌网还可以直

接在一些相关行业的垂直媒体投放广告，以使其更有针对性。

除了搜索优化推广，敦煌网还借助国际著名的网站联盟来进行宣传和推广，投放的广告更有针对性，广告效果更显著，不仅可以提升敦煌网自身的知名度，而且对促进卖家产品销售有很大帮助。

其次，敦煌网还通过邮件营销推广，即EDM，通过电子邮件营销，可以引起海外买家的购买欲望，让买家更快地得到卖家新产品即促销信息，缩短买家的采购周期。敦煌网针对不同的行业分类定期发放邮件广告进行促销，同时也会根据不同的主题、节日或季节投放电子邮件广告，另外，敦煌网对VIP会员进行定制电子邮件服务。

目前，敦煌网也大力采用SNS社区推广服务，由于敦煌网的买家多数为比较年轻的网商，大都热衷于像Facebook这样的SNS社区，所以敦煌网利用SNS社区来增加海外买家的聚合效应。为此，敦煌网专门建立了一支海外营销团队，一方面，建设敦煌网专有的微型网站，并在现有网站架构下设置专门的沟通频道，2009年推出了“Introducing-success”频道，通过视频介绍，来消除海外买家对跨境购买的陌生感，其中有经验分享，也有涉及小技巧、小工具的介绍。另一方面，从2010年1月，敦煌网开始利用Facebook进行社区化营销，充分利用Facebook与买家互动，将品牌、客服、销售都叠加到了Facebook上。采取病毒式营销的方式，比如通过设计赢取敦煌网价值25美元的奖励，要求买家将敦煌网推荐给自己周围的商人朋友，两天内就猛增了1 000名好友。截至2011年2月，敦煌网已经拥有来自230个国家的400万买家，国内卖家也顺势上涨到了96万人。

另外，敦煌网可以借鉴阿里巴巴全球速卖通的推广方式，即搜集多家海外网站供卖家参考推广，并附推广方法和技巧。此举可以借助众多卖家的力量，既能够帮助国内卖家宣传产品，同时也可以形成平台的广告效应。

敦煌网在国内的推广也要齐头并进，吸引优质卖家的入驻。推广方式除搜索引擎优化，外贸和电子商务论坛也是比较有效的推广平台。

2. 宽盈利渠道，降低运营风险

敦煌网主要的盈利模式是收取交易佣金。买卖双方可以免费注册入驻该平台进行交易，此种模式吸引了众多商家的入驻，但是平台的盈利是直接和商家的销售额挂钩，这对高成本运营的敦煌网来说还是有很大风险的，所以敦煌网需要拓宽盈利渠道。敦煌网通过DHgate广告系统和产品曝光系统平台为卖家提供广告服务获得一部分广告收入，但是目前广告形式单一，效果并不显著，客户的参与度较低，敦煌网应进一步开发广告平台，提高广告实际效果。基于敦煌网在线交易的特性，此点可借鉴淘宝网如直通车、钻石展位、淘宝客推广等有效的广告方式，一方面可以提高广告效果，另一方面能够提高卖家使用的积极性以增加广告收入。另外，敦煌网目前提供的增值服务“财富D + 计划”包括白金礼包和钻石礼包两类，价格分别为16 800元/年和9800元/年，可以为客户提供店铺推广及数据分析等服务，在此基础之上，敦煌网可以再增加一些诸如企业认证、企业独立域名等方面的增值服务来吸引卖家购买和使用。

对于广告形式的更新以及增值服务的拓展，敦煌网无论是从人才还是技术方面都具备一定的条件，更重要的是，国内卖家对于海外营销推广有迫切的需求，所以敦煌网可以在店铺促销、店铺推广、客户营销、互动营销以及展示导购等营销推广方面为国内卖家提供形式多样的服务，在提高卖家营销效果的同时，也能够实现敦煌网自身盈利渠道的拓展。

3. 构筑行业屏障，提升核心竞争力

敦煌网的模式具有创新性，但是这种模式也容易被复制，随着小额外贸在线交易平台的成熟和发展，会有越来越多的传统企业进入该领域，有一些B2B电子商务企业本身就具备外贸的优势，这对于敦煌网来说是个很大的威胁。所以敦煌网应提升核心竞争力，构筑行业屏障，敦煌网应同时从广度和深度做出努力。

其一是进行规模化发展，进行横向拓展，不断拓展海外买家客户和吸纳国内优质卖家，增加客户黏性。其二是敦煌网应向纵深发展，从“为成功付费”到“敦煌动力营”，再到“敦煌一站通”，敦煌网在积极探索电子商务发展的同时，更应该站在中小企业的角度，调动一切资源充分满足客户需求。

敦煌网面向的是全球市场，而不仅是中国这个区域市场。全球的中小企业市场非常大，截至2010年年底敦煌网国际买家有400多万家，这与全球的买家数量相比只是九牛一毛，敦煌网还有很大的发展空间，所以对其来说，横向扩展具有天然优势。同时，敦煌网的经营模式在发展中已经得到了验证，渠道已经打通，接下来敦煌网应该深度挖掘商业客户的需求，为客户提供深度增值服务，以期在纵深方面取得更长远的发展。

4. 吸引优质卖家，保持中国制造的持久优势

从商业模式来看，第三方B2B电子商务平台属于典型的“双边市场”，海量、优质的卖家资源将产生明显的网络外部性，有助于提升该平台对买家的吸引力和线上市场活跃度。敦煌网在创立之初，国内卖家主要以个人创业者和个体卖家为主，规模最大的仅为三四十个人的贸易公司，所以敦煌网平台上所提供的产品质量以及服务的能力远远不够。对此，敦煌网致力于发展中小型的制造型企业卖家尤其是沿海地区的外贸企业。2010年，敦煌网在深圳成立了华南总部，员工人数接近200人，这是敦煌网首次在北京以外的地区设立分公司。敦煌网宣布，将在未来两年内陆续投入1亿元人民币打造华南基地。敦煌网华南基地的建立有利于规模化拓展当地市场，并实现更加深入、灵活的本地化服务，最终提升市场竞争优势。敦煌网拓展更具规模的外贸企业符合电子商务平台本质，有助于提升其服务水平与市场竞争力。

第一，敦煌网采取区域化拓展模式，将资源集中于外贸出口企业聚集的号称“世界工厂”的华南地区，进行区域市场拓展和本地化服务，有助于敦煌网以较低成本提升市场占有率。

第二，敦煌网从中西部向东南沿海地区拓展，进行区域商圈联动，在提升国内中西部商圈的交易效率的同时也能够实现区域间优势互补；另外，区域拓展有助于提升敦煌网对华南区域市场资源的整合能力，如提升生产加工企业与进出口代理等流通企业协作程度、推动产业链不断成熟以及降低交易成本等。

随着市场竞争的加剧，优质卖家资源已成为B2B平台的核心市场资源。敦煌网除了采取区域拓展策略，还需要不断培育和挖掘更具规模的外贸企业，尤其是拥有上游货源的优质供货商，对提升其品牌形象、盈利能力和产业链竞争能力将具有至关重要的意义。

5. 保护品牌产品知识产权，加大产品审核力度

知识产权侵权是在线外贸平台面临的问题之一，要解决这一问题，应该从品牌知识产权保护以及产品审核两方面做出努力。

第一，敦煌网应全力保护第三方的知识产权，积极与知识产权所有者及知识产权所有者授权代理人合作，为用户创造安全愉快的交易环境。知识产权所有者及知识产权所有者授权代理人通过敦煌网认证后，可享受平台保护政策。

长期以来，“中国制造”被冠以低价、劣质、仿冒、侵权等标签。国内中小企业为争夺客户，陷入“价格战”的恶性竞争，在成本飞涨的大背景下，企业却依旧争相低价销售，这必然导致品质的下降。因为成本的限制，中小企业的创新能力较差，所以很多企业仿冒品牌产品进行生产和销售。长此以往，不仅使国家深陷廉价原材料、廉价劳动力的泥潭，也使得各中小企业在不断追逐降价过程中失去品牌信誉。而没有诚信的企业将被自身的短视所扼杀，而此举无疑对中国外贸市场产生巨大的影响。敦煌网为保护品牌产品知识产权，对中国制造品牌将实行“品牌新品保护制”，即对能够提供中国制造自主品牌证明或相关产品授权的卖家，平台将予以保护。这些拥有自主知识产权、品质优、销量好的货源是电子商务良性运转的根基，对于拥有这些货源的供应商，敦煌网应当不遗余力地扶植和培养。海外采购商对“中国制造”的认知决定着中国外贸行业的未来，也决定了中国B2B外贸平台是否能够取得可持续发展。

第二，在保护品牌产品知识产权，带动国内电子商务平台提升对中小企业的扶植力度的同时，敦煌网还应从产品审核和监管方面下功夫，加大产品审核和企业监督的力度，提高交易品质的标准，全面提升产品和服务质量。首先，需要对企业进行严格认证，没有获得品牌所有人授权，是不可以卖品牌产品的；敦煌网可以借鉴阿里巴巴的经验，对会员进行实地认证，即对企业申报信息进行实地考核，确保信息的真实有效，为买家创造良好的平台；其次，在防止侵权方面，敦煌网创建了知识产权权利人（VeRO）认证方案，知识产权权利人可由此方便地举报侵犯其权利的物品；再次，如果有卖家涉及侵权，应有相应非常明确的处罚措施，如扣分、责令产品下架甚至封号等。

只有保护好平台上的商品知识产权，才能够用中国优质的产品、高水平的经营素质为“中国制造”重塑新颜，赢得海内外采购商、供货商的信赖，全面打开海外市场，带领中国外贸走向新的辉煌。

6. 引导客户了解支付规则，打造多元化支付环境

敦煌网平台因纠纷导致卖家受到损失是影响客户满意度的主要原因之一，要在一定程度上避免该问题，首先要引导客户了解支付规则，规避风险。如及时执行订单、按时发货、及时更新产品信息、严格控制产品质量、提供的商品和网站描述一致、避免销售侵犯知识产权的商品、保留相关信息与单据等。另外，敦煌网作为平台中介应该积极协助国内卖家与买家积极沟通交流，公平裁决，保护客户利益，避免不必要的损失。

敦煌网应打造多元化的支付环境以减少对PayPal的过度依赖。尽管PayPal在全球的适用范围非常广泛，尤其是美国和大洋洲的客户比较偏爱使用PayPal支付，但是欧洲人最习惯的电子支付方式还是VISA/MASTER以及Money bookers，其余地区也有不同的支付习惯。目前敦煌网提供5种支付方式，分别是PayPal、西联、银行转账、信用卡以及GC，敦煌网仍需要打造多元化的支付环境以满足不同国家和地区的支付需求，确保卖家会员与海外买家的支付体验和安全性。同时，待机会成熟时，应尝试推出更具保障性的第三方支付平台。

2010年6月，中国人民银行制定并公布了《非金融机构支付服务管理办法》，对申请支付牌照的企业设定了门槛限制，如从业年限、盈利水平等，并对相关权责，如沉淀资金的安置等事宜作出明确规定。2011年5月27日，包括支付宝、快钱等在内的27家单位首批获得牌照，这意味着第三方支付平台能够以合法的身份从事支付业务，避免了此前由于监管缺失带来的一系列风险。截至2011年12月31日，央行公布了第三批共61家获得支付牌照的企业名单。加上前两次分别公布的27家和13家获牌企业，共计有101家企业跨入第三方支付“正规军”行列。第三方支付公司合法化之后的平台化发展，使得基金购买、股票交易、商家数据库营销支持都更容易拓展至全球范围，在第三方支付平台逐步国际化的趋势下，敦煌网在支付方面将会为客户提供更多的选择，构建多元化的支付环境。

7. 降低物流成本，解决出口退税问题

降低物流成本能够提高卖家以及敦煌网平台的国际竞争力，这需要敦煌网靠规模来挤压物流成本，即通过和国际多个物流公司进行合作，使众多卖家可以享受到物流折扣。比如阿里巴巴全球速卖通和UPS合作，卖家可享受UPS的在线发货、上门取件、货物跟踪的自动化服务，还能在标准运费的基础上，享受3.2～5.5折的优惠折扣。结合敦煌网平台经营产品的性质，敦煌网平台尽量规定卖家选择高效的物流方式以保证快递速度，而且要保证卖家所填写的运单号必须真实并可查询，以便对货物进行跟踪，降低风险以及交易纠纷。

在出口退税方面，敦煌网可以与一大通等外贸供应链服务平台进行合作。业务量较大的企业可以以一大通的名义完成全国各个口岸海关、商检的申报，小规模企业及个人客户、上游工厂提供国内增值税发票也可以享受退税。小型出口企业通过集中出口再分开速递的方式，实现正规报关、正规收汇和正规退税，既能够解决原先小额外贸速递出口的法律问题，又能解决出口退税和合法收汇的财务问题，是相对理想的解决方案。

8. 完善信用评价体系

敦煌网的信用评价体系理论上是互评的，但实际上更倾向于由买家来评价卖家。买家的评价对于后续采购者的购买决策以及卖家的信誉有很大影响。当卖家得到差评之后，重建信誉所付出的代价是很高的。但是如果一个买家得到多个差评，却依然可以在敦煌网采购，或者只需要另外注册一个账号而已，其采购行为不受任何影响。所以敦煌网的信用评价体系是不对等的，这就需要敦煌网在买家方面出台一些有效的约束力。比如淘宝的买家在注册时无须进行实名认证，但是在支付时所使用的第三方支付平台支付宝是要进行身份认证的，这在一定程度上对买家形成一种信用约束。又如阿里巴巴在年底推出了海外买家认证计划，此举可以提升买家的门槛和透明度，帮助供应商更好地了解买家的真实信息，提高买家和卖家的匹配度。所以敦煌网可以通过对海外买家进行有效认证来保证买家质量以及评价的实用性。

三、米兰网垂直类B2C平台

米兰网作为垂直类跨境小宗B2C平台模式的代表，它是国内一流的服饰外贸B2C运营商。公司可以覆盖全球180多个国家和地区，产品配送至全球170个国家和地区。米兰网日均访问量超过10万，日均在线活跃客户数在1万以上。

（一）品牌定位

米兰网（Milanoo）以时尚、独特、包容的个性，为全球消费者提供独特、定制化、主题垂直化的产品与服务；“To Be Different！不同的时尚”是米兰网的宣传宗旨，米兰网通过最佳的客户体验与服务，让每个人穿出各自独特的美。时尚并不代表奢侈，品质并不代表昂贵。不断挖掘消费者细分市场，引领客户需求，让全球消费者都能感受米兰网的独特与时尚。通过差异化的产品与用户体验向客户传播“Dress Difference”的思想。

（二）营销策略

1. 精简品类，明确定位

米兰网以时尚服饰起家，消费者对米兰网的印象就是一家专业的制衣公司。如今，米兰网不仅卖服装还卖箱包和家居，这使得消费者对产品的认知度下降。而且大部分消费者是为了买时尚服饰才进米兰网购物的，或许有少部分消费者也同时有箱包和家居方面的需求。虽说可以带动部分消费，但是这部分利润相对于软装的比重来说还是太低，同时还占用了大部分资金。所以，米兰网需要精简品类，重新获取消费者对米兰网品牌的认知度。注意力具有记忆性的特点，米兰网重拾过去的品牌定位可以赢得原有消费者的关注，加深品牌的认知。同时根据4C营销理论，应该以消费者为中心，根据消费者的需求去推荐产品，而不是根据企业的一心做大的思路不假思索地把任何产品都放在网上卖。

2. 重新签约韩寒，打造品牌文化

米兰网过去代言的明星很多，明星体制是注意力经济的一个基本制度，通过明星的注意力传递产品的注意力，这是请明星代言的初衷。但米兰网请明星代言这方面由于过分关注短期效应，不考虑明星与品牌文化之间的关联，经常请时下火热的明星代言，让消费者不清楚米兰网的定位，不了解品牌传递的含义。同时米兰网不考虑明星代言的负效应，例如“中国好声音”的第一季学员李代沫吸毒也会影响到它的品牌。米兰网请了那么多“中国好声音”的学员为其代言，怎样去使消费者认知？没有认知，又何来共鸣。“中国好声音”是一种快餐文化，虽说可以引起短期关注，但从长期角度来看对品牌的文化塑造并没有太好的效果。而韩寒代表的是80后的正能量，是80后积极向上的典型代表，这种正能量的传递可以作为公司品牌文化。

3. 高薪聘请知名设计师，打造个性化产品

综合B2C平台虽然大却少了精细化和个性化，而垂直B2C可以深入行业，满足特定人群的需求，形成独特的口碑和品牌美誉度，赢得自己忠实的客户。可以说垂直电商的命脉是深挖细分市场，将某一品类做到极致，包括设计、质量、品牌传播、文化理念等内容，这样才能培养忠实粉丝。米兰网在成立之初致力于做“中国的优衣库”，所以模仿优衣库走平价路线。根据4C营销理论，米兰网虽说在价格上的优势非常突出，然而在个性化需求的时代，消费者购买服装最关注的不是价格而是设计。米兰网没有把握住消费者的需求，所以米兰网的产品难以在客户中形成持续购买的欲望。因此建议米兰网高薪聘请设计师，打造属于自己的设计，吸引消费者关注。同时个性化定制电商是未来的趋势，而这一点垂直电商是有精力和资源去实现的，米兰网可以借此为契机，重新获得消费者认可。

4. 优化供应链，完善客户关系管理体系

根据4C营销理论，企业应该重视消费者购买的整个过程，并以消费者为中心实施有效的营销沟通。与综合B2C相比，垂直B2C的核心竞争力是能够更高速地处理订单以及维护良好的客户关系。在产品和服务高度同质化的时代，更应该多途径、全方位地不断保持客户体验，形成一个持续的注意力。产品吸引消费者，这只是注意力的最初阶段，更重要的是持续的注意力，所以企业应该在售前、售中和售后都不断吸引消费者关注。在这一点上，小米商城做得非常成功，米兰网可以模仿小米精简化产品后，重点关注产品的设计和客户的关系维护。小米为其发烧友开辟了“小米论坛”，米兰网也可以尝试此经营模式，打造专业性服务，在获取消费者个性化需求的同时也可以了解服务过程的问题，使消费者感受到被关注的同时也解决客户抱怨。

任务二 传统跨境大宗交易平台模式

传统跨境大宗交易平台模式，简单地说，就是B2B平台模式，主要是指企业规模比较大，可以为在平台上注册的用户提供销售便利，传递供需双方的商品或者服务信息。这类跨境电商主要以大宗交易模式为主，无论是企业还是买家都有一定的实力。对于企业来说，主要通过网站展示企业形象、发布相关产品信息，一般是线上订单，线下交易居多。

一、B2B平台模式简介

传统跨境大宗交易平台模式是指服务于中国进出口贸易的线上规模以及B2B电子商务模式。B2B模式的特征表现为：品牌知名度广，行业覆盖面广，但也存在“大而全、泛而不精”的天然缺陷，网站的编辑、运营与服务人员缺乏对各行业的深入了解，导致无法提供专业化的B2B产品与服务。传统跨境大宗交易平台为境内外会员商户提供了网络营销平台，传递供应商或采购商等合作伙伴的商品或服务信息，并最终帮助双方完成交易。传统跨境大宗交易平台通常覆盖互联网、线下展会、纸质出版物等多种渠道，参与者包含卖家、买家和B2B服务提供商。其中，卖家是指在交易过程中生产和出售产品或服务并由此获利的企业，它们通过B2B服务平台获取相应的买家信息，并将自身的信息传递给买家；买家是指在交易过程中，因自身需求购入产品或服务的企业，它们通过B2B服务平台获取相应的卖方信息，并将自身的信息传递给卖方；B2B服务提供商是指连接产品或服务卖家和买家的纽带。

二、B2B营销市场前景及未来发展趋势

当前，相较于B2C企业，B2B企业的营销行为并不多。原因可能在于，对B2B的企业客户而言，他所需要的产品、服务或解决方案相对较复杂，决策周期长。同时，B2B企业受众群体相对较小，要找到精准的目标群体，并且将其转化成付费用户需要一定的时间。再者，许多的B2B企业的营销思维和模式依然比较固化，没有进行转变。因此，B2B营销

并不像B2C营销那么灵活及充满创意。

但是当前随着市场的繁荣及数字化的遍地开花，B2B企业的营销意识也逐渐增强，让我们看到了其众多的变化。比如对私域流量的运用，将自身与目标客户紧密地连接起来。比如对企业微信的运用，实现对不同客户的分层、个性化触达、社群管理等，这些方式都有效推动了B2B营销。可以肯定的是，B2B营销拥有广阔的市场前景，也将是未来发展的一大趋势。

（一）B2B、B2C营销模式对比

1. B2B营销与B2C营销虽有诸多不同，但本质相同

根据定义，所谓B2B，即Business To Business（企业对企业）。企业提供的产品和服务对象也是一家企业或者组织。那么顾名思义，B2B营销也就是针对服务对象的企业或者组织提供的任何营销策略或者内容的营销。

对于B2B营销与B2C营销这两者的差异点，姚从磊认为主要在3个层面：

第一，客户形态不同。B2C是面向个人，其客群相对更广，通常需要分门别类构建客户画像，从标签到圈层，通过不同的营销策略，目标是攻占不同客群的心智。B2B营销则更讲究精准，需要精确描绘企业画像，从企业到联系人，快速摸清决策链，触达企业中对的人。

第二，营销方式不同。B2C营销通常采用丰富的媒介渠道，将个性化的营销内容传递给不同客户，更强调传播力度，通过抢占电商、商超等主流渠道完成销售，营销效果更加直接；B2B营销则采用主动获客、搜索引擎投放、线下活动、内容营销等相对精准的获客方式，在圈定的范围内吸引目标客户主动留资，更强调销售线索的数量和准确性，同时过程中需要市场、销售、产品研发、售前、外部渠道等多方配合，通常需要打持久战。

第三，B2B营销更强调成单周期。C端用户决策周期短，容易冲动消费，不需要考虑成单周期；而B端客户属于计划型采购，决策周期更长，在合适的时机触达客户，才有可能成单，因此商机非常重要。

姚从磊强调，不管B2C营销，还是B2B营销，本质上最终都是面向个人的工作，都需要对目标客户有足够的了解，需要描绘精准全面的客户画像，掌握客户行为、动态、偏好、关系等各维度数据，从而掷地有声地进行营销工作，打动目标客户。

鲁扬认为，在过去10多年的时间中，相比于B2C营销，B2B营销在国内的发展较为缓慢。原因在于，第一，B2B企业的营销诉求没有被真正唤醒，更多企业的数字化需求仍然停留在财务管理以及生产制造等方面，营销意识相对薄弱，也就谈不上对于营销技术的充分运用。第二，早期的B2B营销工具和软件都是一些国外的产品，这些产品在国内“水土不服”，难以真正满足国内客户的需求，实际达成的效果也差强人意，这也阻碍了B2B营

销向前推进与发展的速度。但当前，利用数字化技术提升营销水平和效率的诉求已是大势所趋，成为B2B企业竞相探索的方向。同时，随着营销技术的不断发展，B2B营销的整体势能也得到了进一步的释放，未来这一市场应该会得到爆发性的增长。

赵雪洁则表示，B2B和B2C营销的相同点在于，本质上都是为了解决“品效合一”问题。比如传统营销方式效率低成本高、无法链接跨平台数据而导致营销效果难以衡量等问题。差异点在于，B2C营销注重触达转化效果，ToC客户群体多样化，一般需要高度相关、个性化的内容、产品、服务来实现价值满足，对触达渠道、时间、方式要求更高，需要在不同阶段预测和满足用户期望。而B2B营销由于客户决策周期长、决策者和使用者分离、决策过程反复、需要持续的线索培育和分级等因素，使得B2B营销更注重线索培育及高净值潜在客户，这也催生了企业对于Martech技术的强烈需求。赵雪洁也强调，B2B企业在营销层面的首要任务还是产生潜在客户，在购买周期中与客户建立良好的关系非常重要。

2. 增长驱动力：以客户为中心，数据为基，体验为本

当前，碎片化的营销环境下，“品效合一”成为了行业各方的重点需求，也成为B2B营销的重点。据领英发布的《2021中国B2B营销人趋势洞察报告》显示，营收增长、高质量销售线索和品牌知名度的提升排在B2B企业营销目标前三。此外，疫情推动的线上线下融合成为2021年营销主趋势。2021年，一半以上企业选择尝试数字化营销渠道，近一半企业已经尝试线上活动。显然，对于B2B企业而言，增长是一切营销的基本准则。那么如何去做好B2B营销也成为了众多ToB企业的核心议题。

姚从磊认为，数据是B2B营销的底层基础。企业需要尽可能地在征得客户允许的情况下，掌握多维度的营销数据。值得一提的是，在数字化持续的发展过程中，互联网上也产生了越来越多有价值的公开数据，企业应该充分利用这些数据来补全营销数据库。

在底层数据的基础上，企业可以分别从营销决策、线索获取、客户触达、商机判断等各个环节进行数字化营销。搭建数字化的营销决策看板，掌控全局到区域的数据变化，从以往“凭感觉”的决策方式，向科学决策转变；运用数据反馈及智能客户画像模型，不断完善目标客户画像，以获取更多准确的销售线索；通过企业知识图谱，挖掘更深层的客户关系，触达更多的价值客户；结合大数据及业务知识模型，判断或预测销售商机等。基于精细化的数字化改造，企业将对客户信息有更全面的掌握，营销工作也能更加深入人心。

姚从磊也强调，B2B营销是一个较为庞杂的系统，每个环节都不可或缺且相互作用，因此提升系统的运转效率至关重要。而营销自动化是提升系统效率的关键，这首先要求企业通过数字化的方式引入数据血液，其次需要运用智能业务模型改造各个营销环节，搭建数据传导的网络，将营销流程打通、串联，实现各环节间、各角色间、各部门间的密切配合，缩短决策到执行的响应周期，形成良性的协作闭环，让营销数据流转起来，这样才能真正实现B2B营销工作的高效运转。

鲁扬表示，目前各种各样的营销方式层出不穷，对于企业而言，并不缺少适合企业本身的工具，但比起工具更为重要的是“以客户为中心”的价值理念，对于B2B企业的营销而言也是如此，需要去洞察客户本身真正的需求，从客户需求出发，真正解决客户的根本问题。缺少了这一基本点，一切的营销方式和创意模式，也都是无源之水、无木之本，不会得到客户的认可，也做不好B2B营销。除此之外，虽然B2B企业的决策者可能更加复杂，但有一点是与B2C企业是相通的，那就是营销最终要打动的都是个体的人，因此B2B营销也要充分意识到这一点。

赵雪洁则认为，在数字化场景下，客户体验变得越来越重要，企业的数字精准营销要从全域、全渠道、全用户生命周期的精细化运营开始，针对用户生命全周期中的各触点产生多次互动，为客户提供及时、高效的产品和服务。在“体验经济”时代，让企业及品牌客户在按需交付之外，满足更多个性化的服务，如主动关怀回访、新产品定向体验邀请等，在服务周期内持续提升客户体验，也越来越常见。

（二）B2B营销未来发展

当前，随着数字化营销的遍地开花，通过线上开发和获取客户，也成为行业共识。目前摆在B2B企业面前的是，一方面需要进一步投入人力、财力去深耕产品自身，这显然是自身的核心竞争力。另一方面更需要在产品的基础上，紧跟当下的营销潮流，拓展营销新思维，找出新的增长点。那么B2B营销未来将会有哪些发展趋势以及机会点呢？

姚从磊认为，不久后，营销数字化和自动化工具将成为企业开展营销工作的标配。未来一段时间内，企业的关注点将从早期的数据获取，逐步转向对数据的解读、分析，再往前一步则是结合数据规律和业务模型，实现更智能化的营销应用。企业将更加重视销售线索的全生命周期管理，打通营销和销售管理流程，实现从营销决策、线索获取、客户触达、商机跟进、订单管理到客户运营的获客全流程智能化，让获客工作全程可控。鲁扬表示，B2B营销中的每一个单点或每一个模块都已经有了长足的发展与进步，如广告投放、数据管理、营销自动化等领域目前都已非常成熟，但是应用到企业端可能都是“各自为政”式的，并没有真正形成一体化、一站式的化学效应，这样也就很难为B2B企业提供全方位的营销解决方案。因此，未来一体化、一站式的B2B数字化营销解决方案将会是一个大的趋势，也是那些提供B2B营销的企业的机会点。

赵雪洁也认为，在未来，营销自动化的渗透率会形成增长趋势，数字化营销转型的企业比例也会不断增高。她也表示，数字营销在两个层面将会更好地助力B2B营销。第一，CDP客户数据平台未来将是一个非常重要的基础设施。之前很多B2B营销更多的是针对自己的客户去做一些内容推送，接下来可能会是千人千面的个性化的内容体验和智能推荐。

第二，助力提升用户体验。通过算法和智能推荐逻辑去精准推送营销内容，提升客户整体的体验。从本质上为客户的兴趣和需求服务，将产品和服务都要做到更深的人性化，然后推动目标客户决策，建立更深层的品牌体验。

赵雪洁强调，B2B营销最关键的是要有一个非常强大的CDP数据中心，本质上营销的过程就是服务的过程，把客户服务好，客户自然会产生比较好的反馈，付费也就会变成自然而然的事情。香港大学商学院客席讲师、前通用电气中国品牌传播总监李国威曾在一次采访中表示，不管是ToB还是ToC，本质上都可以称为H2H，就是Human to Human——人对人。因此，对于"低关注度"的B2B企业而言，在做品牌营销的时候，也需要将更多的精力转移到以人为主体的人的情感和体验层面，用恰当的营销方式不断推动目标客户决策的情绪，同时建立良好的品牌体验。只有先触达人，才能最终触达企业。同时，当下数字化已成为社会发展的流动血液，企业数字化转型早已是大势所趋，对于B2B企业而言，不仅需要在企业管理等层面完成数字化转型，更需要快速融入数字化营销，打通企业端各个层面，建立自己的数据库。只有真正做到"为我所用"，B2B企业的营销才会更加有效，企业的发展也才能更加长久。

三、基于B2B电商平台的供应链集中采购模式构建

信息时代的发展使得我国的各个领域快速发展，电子商务同样迎来了新的发展机遇。B2B是当前电子商务中最主要的发展模式，通过B2B电商交易平台能够实现商品的交易活动，简化了交易流程和降低了交易成本。随着商业的发展，供应链概念逐渐发展，其是从交易上游一直到客户的一种交易网络活动，通过供应链能够实现对消费者的产品和服务价值的提升。而集中采购则是实现与供应商谈判协议的一种重要形式，也是当前的主要采购模式。

（一）供应链集中采购的影响因素

我国的供应链发展在管理理念方面还有所欠缺，且因为传统经营理念的影响，使得我国当前的很多采购活动受到一定的限制，特别是同供应商谈判方面，对产品的服务质量和交货期有较大的影响。对此，我国的供应链集中采购发展还有进一步提升的空间。第一，采购双方信息不对称，采购活动通常是根据需求进行资源的采购，采购方为了保证自身的利益，往往会保留一些信息，从而实现价格的最优。但供应商在当前激烈的市场竞争中，往往也会保留一些关键性信息，这就导致双方的信息不对称，影响沟通效果。第二，响应需求能力不足，因为采购方无法参与到供应商的生产中，加上信息的不对称性，导致双方的需求和变化无法保持一致，最终影响供应商的采购需求能力，降低采购效率。在当前的电子商务模式下，采购形式也在逐渐向着多样化发展，针对当前的B2B电子商务平台的集中采

购模式进行研究，并对其优势和价值进行分析，从而进一步降低供应链采购的总体成本。

（二）B2B供应链集中采购模式的构建

1. 顶层和配置层建模

根据SCOR供应链模式进行参考，在进行供应量顶层结构设计时，包括了采购、计划和生产等元素，通过基本元素之间的关系整合，能够保证B2B电商平台的整体运行，在协同层面上，需要对各参与方共同制定战略目标，实现共同发展。将采购流程进行展开，通过SCOR模型能够将其分为按库存采购、按订单采购和按定制采购三方面，而供应链集中采购模式大部分是综合需求订单进行采购，对此，在进行配置层选择时需要通过采购活动构建稳定的合作关系，保证采购活动的安全性和可靠性等。

2. 流程元素建模

流程元素这一内容中，按订单采购主要包括五大流程，根据不同的链接键进行采购操作。接受订单和综合采购是通过集团内部操作，剩下的步骤则涉及B2B平台进行交易，同时供应方和采购方联系以及电商平台的辅佐实现采购活动，最后则是实现货物的配送。在整个B2B电商平台帮助下供应链集中采购省去了很多采购流程。

3. 实施层建模

B2B电商平台和供应链集中采购过程的实施层构建，首先需要从实施层流程角度来对参与因素进行分析，同传统的供应链集中采购相比，鉴于B2B的集中采购更加优化便捷，首先是链接作用，其加强了集团内部的监督，通过协同发展能够形成内部协同力量，从而使各因素向协同方向发展。另外是加强企业间的协作，每一个参与供应链集中采购活动的B2B电商，都是一个独立的集成体，通过系统地调整来保证各个集成体之间的连接，从而形成各个集成体之间的紧密协作，推动供应链集中采购的发展。

综上所说，B2B电商的供应链集中采购模式构建是在传统采购模式下的更新，但由于B2B在我国的发展时间较短，其中还存在着很多问题需要解决。采购模式的构建更好地满足了企业和供应商之间的采购活动，提高了采购效率。

四、基于B2B电子商务的企业采购供应链管理

（一）企业采购供应链管理概述

1. 企业采购供应链管理的内容

良好的企业采购供应链管理由于可以提高企业的运营效率并实现最佳的资源分配而备受关注。在传统的企业发展过程中，不少企业受到自身资源和发展方向限制，无法实现快速全面发展，采购供应链方面的缺陷是造成这种情况的重要原因。而企业采购供应链管理

的优化可以有效地解决这些问题。采购供应链管理促进了企业与上下游合作方之间的沟通互补，将整个链条中的所有企业整合为共同的利益共同体，不断优化各种工作流程，改善企业之间的互动和整合优势。

2. 采购供应链管理创新的重要性

随着网络技术的飞速发展，电子商务已经出现在人们的视野中。对于企业而言，电子商务情况下的企业采购供应链管理创新可以为企业的发展提供更好的空间，而重视电子商务则可以为企业管理带来更多的活力，还可以应用多种信息技术改善管理流程，提高各个部门的效率。通过使用信息技术共享供应链中的资源，可以打造出一种新型的综合管理模式，协调企业内部各部门之间的关系，而各种高级管理模型相结合则可以优化整个供应链。

（二）企业采购供应链管理的发展历程

根据以上所说的企业采购供应链管理的概述，企业的采购活动、生产活动和销售活动不再是相互独立的环节，而是相互影响。管理者必须突破相关边界的约束，有效地将企业的生产、销售、供应以及其他相关生产和经营活动联系起来，并通过协调将生产者、销售者、消费者等视为一个完整的有机整体。这种理念可以有效整合市场上不同主体之间的信息、资金和物品，整合各种组织。在这种情况下，可以将不同的企业和组织整合到供应链的有机整体中，以实现良好的连通性、渗透性、依赖性和交互性，形成供应链网络，并且整个网络的所有成员都可以实现共赢。供应链管理的本质是合作共赢，它基于供应链网络每个成员的相互信任和发展，最终可以将消费者需求转化为整个链条的整体活动。从20世纪80年代到现在，企业采购供应链管理的发展经历了多个阶段，相应的管理思想得到了极大的发展和强化，并逐渐成为一种独立的管理模块。此外，国际市场上的激烈竞争和客户需求的增长正在不断推动企业采购供应链管理技术的创新。在20世纪80年代，企业采购供应链管理还处于起步阶段，此时形成了基本的供应链概念，其中包括企业资源的内部集成和企业资源的外部集成，并由企业的相关部门实施。

从20世纪90年代到21世纪初，企业采购供应链管理模型逐渐形成和完善，相应的管理框架已经形成。同时，由于信息技术和管理技术的不断成熟，企业采购供应链内涉及的所有成员都明白必须相互协调，才能让供应链有效运转起来。但是，在某些情况下，管理上的缺陷使得供应链中的信息传输不畅，信息失真或难以有效满足供应链中所有环节的主体需求，极大地限制了企业使用供应链的效率，不能帮助企业充分增强竞争力。

在当前阶段，企业采购供应链管理则处于全面发展和成熟的阶段。这主要是由于新的供应链管理技术的不断出现。比如，电子商务和网络信息技术的发展，资金流、信息流和物流方法的变化，这些都是推动供应链管理逐渐成熟的重要组成部分。还有合作预测补充策略、供应商库存管理以及其他相关技术理念的出现，也推动了供应链管理的创新。上述创新管理技术在促进供应链中各个主体之间的联系和有效合作、积极适应市场变化、改善供应链管理模式方面都发挥出了积极作用。

（三）现存问题

1. 企业采购供应链管理现状

在当前的B2B电子商务平台中，每个企业所同时面对的客户动辄成百上千，且有很多都是新客户或平时并不常合作的客户，这些客户真正的价值对于企业来说是未知的。在这种情况下，既不能放弃客户，又不能为此耗费太多的时间、精力、库存等，那么企业必然要考虑如何控制和优化成本，以避免因客户数量过多而导致成本增加和浪费，也就是说要对企业采购采取必要的限制。这是B2B电子商务背景下企业采购供应链管理的核心目标，也就是应该以最低的总成本来实现最优的供应链绩效。

2. 现存基于B2B电子商务的企业采购供应链管理模型

在当前的B2B电子商务背景下，越来越多的公司拥有了自己的ERP和CRM系统。换句话说，不仅某公司有自己的ERP和CRM系统，它的下游或上游供应商，以及涉及采购问题的合作伙伴也有ERP和CRM系统。这对单个企业来说当然是好事，但是不同企业之间的ERP和CRM系统没有任何联系，各企业的相应系统很少向客户开放全部或部分访问权限。很多企业忽略了企业采购过程中彼此之间其实是实质性的伙伴关系，无论为了合作伙伴还是自己，都应该承担起一定的信息共享责任。

（四）创新途径

1. 将供应链管理纳入企业战略

目前，与电子商务发展有着紧密联系的企业的采购供应链管理优化已经取得了一定的成果，但仍然存在许多问题，其中一个比较突出的就是部分企业还没有将采购供应链管理视为企业战略的一部分，在企业发展中的优先度不足，得到的人力、物力和财力也是不够的。因此，为促进企业采购供应链中管理模式的不断创新，必须将供应链管理纳入企业战略之中，注意避免短期利润对企业战略目标的影响，从长期发展的角度来看待企业采购供应链管理的发展。当企业制定战略目标时，必须整合供应链管理，并使之成为战略实施的关键环节。采购供应链管理直接影响企业的发展，因为其直接影响着企业的生产活动，决定着企业是否能够满足客户的需求。只要能够将供应链管理整合到企业的战略发展中，根据战略计划合理安排企业的劳动和业务流程，充分利用电子商务的资源效益，企业的健康长远发展便有了强大的动力。

2. 将供应链管理进行大力优化

为了实现企业采购供应链管理的优化，除了将之考虑到企业管理之外，还要从实践的角度出发，从内部管理流程到具体的管理人员，不断更新以提高企业在这方面的管理水平。在管理过程中，管理者应该亲自参与供应链的管理，从源头开始观察和促进供应链的优化和集成，使其可以适应企业的发展。整个供应链管理流程的顺利进行通常可以在电子商务的业态运行中自然转换完成，为了满足B2B电子商务整体及具体企业的发展，企业的采购、运输、生产、销售等都必然要进行转换，否则就无法生存下去。而以上要素的转换都是企业采购供应链的关键所在，它们的转化可以帮助优化供应链的管理流程并取得良好的效果。另外，随着企业信息化进程的推进，企业可以根据供应流程进行合理的分工，并不断改善采购供应链管理业务间的相互融合和创新，从而实现供应链管理的不断更新。例如，中海油能源发展采办共享中心利用国家政府招标平台网站和企业采办业务网络平台进行招标事宜，实现信息的交换。通过线上投标方式，辅以数据分析综合评判，选出价格最低或综合最好的单位后签署合同及验收事宜，极大地减少了采购时间与人员管理损耗，实现了公平公正的合规性和规范性。

3. 将供应链管理融合电商技术

上文提到的内容其实已经体现出了企业采购供应链管理是随着电子商务及电商技术的发展而同时进步的。在企业优化管理流程之后，有必要根据供应链的实际管理范围进行信息整合，分析企业的发展，明确生产销售等商业活动的切入点。此时，企业应该基于低投入与高回报的原则来优化采购供应链的管理。为了加强电子商务技术的作用，企业必须很好地将其与采购供应链管理的流程及主体相整合，使得企业能够灵活应对市场变化。

4. 将供应链管理潜力充分挖掘

为了在供应链管理方面创新，发挥出企业采购供应链管理的最大作用，必然需要企业对供应链管理的潜力进行充分的挖掘。例如，可以优化供应链中不同环节之间的合作程度，并利用每个流程的关键节点。同时，B2B电子商务背景下企业的供应链管理创新必然要依靠信息技术，要不断完善各种业务流程，完善信息传递渠道，实现资源共享，从而增强企业核心竞争力。因此，企业采购供应链管理的重点是创造价值，企业的所有创新活动和可持续发展战略都必须依靠价值创造的实现。在管理过程中，管理者可以从供应链的各种管理过程入手，找到更多的供应链中各方的共同利益，促进供应链中企业之间的相互合作，不仅可以提高企业的管理水平，而且可以带来经济效益。

（五）物流配送方法

1. 基于制造商的模型

在电子商务环境中，如果采购供应链物流分配模型是基于制造商的，则制造商必须在产品生产后将产品运输到消费者手中。简而言之，企业采购分布在生产、销售和物流的各个环节中，因为制造商是物流分配的核心，其不管是生产还是销售都需要进行各种采购活动。为了保证物流服务质量，在实施这种模型时，有必要综合考虑成本投入、生产人员、机械设备、投资风险和经济效益；如果没有足够的资本投资和良好的技术劳动力，便不应该选择这种模型。

2. 基于销售商的模型

如果销售商是企业采购供应链物流配送的主体，则销售商必然在整个供应链的下游，它自身的采购是基于销售活动而不是生产活动，采购时所需要考虑的问题相比上述制造商要少得多，只需要根据实际库存和产品零售情况及时补货就可以了。通过与制造商或分销商保持紧密的合作关系，销售商就可以提高其采购供应链管理能力，响应不同的市场需求。当然，市场情况瞬息万变，这种局面虽然比较简单，但也要在供应链管理方面与时俱进。

总之，随着当今电子商务的日益流行，企业采购供应链管理可以帮助企业创造更多的价值。因此，在创新型企业的采购供应链管理中，应将其纳入企业战略，优化管理流程，加强电子商务的技术整合，开发潜在价值，以不断促进企业的健康发展。

任务三
跨境小额批发零售平台模式

综合类跨境小额批发零售平台模式，主要模式是CBEC模式。这类模式为国内外个体、企业用户提供了网络营销的平台。采购方和供应方的产品及服务的信息能够被有效传递，而平台则从中收取会员费和推广费来盈利。从实际意义上来讲，综合门户类跨境小额批发零售平台模式就如同传统小额国际贸易附上了网络电子模式。

一、综合类跨境小额批发零售平台模式

1. 市场定位

速卖通、易唐网等是这类CBEC模式的典范，它们通常瞄准跨境电子商务中的中小市场，面向中小企业或者个人提供服务。目标客户为欧美中小型采购商（大多是些零售商和小批发商，主打外贸生意）以及中国众多的中小型供应商。这些客户一般不愿意负担“搜索竞价排名”之类的费用，不愿意被中间商“剥削”，采购额小，从几十美元到几千美元不等，货品周转很快，每月甚至每周都要进货。

2. 物流模式

小额跨境电商订单主要采用国际小包邮递和国际快递的方式，但这两种方式都有它们

的缺陷，包括周期长、投妥率低的问题，于是出现了“在线发货”这一全新的物流服务。在线发货是一种比较理想的物流服务方式，相比传统的快递上门取货后再配送的模式要快捷高效不少，低价且用户体验更好。通过线上申请、线下发货的方式，简化了发货流程，为外贸商家提供更为便捷的快递服务。

在线发货分为两种运输方式：仓库发货和国际e邮宝。仓库发货能够使卖家享受低廉的物流折扣，卖家将货品发往指定仓库，在线支付物流费用后，仓库将统一调配，集中发货。仓库发货由于采用集中发货的方式，整体效率更高，妥投时间在5～7天，实时网络跟踪，操作简便，让买卖双方在享受高品质物流服务的同时，大大地降低了物流成本。国际e邮宝是中国邮政速递物流股份有限公司为适应国际电子商务寄递市场的需要推出的经济型速递产品。价格低廉，妥投周期短，全程可跟踪信息。可由邮政人员上门取件。

3. 支付方式

综合门户类跨境小额批发零售平台大多与PayPal、Global Collect等合作，与这些国际上知名的第三方支付平台建立战略合作伙伴关系是其支付模式中最重要的一部分。

在交易中，购买方先付款到第三方支付平台中，待收到商品并验收后，通知平台将货款转入卖方，这种方式能在很大程度上保障交易的安全。另外，基于专业化分工的整合能大幅降低交易双方的成本，例如在敦煌网上使用PayPal只需支付2%左右的费用，而通常情况下为8%，这是平台所具有的议价能力带来的优势。

4. 盈利模式

综合门户类跨境小额批发零售平台模式的核心优势还在于它的一站式交易服务，获取大量的用户数据基础。这类平台会由专业团队制定相关的策略，包括商品的发布、支付与物流模式等，通过积累起来的经验和长期合作的结果帮助客户完成交易，并保障交易过程的安全稳定、便捷高效。

有些CBEC平台采用动态佣金模式，意为按照交易金额数量支付佣金。在交易过程中，平台在卖家报价的基础上，自动加入一定比例的佣金，以最终价的形式呈现给买家。加佣金后的报价，由买家支付，而与卖家无关。这种动态佣金模式在一定程度上增加了买家的负担，但消除了高额年费的障碍，降低了买家的交易门槛，使得他们愿意为达成交易而支付少量的佣金。同时，与通过经销商渠道进货相比，在线外贸提供了更多的产品选择，报价也更为低廉，即便支付了佣金，买家在整体上仍然较为划算。而对于一些有出色订单能力和价格优势的卖方来说，平台可以根据高档次服务收取一定的增值服务费，以更好地促成这些供应商的交易。

二、垂直类跨境小额交易零售平台模式

垂直类网站对于批发商来说是生产商，对零售商来说是批发商，对客户来说是零售

商，但从整体来看，它就是一个体系、一个个体。因此这类垂直类跨境小额批发零售平台自己就代表了货源，它们会联系国内外的供应商，在此基础上建立起含有支付、物流等体系的B2C平台，然后将其产品销往国外，获得销售收入。

1. 供应链模式

垂直类小额跨境平台因为大大缩短了供应链，拥有很强的成本优势，因而可以在定低价的同时获取高利润。这条供应链向上可以绕过各种中间贸易商，达到大多数产品直接从工厂拿货的目的，节约大量的进货费；向下可以通过跨境平台直接将产品销往境外的终端客户，将利润从进口商、经销商等剥离开，纳入囊中。

在供应链模式下，企业会在国内设置多个采购处，寻找越来越多的优质供应商，要求供应商有一定的生产能力，能捕捉到境外消费趋势，同时避免知识产权的警戒线（考虑到“山寨模式”）。

2. 库存风控方式

垂直类B2C电商因为与供应商直接达成了供销货协议，可以要求提前备货，将货放入自己的仓库里，但不计入库存，下单后才转入营收和成本，这可以提高订单处理效率，降低库存风险。

电商企业可以依据对产品热度的调查，对部分受欢迎的产品加大备货量，对境外消费者反应冷淡的产品减少库存甚至零库存。而在整个备货流程中，电商企业只有支付物流开支和提供仓库两项任务。

3. 专业服务

在独立B2C模式下，电商网站的产品不会过于纷繁杂乱，它们会以较少的产品、更专业的服务进入市场。许多这类独立B2C网站都有它们的前身，往往在某一行业中具有一定声誉，或者拥有专业资深团队为其量身打造，使其具备专业性。

首先，较少的产品线有助于市场细分，有利于服务专业化。例如，有消费者意欲购买一件产品，会自然而然地询问关于该产品的各项参数，如果某电商专业做该产品，那么其客服也会对产品有较深的认识，能够详细地解答消费者的各种问题，使消费者产生信任感，成交概率大大提升。其次，独立B2C网站一般拥有统一且固定的物流管理体系，比综合平台类网站要更为快速便捷，那么境外消费者对于物流的抱怨会明显减少。再者，垂直类模式电商特别注重顾客的评价体系，保证售前售后的良好服务，构建一个完整的评价体系，关注用户评论，增加互动性。通常以用户为主，一方面有助于网站更新建设，商家随时进行自身检验；另一方面也有助于带给其他顾客直观感受、真实意见。总之，独立B2C模式在很大程度上提供给了境外消费者一站式购物的出色体验。

4. 消费者忠诚度的培养

消费者忠诚度表现在消费者进行消费行为时的持续性，表现出对某商家、某产品的认可与信任，将长期地、不定时地购买同一厂商的产品或服务，并且，在其他厂商发布同类产品且有比较优势的情况下，也不会轻易转变购买意向。

但需要引起重视的是，顾客现在表现出满意并不能代表其今后一直忠诚于你。市场营销学中提到，满足需求并保证顾客满意就能营造顾客的忠诚度，但“满意的客户就是忠实的客户，这只是一个神话”。美国某一管理顾问公司的研究表明：40%对产品和服务完全满意的客户也会因种种原因投向竞争对手的怀抱。另外，研究调查表明，许多客户满意度比较高的企业其客户忠诚度并不高。因为客户的满意度和忠诚度存在着极大的区别：满意度衡量的是客户的期望和感受，而忠诚度反映了客户未来的购买行动和购买承诺。垂直购物网站构建的客户满意度调查可以直接反映客户对过去购买经历的意见和想法，但也只能反映过去的行为，不能作为未来行为的可靠预测。而忠诚度建设却可以预测客户最想买什么产品，什么时候买，这些购买可以产生多少销售收入。

任务四

专业第三方跨境服务平台模式

第三方跨境服务平台模式，泛指独立于产品或服务的提供者和需求者，通过网络服务平台，按照特定的交易与服务规范，为买卖双方提供服务，服务内容可以包括但不限于“供求信息发布与搜索、交易的确立、支付、物流”。

一、第三方跨境电商平台简介

第三方跨境电商平台主要有：eBay、速卖通、亚马逊、Wish等平台（表3-5），这几个平台适合个人、中小型企业入驻，条件不多，申请账户即可。

表3-5　第三方跨境电商平台简介

平台	模式简析
eBay	eBay的中文翻译为电子湾、亿贝、易贝，是一个可让全球民众上网买卖物品的线上拍卖及购物网站。1995年9月，成立于美国加州圣荷西，是全球商务与支付行业的领先者，为不同规模的商家提供公平竞争与发展的机会。eBay在线交易平台在全球范围内拥有1.2亿活跃用户及4亿多件由个人或商家刊登的商品，其中以全新的“一口价”商品为主。eBay提供个性化购物体验，并通过移动应用程序实现消费者与全球商品的无缝连接。PayPal在全球范围内拥有超过1.32亿活跃用户，服务遍及全球193个国家及地区，共支持26种货币付款交易。通过PayPal提供的跨地区、跨币种和跨语言的支付服务，用户可以在全球范围内开展电子商务，日处理交易量达到760万笔

续表

平台	模式简析
速卖通	这是阿里巴巴帮助中小企业接触终端批发零售商，小批量多批次快速销售，拓展利润空间而全力打造的融合订单、支付、物流于一体的外贸在线交易平台。速卖通目前主要以俄罗斯市场为主，开店条件简单易操作，适合新人、个体经营
亚马逊	亚马逊公司是一家财富500强公司，总部位于美国华盛顿州的西雅图。它创立于1995年，目前已成为全球商品品种最多的网上零售商和全球第三大互联网公司，公司名下包括了Alexa Internet、a9、lab126和互联网电影数据库等子公司。亚马逊及其他销售商为客户提供数百万种独特的全新、翻新及二手商品，如图书、影视、音乐和游戏、数码下载、电子和电脑、家居园艺用品、玩具、婴幼儿用品、食品、服饰、鞋类和珠宝、健康和个人护理用品、体育及户外用品、玩具、汽车及工业产品等
Wish	Wish商户平台是移动端交易平台，该平台的主要市场是欧美地区客户，在Wish平台上主要又以女性为主，大约占了80%，年龄处于18~30岁，因此卖家可以根据平台客户群体适当选择一些这个年龄段女性所需的产品

以上是目前跨境电商平台的几个代表平台，随着市场的发展，还有一些新兴的平台企业，比如Lazada、环球易购等。不断快速发展的跨境外贸也在不断变化，从产品、支付、物流、平台等，只要抓住机遇，就能在跨境电商中分得一杯羹。

二、创新的第三方服务平台模式

从目前的市场来看，已有些企业敏锐地抓住了跨境电商机遇。在直接销售平台之外，已经有了第三方服务性质的平台尝试着不一样的跨境电商模式。

深圳有棵树科技有限公司具有完善的供销体系，该公司依赖自身的海豚供应链体系跨境电商进口方向的B2B2C模式，深耕海外供应链体系，形成了国内进口电商卖家仓库，由卖家采购后再到天猫国际、京东、考拉等进口电商平台销售，扮演着一个大后方的角色。而其旗下的维康氏免税店是有棵树刚刚上线的针对C端消费者的跨境电商进口O2O平台。维康氏的商业模式是通过在保税区开设聚焦母婴及精选海淘产品的保税店，以及在内地城市人流量大的地方开设连锁体验店的方式，打通线上线下的O2O商业模式，能够有效地拓宽销售渠道。在其双线配合下，形成了较为健康和完善的供销循环模式。

除了深圳这家公司这种大后方的服务模式外，也有另辟蹊径做得很好的公司。

京东原高管那昕出任国内最大消费决策平台“什么值得买”CEO的消息一时走红网络，然而伴随着这个消息一起走红的还有“什么值得买”提出的“消费门户”战略。其战略在于向海内外用户提供消费领域综合性信息资源，涵盖导购、媒体、工具、社区的完整功能。其模式与其说是服务消费者，不如说是以服务消费者为手段，服务各大平台为盈利的模式。“什么值得买”在为消费者推荐并提供海量产品推荐介绍和资讯的同时，以“直达链接”的方式直接将消费者引导入平台产品的链接，算是以另类的方式帮助平台销售产品。也正是如此，“什么值得买”其实就是一个平台资源的整合。

区别于直接服务其他平台，顺丰海购丰运借助的是“顺丰”本身的渠道优势。

为助力日本线上线，顺丰海购丰运推出了日淘免费运和七月半五折活动，正式标志着顺丰向打造一站式海外服务跨出了重要的一步。虽然目前海购丰运还只是服务于顺丰海购本身，但以顺丰自身多年的物流经验，其发展未必会慢于顺丰海购本身，在未来可能会走向全面物流服务，不仅服务于自身的平台，也为其他大型海购平台服务。

跨境电商的火热，必将带来周边行业的兴起。目前已经有这些企业敏锐地嗅到商机了，相信再过不久，多元化的跨境电商产业链将会形成。

三、跨境电商第三方服务平台设计优化

优秀的互联网平台产品应当包含贴近用户的产品需求设计和面向精准用户群体的营销推广策略。在前文中我们已经比较清楚地从产品层面分析了平台的发展方向和优化方案，以及平台免费、收费相结合的定价模式，下面将从推广渠道和推广方式两个方面来探讨S-Boss平台的营销推广策略。

（一）S-Boss平台营销推广原则

S-Boss作为跨境电商第三方服务平台，市场营销方面一定是基于两个大的原则：差异化和整合营销。差异化在于通过区别于市面上的传统产品，为客户提供不一样的服务，从而快速建立品牌印象。整合营销在于充分利用互联网手段和传统的营销方式，线上线下尽可能面全覆盖目标客户群体。

1. 走差异化营销推广路线

（1）产品差异化

首先为客户提供差异化的产品，在产品选择方面，采用推拉并进的方法，一方面对申请入驻的产品和服务进行人工审核，保证入驻产品的亮点，避免同质化产品的堆积。其次平台面向不同的客户群体推送不同的产品，做到“千人千面”。如针对中小卖家，推送第三方物流、供应链对接、海外测评等服务，面向工厂客户，推送代运营、卖家分销、知识产权服务等，且不同的销售阶段，销售规模推送的产品均做到差异化，确保针对性和避免过度营销。

（2）服务差异化

以服务代替销售，按照不同的产品线配备服务顾问，以专业的行业知识取代传统销售。以培训促进销售，平台将邀请资源提供商或服务商，定期免费开放专业知识培训，在分享行业经验时辅助以产品销售。推行大客户顾问式服务，为Top100的客户提供免费的定制化咨询服务，资深顾问上门一对一，从单一的产品提供转变至定制化专属的系列服务。

（3）促销差异化

在促销政策上也考虑差异化服务，如每年圣诞季是跨境电商传统淡旺季，大部分的服务商会借机提价，如物流、海外仓等。S-Boss平台将考虑旺季营销，在旺季来临前降价促销，舍弃部分利润，转化用户。

2. 线上线下整合营销推广

在当今的互联网时代，市场营销已经不能仅是传统的代理商或者经销商模式了，而应该是贯穿线上线下的整合营销模式，其中互联网营销是重点。互联网营销指的是基于互联网传播的新营销模式，无论是直接带来流量的搜索引擎付费广告，还是适合品牌传播的社会化媒体营销，还是低成本扩张的联盟营销，这些都是平台营销的必选项目。尤其是对于S公司这样的电商企业，无论从人才储备还是技术能力来看，互联网营销均是其先天的优势。

（二）针对性地开展传统线下营销推广

跨境电商虽然是个新兴产业，但是参与其中的业务主体大部分是由传统行业转型而来，尤其是外贸公司、生产工厂等，他们还是更加习惯通过参加展会等形式开展合作，因此传统的线下营销方式还是不可或缺的。

1. 跨境电商和传统贸易相结合的展会营销

展会营销具体到跨境电商行业来说可以分成展览和会议两部分。

（1）展览部分

传统贸易领域每年都有几个重量级展，其中包括广交会、华交会、浙交会等的综合性展览，以及广州家博会、义乌美博会等专业展览，近些年这些外贸展会开始逐步加大跨境电商部分，覆盖区域和跨境电商发达地区如广东、江浙等基本吻合。通过参加这些传统展览可以达到两个主要目的：其一是直观展示平台功能，获取大客户；其二是扩大曝光度，提升平台的知名度。

（2）会议部分

每年的跨境电商大型会议是平台营销的良好时机，如亚马逊年度会议一般会放在深圳、浙江、福建这些外贸发达地区，通过参加鹰熊汇跨境电商大会、各地的跨境电商峰会等会议，运用主旨演讲和会场广告等手段，产生良好的宣传价值和现场转化能力，如通过关注微信公众号送礼品等活动积累潜在用户。小型闭门会议也是重要手段，通过每期不同的会议主题，可有针对性地邀约区域内重点潜在客户，兼具平台地推能力。

2. 按区域和行业开展代理商分销

（1）区域代理商

当前跨境电商起步最早，发展比较成熟的区域主要集中在广东、江苏、浙江、福建这几个区域，想要覆盖全国的市场，单纯依赖公司自己的能力布局全国是不足的，应当在外贸发达地区设置代理商，如宁波、金华、苏州、厦门等地区，通过公司的市场活动支持加上代理商的本地化资源，加快布局和发展。区域代理商的主要工作是本地化用户的注册和使用，通过一定比例的交易佣金和注册用户指标两方面获取利润。

（2）行业代理商

行业代理商则覆盖跨境电商重点品类，如3C、户外、家居、母婴、宠物、汽配等，在跨境电商平台上都属于交易体量大、利润丰厚的品类线，每年贡献大量的GMV。有相对成熟的产业聚集带和行业组织，如南通的家居产业，宁波慈溪的小家电产业、盐城的宠物产业、青岛的假发产业等，可以通过行业代理商的模式批量吸引进入平台。

3. 通过异业合作拓展用户

异业合作是快速打开市场的一种低成本方式，互联网平台的营销方式不仅仅只有烧钱的模式，而应该探索高性价比的省钱途径，异业联合是非常值得研究的营销模式，通过差异化和互补性，以资源互换的形式用最低成本达到各自所需。在大客户获取方面，公司可以考虑和全国性的IT企业或者咨询公司合作，如东软集团和IBM等，为他们的客户群体提供免费的跨境电商咨询，从而换取高质量的企业用户。

和各地行业协会的合作也是异业合作的重点，如全国性质的轻工业协会，有数十万会员企业，旗下拥有家电、眼镜、家居、玩具、五金、乐器、日化等十多个分支组织，S-Boss平台和协会可以在会员互换、优惠政策、人才培养方面有多方面的合作，如S-Boss平台可以为协会会员提供一段时间的免佣金服务等系列优惠，体现出协会为会员服务的宗旨；协会则为平台提供较多的展示和宣传机会，促进平台会员的转化。

（三）重点开拓互联网营销推广

互联网营销是电商平台首选的营销方式，互联网营销是传统营销方式的有力补充，在时域性、交互性、个性化、高效性、经济性方面有着传统营销不可超越的优势，互联网营销通常包含搜索引擎营销、邮件营销、联盟营销、公共媒体、社会化媒体营销等手段，这些营销手段也适用于跨境电商从业者，上文在分析营销资源需求的时候也有所提及。

1. 搜索引擎营销加强曝光度

搜索引擎营销（SEM）是互联网营销的必选项，包括SEO和PPC两个方向。

SEO即搜索引擎优化技术，是目前成本最低的互联网推广手段，S-Boss平台将通过筛选关键词并合理布置在网站中，通过内部和外部优化的技术手段，吸引搜索引擎爬虫的信息爬取，从而获得较好的自然排名。用户在搜索相关关键词时可以第一时间查询到S-Boss平台。

内部优化主要是网站Meta标签和内链的优化，以及网站内容的及时更新，S-Boss平台的核心关键词应包括：跨境电商、跨境电商平台、跨境电商服务平台、亚马逊运营、跨境电商资源、跨境电商工具等核心关键词，也应包括以这些核心关键词为基础的长尾词。外部优化主要是高质量的外部链接，可以通过购买和交换的形式获取外链，如跨境电商相关的新闻资讯网站，如雨果网、越域网等，也可以是外贸论坛，如福步论坛等。

PPC指的是付费点击广告，也是最常用的互联网广告形式，用户通过在百度和谷歌等搜索引擎投放关键词广告而获取用户和流量。国内用户和海外资源是S-Boss平台优先级最高的需求，因此考虑在百度投放面向卖家、工厂、外贸公司的关键词广告，在谷歌上投放面向资源提供商、服务商的关键词。根据效果不断优化关键词价格，获取最好的投资回报比。

2. 通过邮件营销实现转化和复购

随着电子邮件的普及，邮件营销（EDM）近几年在国内的使用越来越广泛，被用户接受的程度也越来越高。严格意义上来讲，EDM应该定义为许可式邮件营销，因为大量的垃圾邮件使得邮箱使用者对邮件营销充满戒心。因此作为品牌平台的营销，一般不采用购买外部邮箱列表的行为，而应借助合作伙伴资源联合邮件营销。邮件营销一般使用场景为广告宣传、市场调查、产品促销等。也可以多种业务场景结合起来使用。如以市场调查的名义宣传新推出的产品服务，并给完成调查问卷的用户提供优惠，也可以利用免费专业期刊的形式发送给客户，树立专业的品牌形象。

在面向老客户的二次销售上，邮件营销的作用会更加明显，平台可根据用户的交易行为预测客户的潜在需求，推荐相关的产品。如可向购买美国商标的客户推荐欧盟商标和知识产权服务，向购买海外仓服务的客户推荐清仓服务，推荐产品责任险等。邮件营销的频率也要得到有效的控制，在跨境电商传统旺季和节日期间，频率适当加强，正常情况下，以一个月1～2次的频率为宜。

3. 自建联盟营销减低成本

联盟营销（Affiliate Marketing），一般分为按点击付费、按流量付费、按销售结果付费3种主要形式，联盟营销有一个特点是风险低，按结果付费，无收益则无付出。S-Boss平台作为广告主，需要选择合适的网站主和联盟服务商。

国内有较多知名联盟服务商，如百度联盟、腾讯联盟、阿里妈妈等，也有以服务形式精准划分的联盟服务商可供选择，如打折网站、比价网站、垂直行业网站等，覆盖的群体均有所不同。作为在对S-Boss平台内容比较有信心的情况下，建议选择按点击收费的方式寻求联盟合作。S公司在多年的电商业务中也积累了大量的网站联盟资源，S-Boss平台也可以选择直接和跨境电商平台、跨境电商行业或者外贸行业网站主展开合作。

从长久发展和技术能力来看，S-Boss平台有能力自建联盟体系，未来可以通过庞大的平台会员、资源提供商群体进行传播，降低联盟营销成本，并把自己的联盟体系开放，为会员提供服务，变成一项独立的、可盈利的服务资源。

4. 社会化媒体营销增强互动

社会化媒体（SNS）又称为新媒体，指的是具备社交属性的线上媒体，国内比较典型的为微信和微博，国外知名的有Facebook、Twitter、YouTube等。

以微信营销为例，S-Boss平台应开设公众号，以专业的跨境电商服务平台的身份出现，传播跨境电商专业知识和分享成功经验，设置产品服务、在线客服、跨境课堂等子菜单，全方位地为用户服务。加快开发微信小程序，把物流报价、船期查询、汇率查询等功能加入小程序中，并积极推广公众号和小程序，争取实现一年内覆盖20万用户群体。

微博营销更强调的是它的媒体属性，虽然微博已经打通了营销的全环节（浏览—下单—支付—分享），但是S-Boss平台的微博营销应定位成官方媒体，忽略在线交易部分。通过活动策划和话题营销的方式加强和粉丝的互动，推出小S和小B两个不同性别的拟人吉祥物，创造S-Boss平台代言人角色。在SNS营销的推进上，应该先以国内营销为第一步，以官方微信、微博为载体，和行业大V深度合作，以每周一次的频率推送活动或促销，保证新鲜度和活跃度。

5. 运用公共媒体营销树立品牌

公共媒体营销PR（Public Release），S公司拥有自己的市场公关部门，和传统媒体及行业媒体也一直保持着良好的合作关系，但目前还仅限于简单的新闻通稿和产品发布，在品牌价值、创意策划、内容呈现这些方面需要专业的PR公司合作，如奥美国际、蓝色光标等行业领先企业。S-Boss平台的品牌价值定位在“为跨境电商行业提供最具性价比的服务”，围绕这个价值核心，通过不同的活动文案策划，将平台展现给目标用户。在PR渠道的选择上，重点目标为国内沿海城市、外贸发达区域和行业核心媒体，实现精准投放。国外PR投放作为第二步骤，初步可以选择和美联社或美通社合作。

在内容方面，硬广的比例要控制在30%以内，S-Boss平台的PR营销可以从技术、产品资源、行业专家、管理层等多个方面来尝试，如定期采访平台内的行业专家，在传播有价值的行业经验时，自然地传递平台的服务能力。

6. 利用红人营销传播口碑

在传统广告形式对于交易决策的影响力越来越弱的今天，红人营销逐渐成为传统营销渠道的有力补充，在国外，红人又被称为意见领袖——KOL（Key Opinion Leader），指的是在某些领域有号召力、影响力和公信力的人。KOL营销需要和SNS营销的紧密结合。

S-Boss平台在选择KOL时，应重点考量行业背景、粉丝群体和活跃度等因素，作为专业的跨境电商服务平台，面向的是行业内人士，所以方向应定位在网红培训师、知名电商企业高管、跨境电商协会组织高层、跨境自媒体人士等群体。这些目标群体都代表了一定的用户诉求，拥有庞大的粉丝群体，通过他们的传播，可以在业内快速传播平台的服务能力和良好口碑。

对于不同的KOL，效果评估的标准也应不一致，一部分考察的是流量，即覆盖面；另一部分考察的是转化率及促成交易。S-Boss平台KOL营销的核心方向是口碑，通过意见领袖的口碑作用，为平台带来流量和转化率。

任务五
主流出口跨境电商平台特色分析

各类跨境电商平台都有自身的特点和长处，也各有其不足。卖家应对自身的业务范围、平台优势、平台收费模式、信息流操作模式、资金流动模式和物流模式进行深度分析，根据自己的优势选择最适合自己的跨境电商平台。

1. 企业目标市场和产品定位

首先，卖家应充分了解和分析目标市场，如美国市场、欧洲市场或者非洲市场。其次，应该熟悉自身商品的种类、数量和特点。入驻综合型跨境电商平台还是入驻垂直型跨境电商平台，卖家必须根据自己的特点做出合理的决策。专业性较强的企业不宜选择综合型跨境电商平台，而应选择垂直型跨境电商平台。

2. 跨境电商平台的规模和影响力

启动早、规模和影响力都很大的跨境电商平台，在平台运营方面具有丰富的经验，在会员管理、信息管理、网站推广等方面具有丰富的资源，可以为卖家提供更好的服务。

3. 跨境电商平台的宣传推广能力

为了让更多的海外买家和采购商熟悉和了解继而吸引他们在平台上采购，跨境电商平台必须通过平台种渠道，如参加国际著名展览、搜索引擎推广、投放广告、对外合作等进行宣传和推广。卖家在选择跨境电商平台时要考虑平台的宣传推广能力和投入的力度。

4. 跨境电商平台提供的附加值

如果跨境电商平台提供的附加值很大且优惠很多，卖家就能充分利用附加值和优惠来降低成本以获得更高的收益。

5. 跨境电商平台服务项目的收费情况

我们在购买商品时购买多会考虑价格因素，同样，卖家在跨境电商平台上购买平台收费服务也要考虑价格因素，虽然平台也会提供一些免费的服务，但对照片、认证、排名等服务有各种限制。卖家应根据自己的需求和购买力选购合适的平台服务项目。

中小企业在应用跨境电商平台的过程中，充分了解平台的特点是实现产品与平台有效对接的一项重要工作。下面就几个主流出口跨境电商平台的特色进行分析。

一、几种主流出口跨境电商平台

1. 速卖通：适合新手入门

速卖通作为阿里巴巴未来国际化的重要战略产品，已成为全球最活跃的跨境电商平台之一，并依靠阿里巴巴庞大的会员基础，成为目前全球产品品类最丰富的平台之一。

速卖通的特点是价格比较敏感，低价策略比较明显，这也跟阿里巴巴导入淘宝卖家客户策略有关，很多人现在做速卖通的策略就类似于前几年的淘宝店铺。但对产品品牌的培养，打假意识的增强，则是明显的进步和发展。

速卖通的侧重点在新兴市场，特别是俄罗斯和巴西。对于俄罗斯市场，截至2015年年底，每月登录全球速卖通服务器近1600万人次，现在的注册更加火爆。

速卖通是阿里系列的平台产品，整个页面操作中英文版简单整洁，适合初级卖家上手。另外，阿里巴巴一直有非常好的社区和客户培训体系可以快速入门。

总的来说，速卖通适合初级卖家，尤其是其产品特点符合新兴市场的卖家，产品有供应链优势、寻求价格优势的卖家，直接拿货销售的供应商。

2. 亚马逊：注重产品为王

亚马逊对卖家的要求比较高，比如产品品质、品牌等方面的要求，手续也比速卖通复杂。想以亚马逊作为销售平台的卖家，最好先注册一家美国公司或者找一家美国代理公司，然后申请联邦税号。

新手卖家做亚马逊应注意以下几点。第一，选择做亚马逊，最好有比较好的供应商合作资源。供应商品质需要非常稳定、最好有很强的研发能力。切记，做亚马逊，产品为王。第二，接受专业培训，了解开店政策和知识。亚马逊的开店手续比较复杂，并且有非常严格的审核制度，如果违规或者不了解规则，不仅会有封店铺的风险，甚至会有法律上的风险。第三，需要有一台电脑专门登录亚马逊账号。这对于亚马逊的店铺政策和运营后期都非常重要。一台电脑只能登录一个账号，不然会跟规则有冲突，用座机验证新用户注册最好。第四，做亚马逊需要一张美国的银行卡。亚马逊店铺产生的销售额是全部保存在亚马逊自身的账户系统中的，要想把钱提出来，必须要有美国本土银行卡。第五，亚马逊店铺，流量是关键。亚马逊流量主要分内部流量和外部流量两类，类似于国内的淘宝。同时，应注重SNS社区的营销，通过软文等营销方式也比较有效果。

总的来说，选择亚马逊平台需要有很好的外贸基础和资源，包括稳定可靠的供应商资源、美国本土人脉资源等。卖家最好有一定的资金实力，并且有长期投入的心态。

3. eBay：成功重在选品

相对于亚马逊，eBay的开店手续不是特别麻烦。不过，eBay有一个很需要重视的问题：规则严重偏向于买家。如果产品售后问题严重，很容易出现问题。

做eBay最核心的问题应该是付款方式的选择。大家选择的一般都是PayPal，但也有一定的风险，特别对于eBay来说。经常有这样的实际案例，遇到买卖争议时，eBay最终是偏向买家，导致卖家损失惨重。

eBay成功的关键是选品，其主要市场在美国和欧洲。所以，做eBay前最好做个市场调研，对欧美市场的文化、人口、消费习惯、消费水平等方面进行研究，从而选择潜力产品，找一些eBay的热销产品。

eBay平台的特点是：第一，eBay的开店门槛比较低，但是需要的东西和手续比较多，比如发票、银行账单等，所以你需要对eBay的规则非常清楚；第二，eBay开店是免费的，但上架一个产品需要收钱，这跟国内的淘宝还是有很大区别；第三，eBay的审核周期很长，一开始不能超过10个产品，而且只能拍卖，需要积累信誉才能越卖越多，出业绩和出单周期比较长；第四，遇到投诉是最麻烦的事情，店铺封掉是经常有的事情，所以质量一定要过关。

总的来说，对于eBay的选择，应该有产品的地区优势，比如产品目标市场在欧洲和美国，eBay操作比较简单，投入不大，适合有一定外贸资源的人做。

4. Wish：唯一的移动端平台

Wish是新兴的基于App的跨境电商平台，主要靠价廉物美吸引客户，在美国市场有非常高的人气，核心品类包括服装、饰品、手机、礼品等，大部分都是从中国发货。

Wish平台97%的订单量来自移动端，App日均下载量稳定在10万，峰值时冲到20万。就目前的移动互联网优势来看，Wish未来的潜力是非常巨大的。

Wish平台的特点是；第一，私人定制模式下的销售。Wish利用智能推送技术，为App客户推送他们喜欢的产品，真正做到点对点的推送。Wish有一个优点是它一次显示的产品数量比较少，通过这样的精准营销，卖家短期内可以获得销售额的暴增。第二，移动电商未来真正的王者。其实，Wish最初仅仅是一个收集和管理商品的工具，后来才发展成一个交易平台，并越来越火爆。对中小零售商来说，Wish的成功让大家明白移动互联网的真正潜力。总的来说，做Wish必须打造精品店铺，产品做到少而精，才能在Wish赚到钱。

初级卖家在选择平台时，往往有这样一个简单的想法，认为只要在主流的跨境电商平台全部开店，机会最大，收益也会最大。其实，专注永远比广撒网更有效率，因为初级卖家的经验、资源、精力很有限。对于资源有限的卖家或者初级卖家来说，选择合适的平台入驻是首要的事。

二、根据市场进行产品定位

很多中小企业会尝试去做跨境电商，但是跨境电商毕竟不同于传统电商，产品分析很重要。不同的行业适合不同的市场，中小企业在选择市场之前，需要对自己的产品有一定的分析了解，看看自己更适合哪个市场，以免因选错市场而错失进入跨境市场的良机。

1. 不同市场下的产品定位

传统企业或是一般电商想要通过跨境电商将产品销往海外，首先要解决的就是定位问题。这是因为即使是同一件产品在不同的国家、不同的市场都有着各自不同的受众群体，因此需要不同的包装和概念，也就是所谓的市场定位。简单来说，也就是确定你能提供什么产品来满足市场中客户群体的特定需求。

以欧美市场为例，作为经济发展位列前茅的地区，欧美无疑是外贸市场的一块必争之地，但这并不意味着任何产品都适合出口欧美国家。根据资料显示，近几年，欧美进口呈现持续增长的类目大致有家具、服装、石材、食品等，从中我们不难发现，生活类用品是欧美进口产品的主要组成部分。

以灯具为例，应该考虑到以欧美为主要的竞争市场，并提出有针对性的竞争优势，如德国、美国这些重要的汽车生产国，便将产品的重心放在HID和LED汽车光源上。而法国、英国等更具人文艺术气质的国家，装饰灯则具有更大的销售空间。

总而言之，市场定位看似简单，实则需要经过缜密的调查和研究手段，才能得出系统、专业的结论，而准确的市场定位也是跨境网商之路的重要起点，不仅可以起到事半功倍的运营效果，也可以让你跳过最初的摸索阶段，少走许多弯路。

2. 国外市场调研和产品定位方式

很多卖家加入跨境电商这个行业最初是茫然的，不知道什么样的产品适合，不知道哪个市场可以发展。市场定位最重要的就是满足需求，但由于中国卖家身处国内，对海外市场和海外消费者需求的了解无法和国内相提并论。卖家想要做好定位，就需要去做一些前期的调研，在不断地积累中，培养对买家需求的敏感度。

在对国外市场调研阶段，卖家要关注市场国总体物价水平和销售产品所属行业的价格水平。终端零售价格非常重要，只有了解了终端零售价格，才有可能清楚海外消费者处于怎样的购物环境中，最终才能更好地给产品定价。而因为地域、文化等因素的差别，海外消费者的购物喜好与国内消费者相比，也会有差异存在。所以，在调研过程中，卖家还要了解海外消费者的喜好。

目前速卖通的主要市场国有俄罗斯、巴西、美国、西班牙、法国等国家。卖家可以多和这些国家的朋友交流，进行市场调研。有调研发现，俄罗斯轻工产品价格是中国的3倍，巴西吃穿相当于中国的2～3倍、美国整体物价相对于工资水平来说相对较低，但是也有一部分商品价格很高。美国普通数码周边产品和婚纱产品与我国有较大差别。在美国，一些个性化商品的价格很高，卖家在选品时可以考虑。

卖家通过国外消费者的购买需求进行定位。看看自身产品是否具有独特的产品功能和款式、是否拥有价格优势、质量是否拥有绝对的保证、是否是国外消费者了解的品牌等。

调研海外市场可以通过以下途径，如表3–6所示。

表3–6　海外市场调研途径

序号	内容
1	可以去国外考察。可以去欧美国家，注意不要去亚洲国家，亚洲国家的习惯和文化背景与我国是相似的，而且卖家的主要市场国大部分偏欧美，俄罗斯消费者的喜好和欧美也是相似的
2	多和外国人沟通。最简单的方法就是问问在中国的外国朋友，他们网购一般都买什么，这对我们选品有提示作用
3	看国外的零售网站
4	看看卖家产品在国外类似品牌官方旗舰店的价格等是怎样的，可以去模仿和超越
5	看国外电影、美剧，去了解国外消费者的生活习惯及日常涉及的生活用品，等等
6	看买家频道，分析销量高的商品的特点和共性。卖家有时会忽略这点，其实看买家频道，就是为了了解买家需求，站在消费者的角度思考分析
7	数据分析

目前，国内竞争相当激烈，价格战、同质化严重。卖家在选品时要尽量规避这些问题，可以通过细分市场，找寻合理定位。细分市场可以从产品出发，分成中、高、低端细分市场；也可以做品类专业化，从消费者年龄层、性别等条件进行具体划分；还可以从风格差异化入手。拥有自己的风格，让人轻易记住。找寻自己的定位，具体可以分为三步，如表3–7所示。

表3–7　产品定位的三个步骤

序号	内容
1	前期调研，从细分市场切入，选品、店铺装修尽量统一，给人专业的印象
2	市场时间的检验，设置一段时间让市场检验产品，看产品是否符合市场需求，可以通过曝光数据、销量、评价等判断
3	在经过检验后，选出明星产品优化发展，调整市场定位

另外，在定位产品时，卖家可以想象自己的品牌、店铺、商品的记忆点是什么，而不是千篇一律地卖同质化产品。找对了方向和市场定位，就可以增加产品的附加值，提高客单价。

三、产品关键词的选择

由于国内的淘宝关键词已经形成了一定的模式，所以许多商家在进行跨境关键词设置时，就先入为主地将适用于国内电商的关键词直接翻译之后加以使用，这种方法一开始就是错误的。要知道，虽然同样是使用英语，但是不同的国家语言使用习惯上其实存在着很大的差别，更不用说国内与国外之间的文化差异了。

1. 根据公司产品确定英文关键词

因为每种产品的英文关键词往往会出现多种叫法，这就需要找出与产品关键词相关的不同地区的习惯性叫法，然后再根据主要关键词分析出海外买家可能通过哪些与其相关的长尾关键词进行搜索。具体到交易平台，阿里国际站未来的趋势就是标准化，涵盖产品信息标准化、产品橱窗做顶层规划设计、以关键词为导向覆盖行业关键词3个方面。这些都是提高产品发布评分的关键所在，要知道，阿里评分越高，产品信息就会更加靠前，也更利于关键词抓取。

关键词的设置还只是众多差异中的其中之一，虽然本质上都是电子商务，但在实际的操作中你就会发现，跨境电商与一般电商还是存在着很多的不同。而不同的行业情况也是不尽相同，这就需要在不断的摸索中积累经验，寻求突破。

2. 用关键词获排名引流量

高权重平台收录快，排名高，发布的帖子有些甚至达到秒杀的情况。在自己的官网还没有那么高权重的情况下，借助高权重的第三方平台来引流是推广人员常做的手段。尤其当你优化的关键词是冷门关键词时，你在这些高权重平台发布的帖子一旦被收录，通常都会获得很高的排名。

通过查询百度权重数据，可以发现有很多人在做长尾词的推广，比如“深圳好的装修公司有哪些”这个关键词，一些装修公司借助装修快车网的高权重获得了首页第一名。

如果选择一个具有购买需求的长尾词作为帖子的标题，那么搜索这个长尾词的用户就会优先看到帖子，进而点击浏览。如果在帖子中加入了自己的联系方式（或公司网址），就能够起到引流的效果了。具体操作步骤如表3-8所示。

表3-8　用关键词获取排名引爆流量的步骤

序号	内容
1	寻找高权重第三方平台
2	确定你要做的产品的长尾关键词。为什么是长尾词？因为长尾词代表了这个产品一部分的刚性需求，而且比较容易优化上排名。比如“营销型网站一个要多少钱”，这就是长尾词，而且有购买需求

续表

序号	内容
3	以长尾关键词作为标题发帖子。记住帖子内容也要紧跟标题走，不管你是原创的或伪原创的，还是直接转载别人的，都要紧紧围绕标题。还得在内容里把要优化的关键词自然地穿插进去至少3次，要根据内容而增加。一般是开头第一段加一次，中间加一次要优化的关键词，结尾的时候再重复一下关键词。还要注意命名标题的时候一定要站在用户角度上去考虑他会怎么搜索，然后你才怎么写，不要自以为是
4	多账号操作引导至QQ、网站、微信等

四、根据平台制定物流线

选择物流方式的要点是考虑不同的物流平台及其物流方式对快件采取不同的收费政策，货物的重量、体积、形态等因素也会对物流费用产生一定的影响。在明确了这些情况后，就要根据物流平台的规则来制定物流线。

1. 跨境电商物流方式

跨境物流一直是制约整个跨境电商行业发展的关键性因素。面对各种各样的物流方案、物流服务商，从业人员又该如何选择那个“适合自己的”呢？我们来看看目前市面上的5种主流跨境物流方式，如表3–9所示。

表3–9　目前5种主流跨境物流方式

物流方式	解析	优势与劣势
邮政小包	据不完全统计，我国跨境电商出口业务70%的包裹都通过邮政系统投递，其中中国邮政占据了50%左右的份额，香港邮政、新加坡邮政等也是中国跨境电商卖家常用的物流方式	邮政网络基本覆盖全球，比其他任何物流渠道都要广。且由于邮政一般为国营、有国家税收补贴，因此价格非常便宜。劣势在于，一般以私人包裹方式出境，不便于海关统计、也无法享受正常的出口退税。同时，速度较慢，丢包率高
国际快递	国际快递主要是指UPS、Fedex、DHL、TNT这四大巨头，其中UPS和Fedex总部位于美国，DHL总部位于德国，TNT总部位于荷兰。国际快递对信息的提供、收集与管理有很高的要求，以全球自建网络以及国际化信息系统为支撑	优势是速度快、服务好、丢包率低，尤其是发往欧美发达国家非常方便。比如，使用UPS从中国寄包裹送到美国，最快可以在48小时内到达，TNT发送欧洲一般3个工作日即可到达。劣势是价格昂贵，且价格资费变化较大。一般跨境电商卖家只有在客户强烈要求时效性的情况下才会使用，且会向客户收取运费

续表

物流方式	解析	优势与劣势
专线物流	跨境专线物流一般是通过航空包舱方式将货物运输到国外，再通过合作公司进行目的地国国内的派送，是比较受欢迎的一种物流方式。目前业内使用最普遍的物流专线包括美国专线、欧洲专线、澳洲专线、俄罗斯专线等，也有不少物流公司推出了中东专线、南美专线。EMS的“国际e邮宝”、中环运的“俄邮宝”和“澳邮宝”、俄速通的Ruston中俄专线都属于跨境专线物流推出的特定产品	优势是，集中大批量货物发往目的地，通过规模效应降低成本，因此，价格比商业快递低，速度快于邮政小包，丢包率也比较低。劣势在于，相比邮政小包来说，运费成本还是高了不少，而且在国内的揽收范围相对有限，覆盖地区有待扩大
海外仓	所谓海外仓储服务，是指由网络外贸交易平台、物流服务商独立或共同为卖家在销售目标地提供的货品仓储、分拣、包装、派送的一站式控制与管理服务。卖家将货物存储到当地仓库，当买家有需求时，第一时间做出快速响应，及时进行货物的分拣、包装以及递送。整个流程包括头程运输、仓储管理和本地配送3个部分。目前，由于优点众多，海外仓成为了业内较为推崇的物流方式。比如eBay将海外仓作为宣传和推广的重点，联合万邑通推出Winit美国仓、英国仓、德国仓。出口易、第四方等物流服务商也大力建设海外仓储系统，不断地上线新产品	用传统贸易方式走货到仓，可以降低物流成本，相当于销售发生在本土，可提供灵活可靠的退换货方案，提高了海外客户的购买信心；发货周期缩短，发货速度加快，可降低跨境物流缺陷交易率；可以帮助卖家拓展销售品类，突破“大而重”的发展瓶颈。但不是任何产品都适合使用海外仓，库存周转快的热销单品容易压货。同时，对卖家在供应链管理、库存管控、动销管理等方面提出了更高的要求
国内快递的跨国业务	随着跨境电商火热程度的上升，国内快递也开始加快国际业务的布局，比如EMS、顺丰均在跨境物流方面下了功夫。由于依托着邮政渠道，EMS的国际业务相对成熟，可以直达全球60多个国家。顺丰也已开通了到美国、澳大利亚、韩国、日本、新加坡、马来西亚、泰国、越南等国家的快递服务，并启动了中国往俄罗斯的跨境B2C服务	优势是速度较快，费用低于四大国际快递巨头，EMS在中国境内的出关能力强。劣势是，由于并非专注跨境业务，相对缺乏经验，对市场的把控能力有待提高，覆盖的海外市场也比较有限

总的来说，市场上的物流产品无非是邮政小包、国际快递、专线物流、海外仓及国内快递的跨国业务。跨境电商需要从自己的实力和产品出发去选择。这5个物流产品线，都有各自的特点，但是一定需要组合使用才能达到事半功倍的效果。

2. 根据平台制定物流线

因为每个平台对于电商卖家在物流服务上的要求不一样，而且你所做的品类以及你的战略和现阶段的实力，都会影响到物流布局。接下来对亚马逊、Wish、速卖通的物流做个简单介绍，如表3-10所示。

表3-10　亚马逊、Wish、速卖通的物流方式

平台	物流情况
亚马逊	亚马逊卖家一般自有品牌，一般产品重量在300～500克，那么这种类型的包裹也许就适合专线加海外仓解决方案。VAT（Value Added Tax，增值亚马逊税）是亚马逊卖家在欧洲必须要走的路径，否则长时间下来，公司会长期存在运营风险
Wish	如果你的产品轻、单量多、平均包裹重量轻、欧美订单集中，那么这种类型的客户就适合欧洲挂号或平邮小包，都需要尽快能够上网和妥投，因为Wish是会根据这些条件给店铺结算的
速卖通	单量多、平均包裹轻，俄罗斯和巴西等地的订单集中，那么这种类型的订单就适合走俄罗斯或者巴西邮政专线。当然现在也出现了一些俄罗斯的海外仓，这也是值得尝试的。速卖通中的卖家可以选择的物流主要包括邮政、商业快递、专线物流等。目前，商家选择的物流主要是邮政物流及专线物流

了解了跨境电商物流方式及平台物流特点，可以通过制订物流组合方案来对成本进行优化。也就是说，深入客户的业务并结合自己的物流渠道优势，才能打造有竞争力的产品。

项目四 中小企业跨境电商自建平台运营

学习目标

1. 了解多种引流方式
2. 提升内容策略及网站内容页流量翻番技巧
3. 了解 4 种推广资源渠道的具体方式
4. 掌握自建网站中的网页设计技巧
5. 了解网站访问者分析工具

关键术语

站外引流　网站运营　多渠道推广　访客转化率　Google AdWords　Facebook　LinkedIn

知识储备

电子商务是现代信息技术与企业经营管理技术相结合的产物，它不仅是现代企业经营与发展的锐利武器，同时也为企业提供了大量的市场机会，运用得当能为企业带来更大的经济效益。随着互联网和电子商务的快速发展，更多的企业认识到网络营销的重要性，对于有实力的跨境电商中小企业可以分析自有产业技术、业务流程和竞争格局，根据自身实际情况，通过自建平台达到引新、留存、促活和消费转化的运营目的，站外引流、网站运营、多渠道推广、提升访客转化率等是帮助中小企业在自建平台上实现有效运营的法宝。

任务一
站外引流

中小企业自建跨境电商平台后，站外引流渠道拓宽，企业可以采用搜索引擎、社交平台、第三方平台、视频网站、Deal站（专业折扣促销网站）等多种方式引流；自建站还可以对流量进行过滤沉淀，让真正有购买需求的用户来平台购物，从而提升产品的转化率，提高产品的排名，增加销量。

一、搜索引擎引流

常见的搜索引擎如谷歌付费搜索广告、谷歌网盟广告、Google Shopping、Bing、雅虎等。对于搜索引擎而言，最为重要因素就是关键词。

搜索引擎谷歌的关键词竞价广告称为AdWords，也称"赞助商链接"，中文俗称"Google右侧广告"，是一种通过使用Google关键字广告或者Google遍布全球的内容联盟网络来推广网站的付费网络推广方式。可以选择包括文字、图片及视频广告在内的多种广告形式。Google AdWords的目标是为各种规模的企业提供最有效的广告服务。

Google AdWords具有5个特性：

①它是一种主流网络广告形式；

②它是一种通过Google搜索引擎展示的网络广告；

③广告会显示在Google的关键词搜索界面右侧；

④它是可以通过优化，达到显示在搜索结果左侧；

⑤它按点击计费，广告被点击一次收一次钱。

Google AdWords操作简单，另有代理商们推广，多数卖家都会选择使用。利用Google AdWords这个渠道的关键是要有品牌优势、产品差异化优势和资金优势，否则很难获得满意的效果。品牌优势，可使企业立足；差异化优势，广告投放成本会降低；资金优势，可以坚持深度投放。所以，企业可根据自己的产品，先做小规模的投放测试，获取第一手转化数据以后，再集中投放转化率较高的单品，不断地优化改进。

二、社交平台引流

企业自建平台社交平台引流推广可以选择Facebook（脸谱）、LinkedIn（领英）、

Pinterest（品趣思）等。

（一）Facebook（脸谱）

Facebook（脸谱）是美国的一个在线社交网络服务网站。它的海外市场流量是跟Google并驾齐驱的，2017年8月的数据显示Facebook月活跃用户数量已经接近18亿，每天被发送出去的消息数量高达130亿条，移动端广告占比Facebook收入的80%，可见Facebook的流量大部分都是来自手机用户，如果你打算做Facebook广告，网站一定要支持手机端。

1. 如何利用Facebook为网站带来流量

①完善个人信息资料。Facebook是交流式社区，人们都喜欢寻找自己感兴趣的人或事，如何写出一个让人眼前一亮的个性化资料，是比较重要的。

②在涂鸦墙和照片夹中放置一些比较有意思的、有价值的信息。不建议在Facebook的涂鸦墙上放置很多广告，而应发一些和产品贴近的比较有意思的内容，来引导粉丝关注。

③建立起自己的关系网络。Facebook是一个交友式的互动平台。要学会建立起自己的关系网络聚集对你的网站感兴趣的人群。

④经常保持更新。必须时常更新Facebook上的各类信息，只有这样才能持续引来流量。

⑤活跃起来。多参与别人的博客分享，多参与各类的圈子才能让你的Facebook主页受到更多人的关注，或者给人留下深刻的印象。

⑥安排好你的个人主页。Facebook有众多应用，你可以安排自己需要的应用。

⑦确定哪些是你需要的应用。在Facebook的众多应用中挑选出你最擅长和最需要的应用放在主页，如链接的发布和博客。

⑧使用Facebook的广告联盟。Facebook提供网站的内部广告联盟，此项功能属于付费功能。

⑨建立一个自己的圈子：

建立自己的主页以便推荐给你的好友及关心你和你的产品的人，同时你的好友也可以将你的主页分享给他们的好友。

在涂鸦墙上发布文字、照片、视频及链接，使你的好友在他们的动态里能实时地看到你发布的信息。如果你的好友足够多，那么你的涂鸦墙就是展示你动态的最好舞台。

加入群组。Facebook是目前全球最活跃的社区平台，无论你想加入什么样的群组，都可以在Facebook中搜索到。

建立群组，发布比较有吸引力的照片及视频，去人气比较旺的群组推荐你的群组。

添加好友。不能盲目地添加好友，要有针对性和目的性地去添加。例如，如果做的是美妆网站，就应该先加入一些涉及美妆的群组，然后再添加里面的成员为好友，因为他们都是对美妆感兴趣的人，这里的主体就是我们的目标客户群，进去相关群组后，我们可以在自己的主页上多放一些大家感兴趣的照片和化妆小技巧、使用心得等，很快，你将会拥有成百上千的好友，这些好友日后会带来有价值的流量。

2. 如何在Facebook上做企业推广

①企业信息描述应尽量使用图片，与其他形式相比，人们更喜欢图片。

②展示的重要性大于叙述。不要在Facebook上直接发布产品信息、服务内容等，而是要发布一些阐述品牌和企业背后的人和故事的内容。

③更新信息要注意多样性。可以利用链接、优质文章、能带动情感的图片、短小精悍的视频、名人名言等，使页面内容多样化。推文结尾处可留问题，引发人们讨论。

④纯文字信息。每周放一条原创的有关企业的纯文字信息，阐述企业的新发展。关注同行最近在谈论什么话题，并参与讨论。

⑤好文章转载。每周转载2篇，发布时间控制在当地时间12: 00—14: 00。原创文章发布时间放在10: 00以后。当地时间13: 00—18: 00适合发布一些有趣的、有话题性的内容，因为在这段时间内外国女性比较空闲，写评论参与的概率较大。

⑥删除一切价值不高的、只是网站的链接分享的垃圾更新，否则可能会流失企业的活跃粉丝。

⑦Facebook运营人员须了解企业，把企业的在线风格定位好，并保持一致。

⑧文章尽量用短句写。

3. 怎样挑选Facebook的广告图片

①图片要和产品或提供的服务直接相关，色彩要鲜明，避免太多的文字描述。

②微笑或开心的人，收到货物或者对货物感到满意的笑脸，产品旁放个微笑的模特的图片等，都可以提高点击率。

③选用颜色，Facebook本身以蓝白两色为设计基调，我们发布的图片建议用其他鲜明的颜色，确保图片颜色和背景具有强烈的对比，加上具有参与度的文案标题，会提高Facebook的点击率。

④有意义的主张，可以举办一场活动或者在图片中体现奖品。在做广告的时候这种具有号召性的东西特别吸引人的注意，再配上“打折”“促销”等字眼，效果更佳。

（二）LinkedIn（领英）

LinkedIn（领英）是美国一家面向商业客户的社交网络（SNS）服务网站，成立于2003年5月，总部设于美国加利福尼亚州的森尼韦尔。网站目的是让注册用户维护他们在商业交往中认识并信任的联系人，俗称“人脉”。用户可以邀请他认识的人成为“关系”（Connections）圈的人。截至2020年5月，LinkedIn的用户总量已经达到6.9亿以上，在中国拥有超过5000万名用户。LinkedIn是商务人士使用较多的一款SNS工具，尤其是有国际业务的企业员工或者自由职业者。

通过在LinkedIn上输入一家公司的名字，就可以得到在这个平台上注册过的所有跟这家公司相关的一些人员的简历。当我们拥有这些资料后，就可以先了解这些人的基本情况，比如哪年毕业、曾做过什么工作、在哪些公司做过、担任的职位、工作的年限等。这些信息能帮助我们了解客户及客户公司的背景知识，他们的兴趣、爱好、喜欢的运动、品牌等，甚至还可以帮助我们了解大的买家的公司结构。

LinkedIn还可能帮我们找到潜在的合作伙伴。在这个平台上搜索我们销售的产品，我们就会找到有关的业务公司，以及有关的产品爱好者等，可以尝试添加他们，也许他们看到我们的信息介绍和联系方式，对我们的产品感兴趣的就会主动来找我们。但是要注意的是，不要直接介绍自己是什么产品的供应商，这种生硬的沟通方式不会带来什么好的效果，甚至会起到相反的作用，让客户反感我们。

注册LinkedIn的时候，首先注册信息最好写得比较完整，这对我们的帮助会大一些。其次我们主动搜索、加别人，可以用产品的名字、公司的名字或者专业的术语等组成自己的人际关系网络，可以链接到相关的商业合作伙伴。

在LinkedIn上，我们还可以参与或者组织一些讨论会，可以建立自己的国际人脉网络关系，让我们有更多的机会了解买家信息，找到相关客户信息的背景。利用这些背景信息内容更好地与客户沟通，可以很快得到客户的认可，我们的客户资源会更加丰富。

在LinkedIn上，你可以把自己的兴趣爱好写在上面，主要是在工作或者产品上的一些爱好，与大家自然地交流，在交谈的过程中可以用软广告方式宣传自己的产品，让客户更能接受。

可以尝试在LinkedIn上建立自己的品牌。深入全面地展示自己对所经营产品的了解，更加专业地与客户沟通，这也是客户想得到的。那么如何在LinkedIn上做好推广呢?

1. 优化个人资料

LinkedIn上有很多种方式引导流量，优化关键词就是其中之一。将个人资料与热词、媒体内容、演示文稿，文档、书籍挂销（不是推销），可以让你更容易被发现。个人资料内容侧重展现业素养，表现出乐意交往的意愿。

2. 让个人资料更“养眼”

很多企业在招聘时会查看应聘者的LinkedIn个人资料页，个人资料页的重要性不言而喻。在个人资料中，除了一般的文字信息基本项以外，视觉性元素是加分项。比如照片、视演讲频、带有链接的图片，甚至信息图、PPT，这些视觉化元素可使人眼前一亮，给人很好的第一印象。

用新书封面、PPT、文章链接、个人演讲这些视觉元素美化自己的个人资料，看起来富有创造力，获得更好的第一印象。并定期更新，展现自己的积极的生活工作态度，特别是一些获奖或者表彰类的视觉性资料，能让你的资料更充实，个人形象更生动。

3. 构建有价值的关系网

即便你的LinkedIn主页有很多关注者，也不一定意味着真正的人际交往，可能没有什么实际价值。有价值的关系网意味着要把一般的连接转化成实际的交往关系，同时在社交圈中得到别人的认可、受到重视。

一般社交媒体普遍存在内容泛滥、内容同质化现象。要想脱颖而出，就必须创造一些对别人有价值的内容，即便是随手转发也要简单表达自己的见解，观点不要求很独到，但至少有态度。

如何在LinkedIn中建立交际关系呢？找出你的LinkedIn关系网中MVPs（最有价值不是指财富和地位方面，而是对你的帮助方面），通过资料去了解他们的目标、需要、价值取向、喜好，在日常的接触中彼此认识，留下好的第一印象。然后，你可以利用一些技巧，在个人层面进行更深入的交流，例如讨论相关问题、给予他们帮助、对受到的帮助致谢、祝贺他们的成就等多种互动。利用LinkedIn的站内私信功能、@功能、打招呼功能等，帮助MVPs传播一些优秀内容。

4. 如何玩转@功能

玩微博的人对@功能非常熟悉，“转微博并@五个好友就有机会得到一台iPhone 13”，在这种情况下，我们@的人一般都是好朋友或者僵尸粉，很少去打扰陌生人。在LinkedIn，如果想和陌生人建立起稳定的连接关系，那就要学会正确使用@功能，一方面表示关心和在意；另一方面，如果对方长期不登录，系统会发一封邮件告诉对方有人@他，保持连接。

如何用好@功能呢?自然是建立在了解对方的基础上，比如他喜欢什么内容、不想错过什么内容、浏览和发布内容有没有一定规律。当然，@功能是策略性地根据对方的反应做出调整，不能过分使用，否则就会被认为是恶意骚扰。

5. 专注小团体，切忌遍地撒网

要获得积极关注的最好方式是提供有价值的内容，在大家都竭力去提供有价值内容的情况下，一定要想办法脱颖而出。在LinkedIn的小组讨论中也是如此，如果你是一般人，还没有什么网络影响力，那更应该专注所属的行业，在擅长的、想学习的领域慢慢积累，加强自己在某些话题上的优势和威信，也方便和讨论小组中的一些人建立稳定关系。

无论是哪个社交媒体，能亲密交流的人来来去去就那么几个，有时候专注于和一小撮人搞好关系比遍地撒网要有效得多。特别是在LinkedIn小组讨论中，越专注，个人在小组TOP榜中停留时间越久，当别人搜索到你所在的小组时就会发现你，认可你的权威。

6. 用好Linkedln推广功能

LinkedIn的推广功能类似新浪微博的推广功能。Linkedln聚焦职场社交，聚集的多是高端白领人群，甚至企业中的高层管理人员。社交媒体的强关系性质又进一步细分了用户群体，推广内容很容易在社交网中传播，形成较大的影响力。尤其是对于B2B企业来说，通过LinkedIn甚至有机会接触到企业的决策层人员，这是LinkedIn的核心竞争力。LinkedIn的推广功能完善，方便定位用户群体。可以通过毕业学校、企业名称、职业类别、职称、地理位置等多种条件的组合，实现最大化内容投放的精准程度，而不需要使用第三方工具。LinkedIn提供了营销度量工具（Metrics）来度量推广效果，提供的指标包括：受众数量、印象、引起的活动、点击率、粉丝、订阅数、CTR、CP费用等。同时还可以将不推广的内容和推广的内容进行对比，多维度地分析推广的效果。

LinkedIn的高端特性决定推广内容必须是干货，是所有内容的里最好的、最有价值的。职场人士的闲暇时间本来就少，如果用一些空洞烂俗的内容进行轰炸，很容易产生反感，用户没有理由停留。这么做确实需要一定时间和精力，但是回报是丰厚的，企业可以在所属行业中获得较好的印象和较高的威信，品牌更容易得到人们的青睐。

7. 建立关系比建立连接更重要

对于企业而言，建立关系至关重要，因为企业面对的不仅仅是一般的个人用户，可能还有一些潜在的合作伙伴，以及供应商的管理人员。关系主要体现在对客户的情感化管理上，比如哪些人访问了你的主页、分享了什么内容、对内容有什么反馈，这些是企业和用户建立关系的基础（了解用户）。然后就是做问题的解决者，而不是产品的推销者，多提建议，少打广告，彰显价值。

（三）Pinterest（品趣思）

Pinterest（品趣思，其中文含义是“品位、兴趣、思想”）是世界上最大的图片社交分享网站。Pinterest允许用户创建和管理主题图片集合，例如事件、兴趣和爱好。

Pinterest是一个国内外流行的图片分享网站，每天都有上千万图片被分享，曾获得过无数品牌及用户的一致好评。Pinterest采用瀑布流的形式展现图片内容，无须用户翻页，新的图片不断自动加载在页面底端，让用户不断发现新的图片。Pinterest堪称图片版的Instagram和Twitter。人们可以将感兴趣的图片保存在Pinterest关注，也可以转发图片。索尼等许多公司也在Pinterest建立了主页，用图片营销旗下的产品和服务。在移动互联网时代，网民在移动设备上更喜欢观看图片，Pinterest、Snapchat、Instagram等图片社交平台受到用户的热捧，目前Pinterest市场估值也明显高于其他“文本”社交网络。

1. 产品图片引人注目

Pinterest要追求美、享受美，所以你要建立美丽有价值的形象。产品图片要抓住用户的情感，引起共鸣，了解他们的需求，并将此融入你的产品图片中。使他们看到你的产品图片时，会有一种愉悦、丰富、健康的感觉。需要注意的是，引人注目的产品图片很简单，通常是白色背景。所以你的产品图片要与季节、天气趋势相符，这样会使图片更容易受到人们的关注。

2. 对图片进行号召性动作的说明

仅仅把图片放上去是不够的，你要让用户知道你放图的目的，在看完图之后，他们要有什么举动，也就是说，你要让他们干什么，这个就显示在你图片的描述当中。要知道，用户往往关注的不仅仅是图片，还有图片的描述。在图片描述中增加一个号召性动作说明，去吸引用户点击你的图片，这是很重要的。这些号召性动作的说明包括："你不得不看的……""点击图片看怎么……""看看这几种方式……"，等等。但是在此之前，你要确认这张图片拥有足够引人注目的魅力，有非看不可的冲动，并且要满足人们的消费需求。

3. 知道放图的最佳时机

我们把图放上去的目的就是要让用户看到，吸引更多的关注。但是我们往往会忽略了一个问题：放图的时机不对。其实我们放图的时间是非常重要的。要知道，每个平台的活跃用户都有自己的浏览生物钟。如果不注意这个问题，就会导致我们放就上去的东西很少人看，没有效果。数据显示Pinterest的最佳放图时间是美国东部时间14: 00—16: 00和美国东部时间20: 00—1: 00（北京时间3: 00—5: 00和9: 00—14: 00）。把握住这个时机，你就会发现效果会有明显的改善。

4. 如何才能通过个人身份来增加自己网站的流量

①完善你的头像简介，确认你的网站。资料很完善又很确定的网站会让人心里有安全感。

②在你的网站上添加"固定"的按钮。可以是一个按钮，也可以是当鼠标经过图片的时候出现一个固定按钮。如有人对你的网站感兴趣，他们就会放你的产品到他的网站上去，直接把你的图片的描述关键字放到自己的页面里面，这个动作能增加你的图片权重，进而增加你账号的权重。

③一定要做一个特殊标记。特殊标记使图片信息更丰富。特殊标记有6种形式，分别是App类型、电影类型、美食类型、文章类型、产品类型和地点类型。那么怎样制作特殊标记呢?首先要决定你要用哪一个类型的特殊标记；结合你的网站对所选择的特殊标记进行标签设置（Meta Tag）；从网站中申请一条单链接，设置好网站产品的正确的标签设置，然后在转换器里面申请这条链接，使之有效；照片分享团队会通过电子邮件通知你申请的状态，这需要几周的时间来审核；一旦申请成功，你在Pinterest上面的标记都会变成特殊标记。

④你的标记的链接一定要有相关性。一张婚纱的图片链接到一个买衣服的产品页面上会怎样?每个页面的名字及里面的简介都需要添加关键字。Pinterest就像一个小型的

Google，不仅账号的名称、简介、页面的名字和简介、图片里面的描述需要注意关键字的布局，甚至图片的关键字也需要注意关键字的布局。一个图片里面的关键字不要放得太多，2～3个就够了，多了给人的感觉就是垃圾账号，网站也会评判你的账号是否为垃圾账号，我们为什么要给它评判的机会呢?

⑥想方设法让这个账号活跃起来，增加互动性。争取把你自己的账号搞得很活跃，让大家去参与。账号的活跃度对账号的权重有很大作用。

⑦每天都要更新，尽量保证每天花一点时间来更新内容。没事的时候多登录主账号，在网页上登录，在手机上登录，这样过两三个月就会变成老账号了。老账号的概念就是，不管你换什么IP登录账号，你的账号都不会进入禁用模式。

⑧产品最好要符合搜索习惯，有一定搜索性，但是竞争又不是太激烈，这样的产品都是比较好的。

三、第三方平台引流方式

目前比较重要的第三方平台，出口的有速卖通、eBay、Wish、阿里巴巴、亚马逊、中国制造网。相对来说，第三方平台的引流成本低一些，因此，前期可以充分利用第三方平台的流量渠道，快速拉动销售额。有了一定的用户积累后，通过客服引导、客户搜索关键词、发货带卡片等方式把流量沉淀到自建网站上。

实例：利用第三方平台阿里巴巴进行引流：

1. SEO优化法

SEO优化（搜索引擎优化）是寻找精准流量的关键点，阿里的后台有标题优化工具，但不能完全依靠这些工具，搜索中只要有相关性，就会被全部搜索出来，这时需要甄别与产品最符合关键词，要选最精准的长尾词，这样带来的客户才是意向性最强的。

2. 适当选择付费工具

阿里的网销宝和标王是比较精准的付费工具，但关键词设置一定要精准，否则它们将变成一台烧钱的机器。与SEO标题一样的原则，挑选关键词也一定要准确，与商品毫无关系的关键词要毫不犹豫地剔除掉，这样才能用最少的钱产生最大的效果。

3. 利用好阿里后台工具

阿里后台有生意参谋、询盘管理和精准营销3个工具，都是用来帮助运营店铺的，各有千秋，可以分析客户的行为习惯、店铺流量、地域特征，也可以针对性地发送信息，进行促销，非常实用。

4. 找到行业圈

论坛是阿里的一个非常重要的工具，也是获得免费流量一大途径，要尽可能地选择自己的行业圈，这样流量的来源会更精准一些。

四、视频网站引流

如美国的YouTube和Vimeo、法国的Dailymotion等，特别适用于热品和低价产品。

以YouTube为例，YouTube运营必须要找视频达人合作才行，这样视频浏览量就有保障了，同时还要和达人沟通，在发布视频的时候带上亚马逊的产品链接，甚至是折扣码，供有需求的用户进行选购。一般这些达人回复都会很慢，因为会有很多人找他们合作，但是值得等，比如有时候一个视频排队要等一个月，但上线后的浏览量很高，而所需的成本仅是一个样品而已。

五、Deal站引流方式

美国最大的Deal站是Slickdeals，它是一家在线交易网站，主要依靠社区的成员分享信息获得交易。该网站流量占美国所有Deal站流量总和的90%以上，绝对是Deal站里面的巨无霸类型。Slickdeals后台算法严密，网站规则也非常严格，尤其重视对网站忠诚用户的维护。要想在Slickdeals上发布促销活动，产品必须满足两个条件：一是亚马逊账号级别必须在1000以上，二是帖子的浏览数量不低于50个。满足以上两个条件后，也不能盲目地去注册账号，发布促销信息，Slickdeals严禁卖家做自我营销，对新账号和关联账号的检测也非常严格，一旦发现卖家在做自我营销，会马上封掉用户账号并禁止含相关关键字的产品信息发布，严重的甚至是永久性的禁止。所以不要轻易去尝试自己发帖做营销，而是通过其他渠道去联系Slickdeals红人，沟通合作后代发产品促销活动，这里的联系方式有很多种，可以通过Skype同名搜索、社交平台网站同名搜索、同行资源交换或者去自由职业者平台（Fiverr）寻找等，但是绝对不要用站内信去联系，新注册的账号也不要有任何异常的操作，比如频繁点赞，评论或者试图发帖。红人虽然难找，但是积累到3个左右优质的红人资源以后就足够使用了。

目前重要的Deal站除了Slickdeals之外，还有Kinja。Kinja是生活骇客（Life hacker）下面的一个Deal板块，主要是发布亚马逊平台的产品促销信息。受生活骇客定位的影响，KinjaDeals偏向发布品牌类、3C类、创新类和新品类（升级换代产品）的促销活动，上帖形式只有一种：卖家申请后在线提报，编辑选取并发布活动。上帖活动规则相对公平，而且是免费的，流量巨大，用户定位精准。

美国Deal站流量较少，规则也相对简单。其他国家的主流Deal站主要包括德国的Mydealz和Mytopdeals、英国的HotuKDeals、加拿大的Redflagdeals、日本的kakaku等，规则有很多互通之处。

总的来说，获取流量的方法和渠道有很多，除了上面介绍的，还有博客、论坛、QQ等等。需要注意的是，在做引流推广之前，先对自己的产品定位，确定受众群体主要来自哪里，确定来源后，就可以针对性地进行引流。充分地利用自己的资源，用最少的人力和精力，获取利益的最大化，这也是精准营销的主旨。

任务二
网站运营

企业建站的过程是从提升流量、提升IP、提升排名、提升网站品牌、提升用户注册量与忠诚度等一步步实现的。很多网站运营人员或站长把网站的希望全寄托在了推广上，却忽略了内容的重要性；或者明白内容的重要性，但却不懂得制定正确的内容策略。下面就从流量、IP、Alexa排名、品牌、用户注册量这五方面探讨一下网站的内容策略。

一、提升流量的内容策略

提升流量关键就是让用户大量点击网站的页面，阅读网站的内容。如何才能增加用户的点击行为呢？

①根据用户喜好增加相应的文章数量。

②增强相关文章之间的关联性，比如最终文章页内的推荐文章、正文内的文字链接、关键字链接、文章尾部的相关新闻、推荐阅读、图片链接等。

③增加页面数量、操作步骤，比如：把一步能完成的操作，改成两步；一页能展示完的内容，改成两页。增加文章分页数、在下载页面增跳转页等。

④对于网友来说，上网娱乐才是终极目标，所以想增加网站黏性和流量，适当的娱乐内容是必不可少的。比如商业网站中最常用的一招：各种美女图库。

⑤设置一些自动化的功能，像很多图片站中常使用的自动翻页功能等。

二、提升IP的内容策略

这里的IP，指的是一个被某一类有特殊形态、内容调性的内容维持住的人群。这个人群由于对于此类内容的高认同感，在后续的行为转化、消费转化上表现出转化率高的特性。下面说一下与提升IP有关的内容策略。

①搜索引擎优化是永远的主旋律。做好SEO关键字优化，包括页面标题、关键字密度、关键词等。

②要有足够多的内容量，内容要丰富且有价值。

③流量联盟的手法效果很好，但比较耗费时间和人力。

④特色内容和栏目的建设才是留住用户的关键。

三、提升Alexa排名的内容策略

Alexa排名是指网站的世界排名，主要分为综合排名和分类排名，Alexa提供了包括综合排名、到访量排名、页面访问量排名等多个评价指标信息，大多数人把它当作当前较为权威的网站访问量评价指标。Alexa排名是根据Alexa工具条用户的访问情况而排定名次的。Alexa排名高，不代表网站的真实流量高，Alexa排名的高低与网站流量的多少不一定成正比。比如某网站每天只有100个访问，但如果这100人全安装了Alexa插件，那排名至少在5万以内。也就是说，想提高Alexa排名，就要想办法提高访客中Alexa工具条用户比例。

那么，哪些人群喜欢装Alexa工具条呢？

①国外人群方面，要关注国外用户的需求，要多加了解。

②对于个人站长，如何利用网站赚钱是他们最喜欢的内容，再就是与网站建设、运营、推广、SEO等有关的内容。

③行业人群主要是指互联网从业人员，这个人群喜好的内容就比较多了，主要还是集中在业务交流、行业资讯方面。

大家可以根据自身网站的情况，适当增加对以上三部分人群有吸引力的内容，即使网站主题与他们无关，也要想办法增加。如果大家的网站实在与以上三方面人群无缘，这里提供3套最保守的解决方案；一是自己人全部安装Alexa工具条；二是增加相关的站长工具，比如Alexa排名查询；三是在一些站长类媒体发表经验分享类文章，留下网址。

四、提升品牌的内容策略

品牌的建立是最不容易的，因为流量可以造假、IP可以造假、排名可以造假，唯独品牌是很难造假的，因为它需要得到用户甚至是行业的认可才行。基本上品牌的建立都是靠真功夫。下面给大家提供3种建立品牌的思路，

①高端内容包括针对行业的高端评论、独家的权威数据等。注意内容一定是原创，而非转载。

②高端人群包括高端人群访谈、建立专家专栏等。主要思想就是把业内的高端人群聚集到自己的网站中来，让他们在这里发表观点和想法。

③如果做不了高端，也可以走平民路线，帮助用户解决问题，获得大量底层用户的支持，也可以建立起品牌。但是走这条路，需要有足够的耐心才行。

五、提高用户注册量的内容策略

想增加用户注册量，首先要弄清楚用户在什么情况下才会注册。具体来说，用户注册需要运用以下策略。

①对于稀缺且难找的资源，大部分人都禁不住诱惑。

②如果一个论坛有良好的氛围、好玩，能让用户找到情感上的归属感，那也会促使其注册的。

③论坛内的用户观点很独到或是很尖锐，能够引起用户共鸣，那他们很可能就会注册。

④偶像的魅力是无限的，所以每个论坛都应该打造自己的偶像，同时吸引用户中有影响力的人。

大家如果想提升论坛的注册量，那就围绕以上4点对网站及内容进行优化调整。在这里告诉大家一个最简单的方法；找一些业内的热门资源，比如像客名录、媒体资源，然后设置成回复才可下载，或支付论坛金币进行下载，效果是相当好的。

总之，自建网站不能忽略了内容的重要性，要首先确定网站的目标，然后找出要完成这个目标的关键点，最后围绕这个关键点分解元素，制定策略。

六、自建网站的内容页流量翻番技巧

如果你的网站能够给用户提供真正有价值并能在以后通过口口相传的内容，即使没做太多的市场营销，你的粉丝、用户也会自愿为你宣传、推广，让你的内容页流量翻番。下面是针对自建网站的内容页流量翻番技巧，如表4-1所示。

表4-1　针对自建网站的内容页流量翻番技巧

事项	含义
做文章分页	若内容页中的正文内容太长，不但会增加页面体积，使页面打开变得缓慢；同时也会使用户浏览起来极不方便，所以适当的分页是非常有必要的。至于多长分一页，大家根据实际情况来，只要别引起用户的反感就行。一般来说，每页的正文内容保持在两屏是比较适宜的
自动翻页设置	很多用户在浏览分页多的文章时，很不习惯不停地翻页，特别是对于图片类的文章，更是如此。所以设置一个自动翻页的功能，实在是便民之举。而且有相当一部分网民在打开一个新网页后，就忘记了关闭之前的旧网页，这个时候如果那个页面能自动翻页，流量等于是白捡的
学做看图新闻	在文章内加入适量图片的好处主要有三：一能让文章图文并茂，变得活泼；二能增加文章的长度，使分页更容易；三能增加用户黏度，因为图文内容比纯文字内容，更吸引用户。所以，强烈建议大家多做图文内容。其实现在各大网站已经将这种方法普及得非常好了，像QQ、MSN，一些新闻直接以图片+说明的形式进行

续表

事项	含义
添加超级链接	如果条件允许，将文章中的一些热门关键字、文章内的图片等做上超级链接，可以链接到相关的栏目或是专题。这个需要一定的技术支持，所以个人站长可能需要找人合作实现，现在很多广告联盟都有这种形式的广告，大家可以尝试。比如在醒目位置加上收藏到各大网摘站的链接或按钮
图文推荐位、广告位	充分利用文章正文页添加适量的图文推荐及广告位，这些推荐位和广告位可以做站内推广用，也可以与其他网站进行链接互换。重点位置有4个：一是标题下方，以文字链接为主；二是文章正文中，以文字链接为主，注意，这里说的链接和后面的第四项说的关键字链接不是一个概念；三是正文右侧，尽量不要设置在左侧，因为网页的上下滚动条在右边，网友在浏览文章时，鼠标指针通常也是在这个位置，如果遇到感兴趣的链接，点击起来很方便，而且偶尔也会发生误点链接的情况；四是正文下侧。至于链接、广告的具体表现形式和内容，这里就不赘述了，只强调一点：标题及链接的内容要吸引人，适当地引入娱乐元素。值得注意的是，这些广告位、推荐位一定要设置成随时可更换的，且是在不改变网站架构、不用重新发布文章的基础上。否则，一旦你的文章达到几万篇时，换一个链接岂不累死？而且同一个位置的链接总是不更换，也会降低页面吸引力
关注门户网站	门户网站的技术是毋庸置疑的，所以多关注它们页面的优化情况，一定会令你受益匪浅
添加适当的互动模块	如典型的文章评论、文章感受投票等。人性化的互动产品，会增加用户体验，提高页面黏性，而且互动的同时，PV就会随之增长

任务三

多渠道推广

目前，主流的渠道推广资源可以分为付费渠道、赞助渠道、自媒体渠道和口碑渠道等。为此，下面将全面解析这几类渠道推广资源及其特点，以便于中小企业“寻找与产品匹配度相关的目标用户”，注意，是用户而不是流量。

一、付费渠道资源

付费渠道分为线上广告、媒体广告、户外广告、社会化广告、App广告等。

线上广告具有短、平、快的特点，为中小企业必备。效果较好的分别有搜索渠道、联盟广告、导航广告、超级广告平台、移动广告投放平台等。

各类线上广告有不同的特点，企业要据此采取不同的推广策略，如表4–2所示。

表4-2　付费渠道之线上广告推广秘诀

类别	特点与推广策略
搜索渠道	以谷歌为例，其他类推。互联网搜索、云计算、广告技术等，同时开发并提供大量基于互联网的产品与服务。其他如YouTube、Bing等、搜索渠道的量极大，关键词竞价操作难度极大，如果有专业的团队，效果非常好
联盟广告	如Audience Network、Google AdSense、Amazon Affiliate等。联盟广告的量极大，便宜，效果一般，其三要素是素材、定向和出价
导航广告	如雅虎、StartingPointDirectory、Kadaza等。导航广告导航效果还行，但好位置比较贵
超级广告平台	包括Facebook、YouTube、推特等。超级广告平台的量极大，尤其是广点通，效果中等，同样是素材、定向和出价三要素
移动广告投放平台	如UnityAds、Vungle、Applovin等。这是全球范围内知名的移动广告投放平台，它们都注重视频广告，提供非常高质量的自动化视频广告投放，有些在激励游戏视频广告方面做得非常有口碑

媒体广告具备沉浸式体验，视觉冲击强，令人过目难忘，是大型企业必备，适合品牌主体宣传，包括电视广告、报纸广告、杂志广告、电台广告、视频广告等。媒体广告注重品牌识别、视觉、听觉，并强调重复性，即在一定周期内频繁轰炸。其具体推广策略如表4-3所示。

表4-3　付费渠道之媒体广告推广秘诀

类别	特点与推广策略
电视广告	电视广告可以是硬广、访谈、独家赞助，或者公益植入，电视广告依然是最好的品牌推广渠道，尤其是黄金广告位。根据类型不同，有一定的品牌背书和美誉度塑造效果，价格越贵，流量越大；价格便宜的往往是为了做内容背书，效果迥异
报纸广告	如《华尔街日报》《太阳日报》《读者新闻》《泰晤士报》等。报纸广告能覆盖到主流人群，有一定的品牌效益
杂志广告	如《时代》《国家地理杂志》《财富》《经济学人》《男人帮》《福布斯》等。其特点同报纸广告
电台广告	包括城市FM、音乐FM等
视频广告	如YouTube、Vimeo、Hulu、Netflix、Yahoo screen、Daily motion等，15秒前贴视频广告，注重品效互动，性价比高

户外广告能进行区域性渠道支持，能触及更多的主流人群，效果极佳。户外广告视觉冲击强，具备一定稀缺性，是企业必备，包括电梯广告、地铁广告、公交广告以及火车站、飞机场、电影院、高速路牌、广场液晶屏等。其具体推广策略如表4-4所示。

表4-4　付费渠道之户外广告推广秘诀

类别	特点与推广策略
电梯广告	电梯广告是众多品牌主的户外首选，强制性曝光。电梯广告曝光度很强，能迅速提高品牌知名度
地铁广告	包括品牌列车、各类展示位等。地铁广告曝光度强，有些地方地铁内有液晶屏，展示效果极好
公交广告	包括公交车身广告、公交站牌。其曝光度也不错
其他	火车站、飞机场、电影院、高速路牌、广场液晶屏等都具备极强的曝光度，且有很好的分众效果，如飞机场是覆盖高端人群的不二之选

社交网络传播速度极快，内容营销必备渠道。社会化广告可以最大化利用KOL影响力，最大化利用社交网络传播的红利。内容与创意是转发和分享的关键，包括Tweet、YouTube、App广告等。其具体推广策略如表4-5所示。

表4-5　付费渠道之社会化广告推广秘诀

类别	特点与推广策略
Tweet	如果你想分享一部很有社会意义的电影却被电影局拒绝了怎么办？*Bully*就是一部以童年欺凌为题材的电影，因为过于直白的台词被美国电影协会定义为R级。因为被禁，发行者赫希发了一条Tweet：每年美国有1300万孩子会被欺负，300万孩子会因为被欺负而退学，我支持@BullyMovie，让我们用实际行动支持吧！结果当天，这条Tweet被转发100多万次。人们纷纷点击，在@BullyMovie私人空间里观看了这部电影
YouTube	你跟女朋友走进电影院，座位上坐满了身材魁梧、赛车手外表的壮汉，而且最糟的是只有中间还有剩下的位置，你必须顶着无数壮汉虎视眈眈的眼神穿过过道并坐过去，很多情侣看见这种情况来了又走了，但你想证明自己是勇敢的，你走过去，坐下来，发现没发生什么异常，然后那些壮汉把嘉士伯啤酒递过来，并为你们的勇敢行为鼓掌。这个视频于2011年9月在YouTube上发布，截至2012年5月已带来1100万的播放次数，而且在2011年第四季度，嘉士伯啤酒销售额提高了4.3%
App广告	类似搜索机制，锁定用户App下载习惯，为各类企业必备，注重以效果为主。Instagram、Vine、Skyle、Google+，等等。借助行业领先的搜索和资讯流推荐，根据用户的意图和行为数据，识别每一位用户真实需求及兴趣爱好

二、赞助渠道资源

赞助渠道一般是娱乐营销、体育营销，因此打造流行现象及符合品牌调性是关键，是大型企业必备。包括明星赞助、热门活动赞助、热门赛事赞助、演唱会赞助等。具体推广策略如表4-6所示。

表4-6 赞助渠道推广秘诀

类别	特点与推广策略
明星赞助	优先考虑热门IP，比如安吉丽娜·朱莉、杰西卡·阿尔芭、萨尔玛·海耶克、梅根·福克斯、碧昂斯·诺里斯等，人气是王道
活动赞助	优先考虑热门综艺娱乐节目、影视剧等
赛事赞助	赛事影响力与企业市场目标匹配度是关键
演唱会	关键在于演唱者的影响力

三、自媒体渠道资源

自媒体渠道对企业营销而言，进可攻，退可守。可以拉动企业与用户的关系，塑造企业的形象与美誉度，主要包括官方渠道和社群渠道。官方渠道能帮助企业建立良好的形象，保持在市场上合理的声誉；社群渠道能帮助企业针对核心目标用户群进行集群式轰炸，制造热点，形成现象级的事件。利用自媒体不断地输出内容，结合企业、产品、用户之间的关系，利用视频、图片、文字，从不同的角度阐述企业在不同的区域、时间、所处竞争定位等，都有不同的推广策略组合。

官方渠道是企业公关最佳渠道，省钱，为中小企业必备。具体推广策略如表4-7所示。

表4-7 自媒体之官方渠道推广秘诀

类别	特点与推广策略
站内	自身网站与App广告位、短信通道、站内信、弹窗等。官方内部通道也是很好的推广位，要合理地利用
SEO	官网排名、维基百科、Reddit、新闻源，这些非常适合冷启动，吃透搜索体系规则。如果有能力，组建专业团队，做站群排名、新闻源排名、企业百科，前期耕耘，后期收获
官方媒体	服务号、订阅号、官方社区，将这类服务号当作产品做，抓用户的产品需求；订阅号当传播来做，抓用户的信息需求。社区难度极大，做成了效果很好
视频自媒体	如YouTube、推特、Vimeo、Dailymotion、Liveleak等
其他	诸如客服、销售、门店、代理商等

合理整合官方内部资源非常关键。一个销售人员，拜访了100个用户，最后没成交，但却对企业产生了实质性的宣传效益。现在利用线下资源，获取App下载量和真实用户效果不错。门店的宣传效果也可以整合进来。

社群渠道是块宝地，是软广的核心战场，包括综合类社群、垂直类社群、社交类社群等。苹果、三星、UBER都喜欢在社群渠道做软营销，在产品上线前做各类预热活动、内容营销。比如，当你看到很多人在论坛讨论苹果又出新品时，请不要相信这都是自发的，里面有大量的水军，还有博主。具体推广策略如表4-8所示。

表4-8　自媒体之社群渠道推广秘诀

类别	特点与推广策略
综合	包括雅虎、Techcrunch、Quora、BigThink等
垂直	包括猫途鹰、雅虎旅游、Expedia、Travelocity、Priceline、Orbitz、Kayak、Hotels、TravelZoo、Hotwire，等等。垂直社区的用户质量往往极高，营销价值极大，但是社区对营销的打击非常严厉。较好的方式是找KOL进行植入营销，另外也可以找写手拍摄原创视频、图片，编写文案后开展优质内容营销
社交	包括Skype、AOL、GoogleTalk等。社交群的标签非常清晰，容易找到目标用户，但是对广告的抵触也很强烈。若是官方要组建群矩阵，建议引导活跃人士自发建群、开展营销

四、口碑渠道资源

口碑渠道是企业传播的加速器。自媒体输出有价值的内容，在口碑这个渠道上有明星、意见领袖、独立观察者、独立用户，等等。他们在社交平台、博客、论坛、新闻网站上提及产品并给予正面评价，能迅速获得大量曝光，并大大地提升产品的转化率。影响口碑渠道的关键点在于内容和把关人，一方面人们只爱分享有趣好玩的内容，另一方面把关人决定了信息的传播范围和最终的内容。口碑渠道主要包括名人渠道、媒体渠道和粉丝渠道这三大块。

名人渠道包括明星、名人、意见领袖等。具体推广策略如表4-9所示。

表4-9　口碑渠道之名人渠道推广秘诀

类别	特点与推广策略
明星代言	土豪玩家必备，明星代言具备较强的公信力，同时可以借机转化该明星的庞大粉丝群。所以关键点在于品牌调性与明星的品牌形象是否符合。另外请明星代言一定要上大媒，不然就好比写了一篇旷世奇闻而不发表
名人	大众及垂直领域的成功或专业人士，如比尔·盖茨、扎克伯格等。名人可遇不可求，能被名人夸赞，产品实力很重要
意见领袖	包括网络红人、作家、律师、学者等。典型事例就是将植入性广告与上述“意见领袖”有机地结合起来，现实转化率还可以，主要在于借助了“意见领袖”对粉丝的意见影响力

媒体渠道包括独立记者和知名媒体，其推广策略如表4-10所示。

表4-10 口碑渠道之独立记者和知名媒体渠道推广秘诀

类别	特点与推广策略
独立记者	独立记者即各大媒体比较有名的记者。邀请记者针对企业写一篇报道，优秀的记者能以独特的视角，用比较公正的语言来行文，最终呈现在读者面前的就像一篇新闻，具有极强的公信力和口碑传播效应。当然，如果企业的自媒体推出的内容比较有趣并引起了他们的兴趣，经过他们把关后发在媒体上，其效果会更好
知名媒体	知名媒体主要指的是上面说的“报纸广告”，如《朝日新闻》《产经新闻》《太阳报》《泰晤士报》《纽约时报》等。企业事件营销的核心就是引起媒体关注并报道，难度比较大。有些企业利用公益营销的公益性切入，更易获得媒体的关注与报道

粉丝渠道包括官方、社群和个人3个大的方面，其推广策略如表4-11所示。

表4-11 口碑渠道之官方、社群和个人渠道推广秘诀

类别	特点与推广策略
官方	包括Delphi、社区、博客、公众号、官微。维护好粉丝渠道，提升粉丝活跃度。不定期开展粉丝见面会、主题活动
社群	包括Skype、AOL、Google Talk、综合论坛、垂直论坛。社群要做好维护，找到一些关键人物，形成良好的合作关系
个人	主要指的是Facebook、推特、Instagram。移动互联网时代，人人都是口碑媒介，比如各种朋友圈等

不管是创业者还是市场运营从业者，都应该寻找并充分利用渠道推广资源，尤其是做跨境电商的中小企业，多渠道寻找推广资源有助于进入国际市场。合理利用好付费渠道、赞助渠道、自媒体渠道和口碑渠道这4个渠道，可以实现“1＋1＋1＋1＞4”的效果。

任务四 提升转化率

转化率是指访问某一网站访客中，转化的访客占全部访客的比例。做跨境电商的都知道，提高转化率是非常重要的，因为网站转化率是网站是否有价值的一个重要指标。在网站建设过程中，仅仅有一个好看的网站是不够的，它必须将访客转化为客户并增加销售。下面主要从自建网站网页设计、网站访问者分析这两个方面来讨论自建网站的转化率问题。

一、自建网站中的网页设计技巧

做跨境电商的中小企业要提高自建网站访客的转化率，需要在建站过程中掌握网页设计方面的技巧。如表4–12所示。

表4–12　自建网站中的网页设计技巧

技巧	实操要领
定义目标	设计网站必须清楚自己的目标。不要认为这个目标只是要提高转化次数。在目标方面你必须精确，确保目标是可衡量的，以便了解达成目标的距离
了解受众	商业网站不能与个人网站相似，因为这不是为自己建造的。如果想赚更多的钱，请确保牢记网站的客户，并尝试了解他们，找出他们喜欢什么、不喜欢什么
响应式网页设计	大多数人尝试通过手机在线寻找信息，而不是痛苦地打开他们的电脑。近年来，移动流量正在增加，而不是网络流量。因此，在智能手机和平板电脑等移动设备上，网站非常重要
保持联系	你的责任不会在发布日结束。网站可能会遇到一些意想不到的问题，即使在发布后，也必须与网页设计师保持联系，以便他们能够解决问题，并帮助你在网站上进行更改
观察分析	应该观察网站的表现，知道它的工作状况是什么样的，有多少用户正在使用它，在哪里和在什么时候。必须确保监控所有这些事情，并进行相应的更改，以使之表现的良好

如果在网站建设中运用上述网页设计技巧，将有助于获得高转化率，从而产生高收入。

二、使用网站访问者分析工具

懂得网页设计技巧只是自建网站提高转化率的一个方面，分析网站访问者行为才是最重要的，因为一旦了解了访问者在网站上的行为，就可以根据这些行为对网站进行策略性的调整。这并不是一个复杂的过程，只需要正确使用Hotjar热图工具，它能够提供网页点击热图，让你可以准确地看到访客点击、移动和滚动到你的网站的位置。

使用热图可以获得有关用户在产品页面上的行为留下有价值的见解。比如：访客点击哪些产品照片最多？人们在页面上滚动多少？还有就是访客是否注意到重要的细节，如免费送货、安全徽章和“购买”按钮，等等。知道了这些信息，你就可以很好地改变你的网站，并把这些信息转化为客户。

访问者在网站上的行为主要是他搜索的内容，因此如果知道购物者正在网站上寻找什么，就可以确保他们很容易地找到想要的东西。

三、提升网站转化率的四步优化方案

优化一个网站最关键和棘手的事，如何提高整体的转化率，这是任何营销策略里最重要的方面之一，而提升网站转化率是网站综合运营实力的结果。现在就分享一个简单有效的四步优化方案模型，可以用于制订一个成功的转化优化方案。何为转化率？转化率是指访问某一网站访客中，转化的访客占全部访客的比例。这里所说的“转化”，可以是从单纯地访问您网站转变成为您网站会员的行为，可以是您网站的会员从零购买经历转变成为有购买经历的会员的行为，可以是从单纯的网站访客转变成为参加您网站活动的访客的行为，可以是您的潜在客户转变成为正式客户的行为。这个优化方案可以为各类企业实行个性化优化，包括大型企业和行业龙头企业以及其他各类中等规模的行业企业（如零售、旅游、保险、游戏、媒体等）。事实上，制作一个成功的转换优化方案是一个艰难而复杂的过程，但是采用以下策略，通过有条不紊的步骤，实现这个目标其实并不难。

第一步：调查。

这一步有一个明确而直接的目标：通过网络数据分析来获取高层的支持。一般来说，这个过程分为两个部分：

数据采集：通过数据说话找准症结所在，在Google Analytics里设置不同的渠道和标签，确保收集的用户数据是完整的，在这个步骤中，你应该能发现不少实际的错误、丢失的数据或者缺少标记的页面等。

数据过滤：一旦你已经完成了最初的数据采集工作，为了使数据更具可读性以及深度的分析，就需要对数据进行处理和过滤。从Google Analytics的数据里过滤掉噪音数据，有许多不同的实现方法，建议最先要过滤重复数据（例如在报告中重复的URL）、内部IP地址、自动抓取或蜘蛛程序的访问、机器人和已知的蜘蛛、自动调用的网址等。

第二步：研究。

现在，当你分析完真实的数据，并且明确了目标后，就到了下一步的时间，研究尽可能多的业务的线上活动情况。

业务目标：最主要问题是，这个网站为什么要存在，它的目标是什么？

网站目标：接下来，需要搞清楚网站的目标是什么，它可以帮助我们达到怎样的预期效果。

找出我们所期望的业务目标。例如：某零售网站的目标是为了销售产品，那么发展业务，增加收入就是一个最终结果。因此这个网站的目标就是增加线上销售。

网站的KPI：一旦确定了目标定义，就到了确认网站目标的成功或失败的具体的评价标准。例如：如果一个发布新闻信息的网站是以提高读者的忠诚度为目标，那么可能的关键绩效指标是：

①降低跳出率。

②提高每次访问的平均页面。

③增加文章页内的互动。

④增加平均网站停留时间。

⑤增加回访该网站的百分比。

数据分析和挖掘：在这一步，你已经熟悉的网站目的、目标和关键绩效指标。此外，你对数据结构也非常熟悉并过滤了有效数据。现在，是时候进行更深一层的数据挖掘和数据分析，细分受众群体，寻找用户痛点和机会，以提高关键绩效指标。下面是一些基本的例子：

①设备类型：设置用户访问的设备类型——桌面和移动。

②分类目录：设置分类目录页面来分析每个分类的流量。

③访问来源：设置流量访问来源来分析不同网络营销活动的效果。

④客户类型：设置按客户类别分析，以了解不同客户的互动对业务的影响。

第三步：优化。

现在，就可以把你的分析结果付诸实践了：

整合测试：优化过程是从整合测试开始，某些对网站的修改可能会导致积极的结果，这是我们所期望的结果，但有些可能不是。不要混淆这些测试数据的结果，这些测试只是基于数据分析得到的结果，它只是优化过程的一个起点。

制定优化方案：根据你的设定，开始建立了优化方案。需要注意的是，你要把原有的数据和设置进行备份，然后观察执行优化后具体的变化结果。

执行：现在，在网站上把所有的想法都付诸行动。

整个步骤需要的时间和精力会根据你的营销优化软件的易用性和可用性而定。当设置好了以后，记得对于网站不同的内容和目标要配置不同的变量，并且，如果网站使用了个性化软件，个性化内容也要进行配置。

第四步：评估。

一旦有了足够的数据样本，就是时候来分析结果，并得出结论：

报告分析：查看优化报告，找到里面明显的变化。确定区别变化的原因，以及方法是否有缺陷，看看是否优化成功。不要害怕看到失败的数据，这些数据也会帮你了解你的目标用户的想法。

优化调整：如果有必要，针对不同的目标来修改优化措施。务必仔细检查自己和优化结果，以避免任何错误。耐心地调整，根据持续一段时间的访问流量，来获得更可靠的数据。

转化的优化不是一个线性的过程，而是一个循环的过程。它包括研究、测试和分析。一旦你将最后一步完成，那么最好再返回到第三步，制订一个新的优化方案，看能否做得更好。

项目五 中小企业做跨境电商需要注意的问题

学习目标

1. 明确跨境电商物流的税务痛点与解决之道
2. 了解跨境电商“海外仓”的风险及抗险措施
3. 掌握自建站与平台推广差异分析
4. 了解站内引流与站外引流
5. 明确跨境电商人才需求现状，掌握人才培养方案

关键术语

SEO优化　自建平台　海外仓　需求分析
语言营销　人才需求　物流痛点

知识储备

2017 年以来，中国跨境电商已经成为中国外贸增长的重要动力，而新兴市场也将成为很多中小企业进军跨境电商领域的必然选择。实际上，全球范围内轻工业欠发达的新兴市场一直都是中国跨境电商企业至关重要的“战场”。对于中小企业来说，要成功地打进新兴市场，需要注意物流、仓储、平台、人才、语言、推广、支付结算等 7 个方面的问题。

任务一

物流痛点

随着跨境电商的快速发展，跨境物流也在疾速发展，物流未来将左右中国跨境电商的最终表现。而当前的跨境电商物流市场巨大但尚处于初放时代，其中的关税、清关、退件、本地化是跨境电商物流的痛点所在，是所有相关企业需要共同面对和解决的问题。

一、跨境电商物流的税务痛点与解决之道

随着一些国家对跨境电商进行征收VAT，对于已经使用海外仓，但没有注册销售VAT的卖家，他们如果继续销售，将属于非法运营。除了少部分不专业的公司外，极少数物流公司为获取更多生意，低价揽件，承诺卖家包税、快速通行。但为了获得利润，这部分公司只能在这方面动点手脚对此，卖家也要特别注意。

以欧洲为例，当前，进入欧洲市场的货物主要由英国伦敦和荷兰阿姆斯特丹进入。两地的征税情况是：产品价格越高，税额越大，跨境电商卖家被要求进行真实、及时、准确的税务申报。如果故意延误、错误或虚假申报，都可能受到英国皇家税务与海关总署（HMRC）包括货物查封、向电商平台举报导致账号受限、罚款等不同程度的处罚。

对于跨境电商物流的税务痛点，其解决之道关键是两点：第一，每个层次的价格需要缴纳不同的税额，卖家对于税务制度要有清晰的了解，当物流承诺的价格低于正常的价格时，就要多留一份心思；第二，卖家不要相信所谓的渠道和保证，为了产品的安全，一定要通过正规渠道报税清关。如果自己没有VAT账号，要了解清楚物流公司的资质和操作机制。

二、跨境电商物流的清关痛点与解决之道

对于跨境电商物流来说，清关都是个大问题。比如第三方海外仓，虽然可以提供收件人和代缴关税等服务，但在现阶段，大部分跨境电商卖家主要还是靠物流公司清关。跨境电商物流通过海关，经常会出现一些意外情况，轻则需要补充资料，重则出现扣货，甚至没收货物，除了给物流和时效性带来很多不确定因素、延长配送时间外，更给卖家带来巨大的损失。

出现以上现象，除了没有重视进口国的监管制度和目的国的贸易壁垒等原因，更多的是物流公司将报关业务交给了第三方，而这些第三方公司不重视及清关公司的不专业。而一些物流企业则会“标榜”自己什么产品都接，不管是走什么渠道，到达哪个国家。

对于跨境电商物流的清关痛点，其解决之道要根据实际情况采取不同措施。一方面，物流公司虽然为卖家提供报关服务，然而一手从卖家揽货，一手却将货物甩给第三方报关公司。因此，在此过程中，卖家要信赖专业的报关公司，实现清关的规模化和规范化，有利于降低监管成本，提高通关效率，避免偷税漏税。另一方面，一些有实力的物流公司，在目的国设立专业的公司，实现了专业报关、快速通关。设立这些分公司，也让卖家能更清晰地追踪到货物。例如，英国清关分为普货清关和快件清关两种模式，电商选择英国清关的物流公司，一定要选择具有快件清关资质的清关公司。有快件清关资质的清关公司，货物通关比较快速，同时一个主单中其中一票出现价值低报，或者货物被查验，不会影响到其他货物的清关。

三、跨境电商物流的退件痛点与解决之道

在跨境电商中，由于消费者对货物不满意，或者产品破损，退换货问题也变得越来越常见。除此以外，亚马逊代发货服务（FBA）的退换货问题也是个不可避免的问题。FBA对进入货物的品类、贴标、包装都有相应的要求，如有不符，就面临着退货的问题。此外，FBA的退货比较容易，买家可以随意退货，这会提升产品的退货率，所以卖家一定要保证商品的质量，并要做好产品的具体使用说明，因为很多买家是因为没有操作过产品，误以为产品有问题，才选择了退货。虽然卖家小心翼翼，符合标准地进行操作，质量上也让消费者满意，退货还是不可避免的。然而，不同于国内物流，由于种种因素，无论是哪种渠道，都无法顺利地支持卖家向买家提供退换货服务。

对于跨境电商物流的退件痛点，其解决之道在于；一方面，卖家可选择海外仓提供退件处理，当前一些海外仓可提供售后维修、货物退回国内等服务；另一方面，假如亚马逊仓库的货物需要退件，可以退到所在仓库进行附加服务，仓库可提供二次打包贴标服务、重新包装等服务，再次入库亚马逊FBA仓，或提供其他卖家指定服务。

四、跨境电商物流的本地化痛点与解决之道

海外仓、清关是本地化的重要组成部分。本地派送同样也是本地化的重要部分之一，在“最后一公里”上，如何选择最合适的合作快递公司，对物流公司也是个不小的考验，通过本地实力物流派送，能有效提高时效和服务能力。

对于跨境电商物流的本地化痛点，第一，电商在选择后段派件服务商不仅仅考虑价

格，也需要考虑时效性，更要综合考虑派送公司的派送范围。快递公司暂时还无法做到全覆盖或者在每个国家都有很强的派送能力，因此有些国家适合这个派送公司，有些国家则适合另一个。如在法国与西班牙，因为DPD与法国、西班牙亚马逊仓未签订优先上架协议，DPD派件这两个国家需要排仓交货，时效会受到一定的影响，因此在这两个国家，就不适合用DPD进行派送。电商还要考虑物品的大小与属性。如日本派件公司佐川也有需要注意的事项，即佐川派件有单件重量和尺寸的限制。单件重量不能超过50千克；最大边不能超过2米，三边之和不能超过2.6米。若超过上述限定，佐川不能派件。因此，电商在跟物流合作之前，要了解物流公司与当地的哪家派送公司合作，产品的大小与属性是否可行，该家物流是否是最适合的，自己的目标市场与物流的优势市场是否相符。在考虑价格之外，更要考虑是否与亚马逊有优先协议上架协议，是否在某些物品上有限制，是否为当地的最优选择。第二，客服也是本地化的重要一环，FBA只能用英文和客户沟通，而且用邮件沟通回复不会那么及时，给卖家带来了不小的问题。对于在海外的物流公司，客服也是共同的短板。现阶段局面已有所改善，一些第三方海外仓已经可以有专门的中文客服来处理一些问题，提供专属顾问，并拥有24小时客服中心。

任务二
仓储风险

海外仓被看成是跨境电商的一个突破，但做海外仓储首先要明确一点，海外仓储并不适合所有的商品，那些易碎、体积大、价格高或者传统渠道不能走的商品一般会走海外仓。因此，想做海外仓的企业，要有较强的抗风险能力以及雄厚的资金支持。因为一旦出货进了海外仓，就要保证商品能够销售出去；否则就得再运回来，回来的运费和海关关税成本都是非常高昂的。下面我们来讨论跨境电商“海外仓”的风险分析及对策建议。

一、跨境电商“海外仓”的风险分析

海外仓本质上是一种资本和技术密集型产业，需要不断地投入资金和时间来完善。没有风险投资和自身规模的迅速积累，中国的海外仓很容易处于停滞状态。而且，并非所有商品都适合海外仓，有了海外仓，也并不意味着拥有了跨境电商的解决方案。因为海外自行建仓成本高，也存在经营的风险、政策的风险、市场的风险等，如表5-1所示。

表5-1 跨境电商“海外仓”风险分析

风险所在	风险分析
自建仓成本高	海外仓储费用高昂且名目繁多，包括仓储费、入仓费、标签打印费、订单处理费、退件费等，让那些商品利润空间较薄的卖家不堪重负。以美国为例，一个工人每月基本薪水大约3000美元，一年3.6万美元。在中国，仓库工人的成本约为2美元/时，而在美国则是14～15美元/时。美国的仓库年租金一般为30～50美元/平方米。1000平方米就是3万～5万美元/年。这些费用还不包括其他生活费和税费。由此看来，一般中小跨境电商是承受不起的。对于海外仓企业来说，由于还不能像亚马逊那样，建设先进的仓储中心，高度自动化和规模化运营来降低成本，因此海外仓实际费用和从中国直接邮寄的成本差别不大。对于中小企业来说，在没有具备一定经济实力和品牌基础情况下，要量力而为、不要轻易海外建仓，就算选择第三方海外仓服务，也需要非常慎重。除了极少数的跨境电商大平台之外、跨境电商实际上属于品牌商和有实力零售商的游戏，靠价格战和半生不熟的品牌战略支持不了跨境电商的未来
清关风险	不同国家的海关法律法规不尽相同，出口商对进口国海关的相关规定及清关流程不一定了解和熟悉，由于理解、沟通的问题，在无意中有可能违反相关的海关法规。企业如果违反海关法，对于一般违法行为，将面临罚款、没收违法所得以及被海关降级，企业此后的进出口货物通关将面临海关更严格的审查，从而导致企业通关成本增加，通关速度大幅度下降，以致可能严重影响业务经营活动；如果具有偷逃税款或者逃避贸易限制强制性规定的故意违法行为，不仅面临被判处罚金，没收货物，甚至将面临刑事诉讼。当卖家从海外仓发货时，必须自行在进口国海关清关，或者委托第三方海外仓办理代理清关服务，由于对于货物以及有关法规、清关流程的不确定、不可控，加大了上述风险
产品知识产权问题	这两年，差不多每年圣诞节前后，正值西方传统购物高峰期，在亚马逊、eBay等大型跨境电商平台上的，面向美国市场的中国中小卖家往往会遭遇到集中的账户遭冻结和清零的情况。其背后的主因，是由于卖家遭遇了“钓鱼执法”。一批来自美国的买家，以高价购买仿冒品为由与中国商户聊天，获取其PayPal账户，随后相关品牌商凭借聊天记录在美国提起诉讼，目前超过千名卖家深陷其中。这是境外品牌商通过司法途径实现知识产权保护的一种措施和手段。一直以来，美国品牌商在打击跨境贸易中的不当行为都很困难，不仅成本高，而且法院判决很难执行。但这次美国的权利人在取得证据之后，利用当地法律把中国商户的PayPal账户冻结，把难题都留给了中国商户。可以试想一下，当中国企业在美国大规模建立海外仓，商品都堆在别国境内，一旦企业有任何违反知识产权的行为，当地警方查封货物将成为轻而易举的一件事。而长期以来，中国企业的知识产权意识不强，对境外的法律体系和法律风险不甚了解，侵权行为也时有发生，过去被侵权者维权成本高，现在利用电商平台取证，通过冻结账户，甚至查封海外仓等方法，将中国企业置于困境
库存压力	做海外仓是提前备货，只要有库存就有滞销的风险，而中小卖家，对于大数据的运用并不具备优势，对于货品的畅销和滞销并不能做出准确的判断，因此备货时，很难根据市场需求进行合理的配置，这势必会增加企业的库存成本。因此，大家在选择做海外仓的时候，一定要对自己产品的销售有一个预判，如果对于自己产品销售没法很好地把握，建议刚开始不要发货太多，先发一部分产品试销售，通过销售分析，然后再大量补充。对于滞销品的处理，一般来说不会再运回中国，否则又将变成了一个进口的问题。因此，一旦发生滞销，就要通过各种促销手段将这些滞销品尽量处理掉。这又将会对企业造成一定的损失

续表

风险所在	风险分析
税务合法性问题	对于向欧洲出口产品的中国卖家来说，需要缴纳的实际VAT=销售税VAT−进口增值税（IMPORTVAT）。销售VAT=产品定价（税前价格）×20%，由客户承担。进口增值税=（申报的货物价值+头程运费+关税）×20%，卖家可以申请退回进口增值税。VAT适用于所有使用海外仓储的卖家，即便使用的海外仓储服务是由第三方物流公司提供的，卖家也从未在英国当地开设办公室或者聘用当地员工。只要产品是从英国境内发货并完成交易，就必须缴纳VAT。但是，从中国直邮至英国的卖家将不受影响。并且，卖家不能使用海外仓储服务公司或者其他个人的VAT税号。也就是说，使用海外仓的跨境电商想要出口货物到英国，必须向英国税务部门登记申请VAT号。随着跨境电商的交易金额快速增长，各国政府一定会关注卖家的税收问题

二、跨境电商“海外仓”抗险对策建议

简单的海外仓。已经不能满足中国跨境电商的需求。海外仓的合法性、税务、清关、产品质量、知识产权等各方面都很重要。尤其对于那些想做本土化的卖家而言，以上这几个问题更要重视。具体来说，建议采取以下对策，如表5-2所示。

表5-2　跨境电商“海外仓”抗险对策建议

对策	实施要领
针对小语种市场的海外仓	在英美国家，市场相对成熟，竞争已经比较激烈，而且由于跨境电商的业务量每年都呈几何级数的增长，已经受到当地政府的热切关注，相关的监管措施不断出台。因此，可以考虑在非英语国家、一些新兴市场、小语种国家建立和使用海外仓。这些国家，市场虽然较小，但是买家购买能力比较强，而且当地的电子商务发展前景比较好，竞争相对不是那么激烈，发展潜力比较大。把本土化服务做到这些小语种的市场，在当地建立和使用海外仓，不仅风险较小，而且利润相对比较高
与当地代理运营公司和税务解决方案公司合作	由于中国商家的商品比本土商家便宜很多，发货速度和本地电商一样，所以海外买家的数量和质量都越来越高。正是因为中国跨境出口的飞速发展对海外本地商家造成了冲击，海外政府从2014年开始对中国在线出口的商品监管更为严格。过去国外政府对跨境电商不太监管，但是现在欧洲的政府部门对于我国的跨境电商在清关、税法和质检等方面加强了监管。随着国外政府监管力度的加大，跨境电商对于各个国家的政策又不是非常熟悉，因此海外仓应提供超越简单的物流配送模式的一揽子解决方案。从法律层面来看，海外仓应该是一家当地的实体企业，而不是简单的仓库，从海外仓给当地消费者配送商品，是一种买卖的商业行为，必须依法缴纳消费税。因此，海外仓可考虑和当地的公司合作、与当地的代理运营公司以及税务解决方案公司合作，为中国商家提供代理运营、仓储、清关以及税务等立体化、一揽子服务
采用边境仓应对清关困难市场	对于有些市场，例如俄罗斯市场，尽管市场大，但是由于俄罗斯进口关税较高、本土快递业发展滞后、网点布局集中在大中城市等因素，造成目前中国电商发往俄罗斯海外仓的货物大多采用“灰色清关”，这给俄罗斯海外仓的发展埋下了潜在的风险。相比之下，边境仓仍然是在中市国境内，货物还在自己的控制之中，而且人力成本相对较低。此外，由于货物尚在境内，无须进口国清关。当客户接到订单后，货物从边境出关，用邮政清关，保证了清关效率，也保障了货物的安全性。因此，对于价格低、重量轻的商品，比较适合边境仓的模式

续表

对策	实施要领
开辟O2O线下店	线下店可以有多种功能结合，一是给当地批发商提供小额采购服务；二是帮助卖家展示品牌货品和提供零售功能，为买家提供本土化服务和体验式消费；三是帮助卖家处理库存。总的目的就是为卖家开拓多种销售渠道，解决压货的问题，提高库存周转率，并可提供本土化服务，使跨境电商能够更贴近当地市场
加强大数据分析，提高周转率，降低库存	现在跨境电商的模式比传统的国际贸易模式具备大数据分析的优势。通过大数据分析，可以对消费者购买行为进行准确的分析，如购买人群的年龄、收入水平、消费习惯、购买频率、购买数量、购买时段等，从而提高市场需求预测的准确性，能够更为精准地备货和补货，降低库存成本，提高海外仓配置管理效率，加快资金流转

任务三

平台与自建

从事外贸到底是建平台站好还是建独立站好？这是许多从事跨境电商的中小企业难以抉择的问题。对于这个问题，其实可以采取将第三方平台与自建商城相结合的措施。有些商家就采用了一种更聪明的做法，即将第三方平台与自建B2C商城相结合，比如在发货的包裹里放宣传页，推广自己的B2C商城，这种做法也实现了自有商城的免费推广。

一、自建站与平台推广差异分析

很多个人和企业都面临这样的选择：到底是选择第三方平台入驻，如阿里、京东、亚马逊，还是自己去做一个商城网站呢？下面的分析会帮你找到答案，如表5-3所示。

表5-3 自建站与平台推广各指标差异分析

指标	自建站	第三方平台
操作容易度	包括自主开发和模板建站，无论哪种方式，都经历较长的制作过程、网站推广和数据分析，才能让自建站的效果得到充分发挥	操作比较简单，只要用户在界面上传和更新产品、设置分类、处理销售信息即可。但长远来说、平台也在不断更新迭代，需要用户为此付出新的学习成本，这些成本和精力投入已经足够用来掌握建站推广的要点了
流量基础	从一个全新的新网站开始，用户和流量都要从零开始。但长期积累的流量比较稳定，粉丝一旦积累，对网站有很大的变现价值	平台流量大，且针对入驻新人有一定的帮扶政策，但平台流量不稳定，一般过了新手期，流量就会突然暴跌，想获得流量就得掏钱

续表

指标	自建站	第三方平台
短期效应	短期效应比不上平台，但做网站的企业大多数都不为短期效益，而是着眼于长远发展	像淘宝、今日头条等平台一开始由于帮扶作用，排名推荐都比较好，短期变现能力比较强，对新企业极具吸引力
抗险能力	处理方式灵活，而有主动权	运营要服从政策，没有自主权
竞争强度	充分展示自家产品的优势，可全方位应用营销工具，获得营销效果	价格战，造成恶性循环，质量下降、用户数量减少，形成两极分化
客户忠诚度	从推广到注册，建立在信任基础上的，用户忠诚度高	客户流动性大，通过参数和价格对比而来，一般很少回购，毫无忠诚度可言
自我成长性	面对营销的整个过程，对网络营销的熟悉和深入理解是自建站企业必须探索的历程，随着时间的增加，经验也会越来越充分，也越来越能够轻松地驾驭网络营销	第三方平台，政策多变，升级快，没有稳定的营销环境，没有形成自己一套完整的理论经验，又要整装去学习新的东西，处于一直探索的路上，却没有总结升华的机会
资源积累	记录访客信息，保留对产品感兴趣的客户或潜在客户，有二次销售机会。形成客户数据库，为邮件推广和社交媒体营销准备条件	客户信息不稳定，流动性、可变性大

二、自建还是借用需自我评估

通过分析发现，在操作难易度、流量基础和短期效应方面，第三方平台比自建站有优势，但是从长远来看，这三方面仍然是自建站更胜一筹；而在抗政策风险能力、竞争强度、客户忠诚度、自我成长、资源积累方面，第三方平台远比不上自建站。那么，究竟是采用第三方平台还是自行搭建独立站呢？建议从以下几点进行自我评估，如表5–4所示。

表5–4　自建还是借用平台的评估方法

序号	内容
1	对销售额的预期。即每个月/季度的销售所产生的利润能不能负担所有的固定费用，这是一个量化的可行性条件
2	如果你的产品非常强势、无论在技术还是需求方面非常有发展前景，并且对之感兴趣的投资人一波接一波，那你必须要自建独立平台
3	通过第三方平台销售成本较高；而采用自建独立平台，由于需要聘用专业的技术团队搭建平台和服务器，并且还需要至少3个月的SEO（搜索引擎优化）持久优化，才能开始产生销售，而且日常运营、技术团队的开销不会降低
4	如果销售的是特殊产品，并且这种特殊产品并不适合在第三方商城平台上销售，就只能选择自建独立站
5	从长远来看，自建独立站对建立稳定的销售渠道、宣传品牌和培养企业文化有非常重要的作用。如果你除了卖产品以外还希望走品牌之路，那自建独立站则是不二的选择。同时，除了自建独立站外，你还需要利用第三方商城平台来增加产品的曝光率，并且增加销售收入，即全平台营销方案

续表

序号	内容
6	如果产品正处于开发阶段，希望通过众筹方式在开发阶段就开始销售的话，也必须要自建独立站
7	如果提供的是服务性产品，根据目前各个平台的产品结构以实物产品为主，建议建独立站
8	第三方商城上开的店没有独立域名，自建独立站拥有独立域名。如果你在意一个独立域名能够提升企业形象的话，建议你自建独立站

总之，除了以上几个必须自建独立站的情况以外，一开始可以用第三方商城平台来做，熟悉跨境电商流程，锻炼团队、完善供应链，最终目标是全平台营销，而全平台就包括了自建平台和第三方商城平台，因此不建议抛弃已经成熟的第三方平台渠道而去重新搞独立站。

三、自建跨境电商平台：实力＋团队＋流量获取与转化

对于中小企业来说，自建跨境电商平台并非不可行，一些规模和实力很强大的外贸企业，早就以网站平台为依托，深耕海外市场。它们的网站建设功能强大，包括物流、支付、直接和国外用户实现在线交易。可以说，如果企业能够做到这个程度，中间省了很多环节，降低了企业的运营成本，是一个不错的大胆的尝试。

但是中小企业想要自建平台，首先要预估自己的实力，必须具有强大的海外商品组织和货源整合能力，企业自有电商团队，且具有擅长运营和海外供应链管控的人才，具有良好的物流清关流程管控能力；另外企业在所属行业有较好的流量获取和转化能力，售后服务有保证，价格有优势，技术方面要有领先优势或技术垄断，只有具备以上实力才可尝试自建电商平台。

任务四
人才搭建

中小企业明确自建平台后，要清楚企业需要哪方面的人才，以便筹建团队，配备相关人员。

一、跨境电商人才需求现状

人才是地区发展的关键性资源，也是企业谋发展的核心竞争力。为了加快建设人才强

国，深入实施人才优先发展战略，全国各地纷纷落地引才政策，打造人才高地。然而当前背景下，我国跨境电商发展面临着人才严重不足的挑战。

随着我国跨境电商行业的高速发展以及与国际市场的快速接轨，跨境电商企业对人才的需求数量与日俱增，对跨境电商人才也提出了更高的要求。据电子商务交易技术国家工程实验室、中央财经大学中国互联网经济研究院测算，截至2017年年底，我国电子商务直接从业人员和间接带动就业达4250万人。2022年一季度，我国跨境电商进出口达4195亿元，同比增长46.5%。其中出口2808亿元，增长69.3%；进口1387亿元，增长15.1%。在跨境电商火热的风口下，社会资本也在不断加大布局力度，据天眼查数据显示，目前我国有超60万家跨境电商相关企业，近期新增跨境电商相关企业超过4.2万家。

据阿里研究院发布的《中国跨境电商人才研究报告》显示，85.9%的企业认为跨境电商人才缺口严重，而相较于其他行业，人才对跨境电商行业尤为重要。其实，企业之间的竞争归根结底就是人才之间的竞争，优秀的跨境电商人才是大部分优秀跨境电商企业的核心竞争力之所在。作为“互联网＋外贸”融合的新业态，跨境电商是一种涉及多项交易环节、多个监管部门与管理层级、多种技术领域的商业活动，需要“专业性＋复合型”的运营团队，特别是对于中小型跨境电商企业，人力资源成本的限制使得复合型人才的重要性凸显，甚至已成为影响企业发展的最主要因素。

人才强则企业强，企业强则国强。然而目前人才短缺已成为制约我国跨境电商企业发展的核心问题，社会也逐渐开始关注跨境电商人才不足的问题。因此，分析跨境电商的人才需求对解决跨境电商企业人才短缺具有重要意义。

（一）需求规模分析

1. 跨境电商产业需求总规模

跨境电商的迅速发展刺激了该行业相关人才的需求，这种人才需求的增长与提高在人才的数量与质量上均有所体现。跨境电商作为一种新型业态，给市场带来了发展活力，为促进传统贸易企业转型升级，在政府与市场大力推动下，跨境电商利好政策不断颁布出台，跨境电商行业也一直保持着快速增长的势头，很多传统的中小型外贸企业正在向跨境电商转型，这加剧了人才的需求规模，而高校和培训机构每年培养的学生远远不足以满足跨境电商企业对人才的需求，更加剧了人才需求的缺口，这也为我们中等职业学校提供了契机。

根据商务部2021年9月发布的《中国电子商务报告（2020）》，跨境电商进出口规模保持高速增长：2020年，国内跨境电子商务蓬勃发展，海关总署数据显示，全国跨境电商进出口总额达1.69万亿元，按可比口径计算增长31.1%。跨境电商贸易伙伴日益多元化，从贸易伙伴来看，中国跨境电商零售出口目的地前十的分别为马来西亚、美国、新加坡、英国、菲律宾、荷兰、法国、韩国、中国香港、沙特阿拉伯。2021年受疫情影响，中国跨境电商进出口1.98万亿元，增长15%；其中出口1.44万亿元，增长24.5%。随着跨境电商产业的迅猛发展，跨境电商企业的人才大大增加。中小企业由于交易企业、平台企业以及服务企业的商业模式存在显著差异，所以对人才的需求规模也各不相同。

2. 不同类型的跨境电商企业需求规模

由于跨境电商交易企业、平台企业以及服务企业之间存在明显差异，故分别对其人才需求规模进行分析，以掌握不同类型企业之间的人才需求差异以及人才紧缺程度。

（1）交易企业需求规模分析

跨境电商交易企业对人才的需求是十分迫切的，但规模并不是很大。主要原因有：其一，跨境电商交易企业对人才有更高的要求，不仅要掌握传统的外贸人才的技能，也要掌握如何利用电商平台推销企业产品到海外市场的技能，而当前市场上紧缺该类人才，导致企业的需求无法得到有效供给，该类人才缺口长期存在；其二，跨境电商交易企业多为民营企业，规模相对较小，受人力资源成本限制，导致人才的需求规模不大。

（2）平台企业需求规模分析

跨境电商交易企业能够实现全球市场消费者的买卖行为，以互联网开发、平台研发为主的跨境电商平台企业是交易企业的重要推手，相辅相成，交易企业的持续扩张也助推了平台企业的发展。平台企业重点关注人才的技术研发能力，而技术人员会寻求更高的薪资或更好的发展平台，这导致人员流动性远高于其他行业，加之跨境电商的快速发展，平台企业对人才的需求规模更是远高于交易企业。据调研数据表明，平台企业人才是交易企业平均人才缺口的两倍之多。

（3）服务企业人才需求规模

国际物流、货代、跨境支付、结汇、海外仓等跨境服务企业，为交易企业和平台企业的发展提供了支撑，并在逐步完善跨境电商服务体系。不同于交易企业和平台企业，服务企业对人才的要求更高，需要人才对跨境支付和结汇服务知识有全面的了解。而这类人才一直是人才市场紧缺的，这个人才缺口很难得到及时填补。

（二）需求特征分析

人才作为企业发展的第一生产力，是企业间竞争的中坚力量。跨境电商作为新兴行业，对相关人才也提出了新的要求。只有企业明确需要人才的类型，才能真正地招贤纳士。

1. 需求专业分析

随着跨境电商行业快速推进，当前的人才存量及人才结构明显跟不上发展的要求，虽然每年都有大量的毕业生进入社会，但是学生的专业结构、知识结构等都与企业的实际需求出现较大断层。因此，只有了解跨境电商企业比较倾向的应届生专业，才可以培养出真正受企业欢迎的相关人才。

据调查结果显示，跨境电商交易企业更倾向的跨境电商人才的专业中，国际贸易实务（50.59%）、商务英语（47.06%）以及电子商务（42.94%）专业位列前三。这一方面反映出跨境电商交易企业的核心是“跨境”，即国际贸易是跨境电商发展的核心，另一方面也反映出“电子”只是跨境交易的一种载体或者桥梁，增加了跨境交易的便捷性，因此，在进行跨境电商交易的时候，懂得国际贸易准则法规、了解不同关境的交易商进行沟通交流谈判的复合型人才更能满足交易企业的要求。

在跨境电商平台企业中，企业最倾向选择的3个专业分别是计算机（58.62%）、国际贸易（51.72%）以及商务英语（48.28%）。对于平台企业而言，主要以平台研发、互联网开发等为主，技术型人才是企业发展的主力军，因此，企业也更加需要计算机专业的人才。

2. 需求岗位

对于跨境电商交易企业来讲，企业的中坚力量是能利用电商平台将企业产品销售到海外市场的人才。据调查，跨境电商交易企业最为迫切的岗位是营销类岗位（负责推广、销售及客服等工作），其次是商务类岗位（负责采购、财务及质量管理等工作）、运营及策划类岗位（负责网店管理及活动策划工作）、技术类岗位（负责网站编辑、美工设计及数据分析等工作）、进出口通关类岗位。跨境电商交易企业最需要的是营销型人才。

跨境电商平台企业最紧缺的是运营及策划、技术类人才，据调查，大部分企业表示最需要的是运营及策划类岗位（负责平台及网站日常管理、数据运营、活动策划等工作）人才；其次是营销类岗位（负责推广、销售、客服及代营销等工作）、技术类岗位（负责网站搭建、维护及安全、手机App开发、产品设计及数据分析工作）、商务类岗位（负责采购、财务、物流及质量管理等工作）、风控类岗位（负责采购、交易、支付及推广的安全及标准化等工作）以及进出口通关类的岗位。

对于跨境电商服务企业而言，大部分企业急需运营及策划类岗位（负责项目管理及活动策划工作）；其次是销售类岗位（负责产品销售和客户拓展等工作）、市场类岗位（负责市场开发分析及公关等工作）、风控类岗位（负责合规评审、交易监控、法务等工作）以及产品类岗位（负责需求分析与设计工作）。

3. 需求技能

据调查，跨境电商交易企业看重的是人才的平台营销能力、外贸业务知识以及外语能力，其次是平台操作能力、互联网思维能力。

跨境电商平台企业看重的是人才的商业数据分析能力，其次是互联网思维能力，供应链金融优化及风控能力、外贸业务知识和物流渠道及国际物流管理能力。

跨境电商服务企业看重的是人才的市场营销能力，其次是数据分析能力、外语（主要是英语）能力、财务与税务管理、项目策划管理以及产品研发设计能力。

二、跨境电商应用型人才培养改革路径

（一）调整专业人才培养目标，优化教学体系设计

中等职业学校应以社会和企业对跨境电商人才的需求为导向，以培养具有实践能力和创新创业能力的跨境电商人才为目标之一，及时调整人才培养目标，加强跨境电商物流、跨境电商支付、网络营销与商务策划、Photoshop等与跨境电商相关的课程，突出以跨境电商技能操作和素质培养为核心的教育特色。

加重实训课程的比例，以亚马逊、速卖通等全球跨境电商交易平台为架构，结合企业岗位从业能力需求及教学特征，设置账号注册、产品上架、产品定价与物流设置、订单处理、营销活动设置、售后服务纠纷处理、数据报告分析全流程实训任务，为学生从事跨境电商实际工作打下重要基础。

（二）强化校企合作联合培养，搭建跨境电商实践教学平台

首先，加强校内实践教学环节。使学生利用校内联网的多媒体教室和实验室，借助跨境电商平台进行跨境电商操作技能训练。走入跨境电商企业开展真实案例教学，运用企业真实交易账号现场教学，弥补实训软件交易中不真实性缺点，使学生能学习到最实用的跨境电商操作技能。其次，强化校企合作实践基地，采用“学校老师＋企业导师”结合的方法，提高跨境电商实战从而提高学生的实践能力，兼顾企业经济效益提升和创新创业人才培养。

（三）专职教师走出去与企业导师引进来，建设“双师型”教学团队

鼓励专职教师“走出去”，将企业导师“引进来”，协同育人。专职教师“走出去”主要通过两大途径：一是选派专业教师到跨境电商行业企业中实地锻炼，用真实交易账号开展跨境电商店铺运营，并与跨境电商从业人员交流学习；二是加大专业教师培训力度，为专业教师提供更多跨境电商培训、进修等机会，多了解跨境电商行业的最新动态，及时将最新岗位技能传递给学生。企业导师“引进来”则要聘请跨境电商行业精英采取培养方案论证、专题讲座、指导创业孵化项目等方式传授学生实践知识，激发学生对跨境电商的创新创业积极性。

任务五
语言沟通

在跨境电商零售网站上，网站会迎来不同国家的访客，想要完成订单，就一定要突破语言障碍。一般情况下，跨境电商建立网站都是以英文为主，不过若做新兴市场，还要考虑自己主要针对的是哪个国家的客户。

近几年来，我国政府出台了许多关于跨境电商发展方面的政策和条例，目的在于释放市场的活力、促进产业升级，进一步帮助跨境电商进行发展。根据数据表明：我国出口跨境电商的主要国家有美国、法国、英国、加拿大、巴西等国家，占有率为美国15%、英国8.7%。这表明出口的跨境电商国家中使用英语进行交流的国家占比很大。电子商务英语于跨境电商企业而言，会为电商企业带来更高的经济效益和利用价值。

除了英语外，跨境电商运营中还要借助小语种进行沟通，对于小语种市场，利用机器翻译出来的语言，于当地的买家来说理解难度很大，会出现语言问题、术语问题、货币问题和企业名称、产品名称等问题，各大跨境电商平台已经开始了激烈的小语种市场争夺。

现在跨境电商企业的产品推广绝大多数是用英语，但是有一些国家的英语并没有达到人们想象的普及程度，还是有部分地区的人对英语不熟悉，如法国、葡萄牙、俄罗斯等地。对于这些国家，如果用当地的语言与其交流会让他们觉得更加亲切，那么业务范围和销售面就能拓展，合作机会也会随之大幅增加。而且，欧美地区也有很多小语种国家购买力不低，值得深耕。

一、跨境电商企业英语语言营销中的文化传播策略

（一）跨境电商企业英语语言营销的概念与主要形式

“跨境电商”即基于电子商务平台的空间性、集中性、规范性等特征，促使位于不同关境的买卖双方，通过在线支付、跨境物流等买卖行为手段，实现在线跨境交易的商业贸易行为。“跨境电商企业”即参与此行业的电商贸易公司，包括进口跨境电商企业和出口跨境电商企业两类，后者目前占90%以上。“英语语言营销”即此类企业在营销全过程中所使用，服务于贸易行为实现的英语语言。基于跨境电商企业服务活动过程，主要将其英语语言营销划分成表5–5所示的主要形式，可见其贯穿营销的各环节。

表5-5 跨境电商企业英语语言营销主要形式

主要形式	简要描述
平台展示的英语语言	跨境电商企业从企业特点、产品功能等角度，事先确定的面向主要目标市场的统一的英语营销语言
平台沟通的英语语言	以考拉海购、京东国际、奥买家、苏宁国际、天猫国际、速卖通、亚马逊、Wish、eBay、Lazada、Shopee、Souq、执御、Cdis-count等主流跨境电商平台配套的沟通渠道为载体进行的英语语言营销沟通
网络社交平台的英语信息互动	为吸引目标受众，促成买卖行为，在What-sup等社交平台与受众对象进行的英语语言互动
广告营销英语语言	部分自建B2C交易平台的跨境电商企业以广告投放吸引消费者或供应商，会产生广告英语语言

（二）跨境电商企业英语语言营销中文化传播的特点及重要性

1. 跨境电商企业英语语言营销中文化传播的特点

“跨境电商企业英语语言营销中的文化传播”顾名思义是将相关的富有文化含义、象征的信息融入跨境电商企业具体的英语语言营销之中，使其既可服务于企业的营销目的，又能促成文化传播。可见，其具有5-6所示的特点。

表5-6 跨境电商企业英语语言营销中文化传播的特点

特点	简要描述
商业性显著	营销语言的基本功能是营销，所以融入的文化也必然具有功利性
有明确受众群体	只有对企业或其产品、服务有兴趣的受众，才能较好地接收到其传播的文化
传播渠道多样	跨境电商平台、网络社交平台、广告载体等都可能成为文化传播的方式
传播形式多元	为达到营销效果，在英语语言的文化传播中会有意识地引入图片、视频、音频等有利于理解和记忆的载体形式

2. 跨境电商企业英语语言营销中文化传播的重要性

预计2026年我国跨境电商交易规模会达到26万亿元，巨大的商业利润吸引了庞大的跨境电商企业。庞大的跨境电商企业，几乎辐射全球，为文化传播提供了几十万条非正式的渠道，且涵盖3C电子产品、服装服饰、家居园艺、户外用品、健康美容、鞋帽箱包、母婴玩具、汽车配件、灯光照明、安全监控等各领域，几乎可覆盖境外有各种买卖需求的企业和个人。所以，跨境电商企业英语语言营销中积极、合理地渗透文化传播，更有利于境外民众在潜移默化之中，在日常生活之中，更细微、更灵活、更全面、更广泛地接触、了解、理解、认同甚至学会运用中华文化，而且传播的过程更加自然、人性、亲切，无形中达到扩大中华文化外部影响力的效果，避免了“高层交往热闹，民间互不知道”的尴尬。

另外，跨境电商企业英语语言营销中的文化传播，对激发我国民众的文化自信，更主动、更积极地传承和发展本土文化也具有反向的带动作用。

（三）跨境电商企业英语语言营销中文化传播常见问题

跨境电商企业英语语言营销中的文化传播有其稳定的共性，有效的文化传播意义显著，但从目前的实际传播情况看，并不理想，以下问题的存在直接削弱了文化传播的实际效果。

1. 主观意识薄弱

文化传播并不是单纯地将文化名词、文化符号英文翻译，然后在语言营销中传递给受众对象。其需要企业在事先有意识地从企业品牌、企业文化、产品形象与材质、产品功能等各领域进行文化的挖掘，明确具体的文化衔接点以及相关文化形成的历史脉络、文化内容与价值等，然后在英语语言营销的设计与运用过程中，将其以最恰当的形式、最准确的时机引入。部分跨境电商企业因未认识到文化传播对其降低交易成本、优化品牌市场形象等方面的意义，主观上并未形成较强的文化传播意识，导致其忽视了文化传播的前期工作，直接影响传播效果。例如，广西某茶叶公司在eBay平台中的六堡茶销售中，直接以“LiuBaoHeiChaTea”对其进行了产品说明。从此英语语言营销中受众对象除了解此产品属于黑茶外，对其名字来源、特色、茶性、茶色、制作工艺等茶文化一无所知。这不仅会影响该商品的跨境营销效果，而且也无法达到文化传播的成效，究其原因，主要与该企业文化传播的意识薄弱有关。

2. 忽视受众心理

要在实现商业目的的同时达到文化传播效果，需要跨境电商企业准确地找到文化内容与受众对象已有认知之间的契合点。然而部分企业在英语语言营销中，过于强调本国文化内容，忽视了受众在政治、商业、习惯、美学等方面与本国的差异，导致传播过程以“告知”“教学”的高姿态进行，不仅难以被受众对象接受，甚至会引起部分群体的反感，与文化传播的初衷相背离。例如，汕头某贸易公司在阿里巴巴国际站平台进行企业介绍中应用了如下的英语营销语言，“Our work attitude is result oriented and high efficiency... quick delivery，competitive prices and perfect service”，在其介绍中“result oriented”在中文的语境下，是强调工作态度注重结果，是积极且非常被肯定的，因为中国有深厚的“实干文化”为支撑，“精于专业，实干有为”更是成为很多企业、优秀人才的发展信条。然而，在西方国家，其相对于结果更注重过程，尤其是过程中的品德、德行、道义、人性等。在没有任何语言解释的情况下，如此的直接英语语言营销，很容易被此类受众对象理解为企业为了利益是没有底线的，企业是“唯结果的”，进而被其反感。

3. 重迎合轻引导

部分跨国企业在认识到自身英语语言营销具有文化传播功能的前提下，有意识地以受众心理为依据进行文化传播，但其盲目地迎合受众的情趣、喜好与习惯，放弃了中华文化特有的基因与符号，夸张表述已经被时代抛弃的腐朽文化，也违背了文化传播的初衷。因为没有了中国文化精髓的传播，只会让中华文化变得不伦不类，或是自降身份让人轻视，或是被植入西方意识形态，成为国外某种文化的跟班，与文化自信背道而驰。例如，某白酒企业在亚马逊平台的产品网页中，直接做出了“A person’ s rank is inversely proportional to the amount of alcohol he drink”的营销标语，试图迎合受众对象的猎奇心理，将中国的劝酒文化作为吸引其产生消费行为的“筹码”。然而劝酒文化虽然发展历史悠久，但其违背平等自愿，体现的是一种权责不对等、公私不分明关系，与我国跨越“中等收入陷阱”的意愿相冲突，与我国“中庸”“文明”的形象也不相符，已经成为被国民要求摒弃的不良文化。在跨境电商企业的英语语言营销中，忽视此类文化内容实际情况以及对国家形象产生的不良影响，难以引导受众对象热爱中国文化，适得其反。

4. 传播内容模糊

部分跨境企业在英语语言营销中有意地渗透中华文化，并找到了恰当的文化内容，但在英语语言翻译的过程中，因语法、用词、句式结构、修辞等方面的选择不当，导致文化内容在理解上非常困难，甚至本身不通，进而难以达到文化传播的预期目的。例如，某电暖器企业在阿里巴巴国际站平台进行电暖器产品介绍时，试图通过东北冬日的气候特点和“冰冻三尺非一日之寒”的谚语来突出产品的功能，设计了基于“外面冰冻三尺，室内春意融融”的英语翻译，“Outdoors the earth frozen to a 3feet depth；In-doors warm and cozy like spring”，从表面上看直译得并没有问题，而且夸张修辞得到了保留。然而，对中华文化储备薄弱的境外受众在阅读此营销语言时，会因“a 3feet depth”并不是英语的正常用法而不了解其要表达的含义，即使在确定其等同于“a3-foot depth”的前提下，也会不清楚为什么数字会为“3”，而不是其他。在此模糊的语言认知情况下，其可能直接将英语语言翻译的内容等同于“Better cozy in here than bitter cold out there”，此内容虽然表述出了电暖器的功能，不影响其进行选择，但缺失了文化传达的效果，难以发挥预定的文化传播作用。

（四）优化跨境电商企业英语语言营销中文化传播效果的策略

跨境电商企业在英语语言营销中存在文化传播问题或不足的情况下，会直接影响实际传播效果，造成文化传播资源的浪费，对我国文化软实力的提升不利。基于此，下面结合问题分析结果，从以下方面提出优化策略，为跨境电商企业更好地履行文化传播责任提供参考。

1. 树立正确意识，主动解构“外宣”

跨境电商企业应认识到英语语言营销中的文化传播，具有显著的商业性，其合理运用可提升企业及其产品市场形象，激发消费者购买欲望，增加营销活动的附加值，而不是单纯的公益性活动。只有对其在文化传播中所扮演的角色以及可能获得的回报明确的认识，才能够激发其主动在相关行为中进行文化传播探索的积极性。在此前提下，要进行合理的文化传播，跨境电商企业应从以下方面做好前期的准备工作。

首先，解构自身，构建文化体系。相关跨境电商应对自身进行解构，将自身的历史文化、产品特色、营销服务、行业革新、企业文化等方面视为独立的分支，然后从不同的分支进行相关文化的剖析，进而形成富有企业特色的文化体系。在具体文化剖析的过程中，应以有明显关系、文化属性积极为主要的标准，文化的类型可多元化，然后从中优选出营销作用最显著部分作为英语语言营销重点。在没有符合条件的文化情况下，可不考虑此分支。

其次，对解构后确定的文化进行音、词、句层面的针对性翻译，使英文翻译可以表达出确定的文化内容。在翻译中，应尽可能地追求表达的完整性以及认知上的美感，使受众既可以明白企业选择此英文语言营销的意图，又可以感受到其中的文化魅力。例如，名为“万通”的跨境电商在解构中明确了其名字“万通”取义“万事通达”。可见其本身蕴含着国人对美好未来的期许，所以其在英文语言营销中直接用“wan-tong”翻译其名称并不能表达出其文化含义，且可能因为其与“wanton”的读音和音形过于相似而被其“行为不检”的贬义含义所干扰。在此情况下，要表达出名字的文化性和美感，认为选择具有“优势”“有利的情况”意义的“vantage”对“万通”进行翻译更理想。

2. 尊重文化差异，把握受众心理

跨境电商要在英语语言营销中准确地把握受众的心理，达到文化传播效果，必须在“外宣”的过程中尊重文化差异。根据文化分类，具体可从以下方面把握。

首先，尊重物质、社会文化差异。物质文化即衣食住行相关物质产品、物质过程中所凝聚、体现和寄托的，可以反映人类生存方式、状态与思想情感。

中外不同的历史背景、发展历程等，使民众形成了不同的生活习惯，进而产生了有差异化的饮食、婚俗、节日文化等。跨境电商在文化传播中应以尊重此文化差异存在的客观现实，在不抨击受众群体的物质文化内容的同时，实现本国文化的传播。例如，某销售“Dumpling Biscuits Maker Stain Less Steel Mould”产品的跨境电商，在产品介绍时考虑到中国节日有吃饺子的习惯，而西方国家在重要节日习惯吃火鸡，其有意在英语语言营销中规避使用场景内容，而是更强调中国饺子具有的“合”“交”相聚之美意以及“招财进宝”的吉祥寄托，用人类共有的对美好的夙愿来吸引受众，达到了更好的效果。

其次，尊重社会、哲学文化差异。社会与哲学不能完全分开，其主要涵盖思维方式、行为准则和价值观念方面蕴含的文化，此类文化与社会“共性”具有直接的关系，直接决定区域内群体行为表现、判断。通常与自身社会文化相不符或违和的内容都会被民众主观上认为错误且不合常理，难以被接受。

跨境电商要在文化传播中实现其英语语言营销的商业目的，必须尊重社会文化差异。例如，“white”在我国虽然一定程度上代表了丧文化，但其在感情色彩上更倾向于善良、洁白无瑕等美德，然而在部分西方国家其代表有权利、地位象征的同时，更倾向于负面的含义。在跨境电商英语语言沟通营销中，要尊重受众的此文化差异，应对“white”谨慎地运用，如介绍产品或外包装时使用“white feather”英语语言营销，表达白色羽毛的意思，但在受众的印象里这是指责其胆小怯弱，是对其的不尊重。所以在进行英语语言营销的过程中，应尽量地规避此问题，如果有所涉及也应该以讨论为主，而不能完全地将中国哲学的认知强加给受众，以免影响营销效果的同时进行无意义的文化传播。

3. 强化文化自信，发挥传播作用

强化文化自信的前提是对我们传统的、本土的文化报以积极的、肯定的、推崇的态度，不能将商业目的凌驾于文化传播目的之上，这对跨境电商的主观认知以及个人素养等方面都提出了较高的要求。

需要跨境电商在英语语言营销中，一方面承认中西方文化差异的存在，此差异会引起双方在政治、商业、情感等方面认知的差异；另一方面，有意识地通过解释说明的合理运用对受众进行引导，使其逐渐地认可、接受中华文化。例如，某名字叫“龙太子”的跨境电商，在对其名称进行英语语言营销中，应认识到Dragon是我们国家的精神图腾，是吉祥、权力象征，是令我们中华子孙自豪的存在，但在西方人的社会文化中其并不具备此特殊情感，甚至在其印象中龙是一种可怕的怪物。其在名字寓意的介绍中，既不能直接了当地指出受众对龙的认知有错误，也不能为了迎合受众的已有认知对我国的龙文化进行诟病，恶意地曲解中国龙的形象。这要求该跨境电商一方面对中国龙文化准确、深入地做出简介，如龙图腾的由来，龙图腾的精神等，使受众在对此英语语言阅读的同时，逐渐认识到该公司的定位是吉祥的，而不是可怕的、恶意张扬的，然后才可能促使其产生后续接触的意愿。需要注意的是，西方国家的人们习惯于“刨根究底”，细致的介绍相对于模糊的阐述更容易激发其兴趣，所以跨境电商在“引导”其接受中国文化的过程中，切不可过于省略概括。另外，跨境电商在对受众群体进行文化引导的过程中，应有意识地将受众群体向社交网络平台转移，利用网络平台进行后续的、更深入、系统的引导。这不仅有利于文化的渗透，而且对强化跨境电商与受众的联系，提升受众群体对企业的忠诚度等方面也具有积极的作用。

4. 准确规范表述，助力受众理解

在肯定中西方文化差异，并有意识地对受众进行引导的前提下，要达到商业性与文化性的双重目的，必须要保证跨境电商的英语语言营销规范且准确，方便受众的理解。这要求跨境电商企业遵循商务文本写作的8C（correctness、crushing chinglish、concreteness、clarity、considerateness、conciseness、courtesy、contemporarines）原则的基础上，进行跨文化的翻译，在此过程中有众多优秀的案例可以参考。

例如，我国的国产品牌“雅芳”，其在进行英语语言营销的过程中，并没有直接对名字进行直译，而是将其表述为“Little Black Dress”，受众在接触其名字的瞬间，会直接联想到身穿小黑色群体的高雅、端庄女性，而此恰是该企业的产品定位和主要目标受众。再如“狗不理”企业在进行名称表述时，将其设计为“Go Believe”，相对于原本让受众摸不着头脑的含义更加积极和阳光，容易拉近与受众的距离。从优秀的案例中可以看出，跨境电商在英语语言营销的过程中，可借鉴常规企业相关经验，不必拘泥于直译、意译、增译、减译、仿译、创译、零译等某一种技巧，只要翻译的过程中符合文化适宜性的同时不违背创造性和目的性，那么都应该值得肯定。这不仅对跨境电商本身的职业道德以及英语语言营销方面的扎实专业功底提出了较高的要求，而且需要跨境电商对不同国度下文化的差异有准确的定位。考虑到目前，我国跨境电商企业不论是规模、技术、人才储备，还是跨境营销经验、国际市场认识等方面都存在明显的差距，所以在对跨境电商英语语言营销中文化传播问题客观探讨下，认为成立相关的协会组织或咨询机构存在必要性，而此类结构的建立需要政府平台的介入与指导。

二、跨境电商企业市场营销中场景语言沟通策略

（一）跨境电商企业市场营销中场景语言沟通的主要形式

1. 场景化广告沟通

场景化广告沟通是跨境电商企业市场营销中场景语言沟通最典型的形式。传统互联网广告只注重对产品信息的简单呈现，对于产品型号及产品价格等的呈现方式往往相对单一；而场景化广告沟通模式会凸显产品属性，并通过场景化展示的方式实现背景展示及智能化广告投放。对于消费者而言，消费者通过场景化广告沟通认识跨境电商企业市场营销中所推广的相关产品时，往往能够有较强的商品识别能力，商品品牌形象塑造及商品消费者认知的实现较为简单。尤其是在跨境电商企业采取多维度的广告沟通，形成相对智能立体的场景时，场景语言沟通的效果也会得到提升。

2. 场景化媒介沟通

跨境电商企业的交易对象并不仅局限于国内市场，而是走出国门、走向世界，通过现代化媒介实现社交媒体上的营销沟通，是跨境电商企业场景营销的常见方式，也是场景语言沟通的主要形式之一。场景化媒介沟通是较常见的场景营销模式，在场景化媒介沟通过

程中，各类社交媒体会充分发挥其营销沟通的作用，通过拉近跨境电商品牌与跨境电商企业消费群体心理距离的方式，实现受众分析及受众互动。有效的媒介沟通下，消费者可以借助社会媒体更直截了当地感受跨境电商企业提供的产品及服务，消费者的场景触发式体验较强，潜在用户的加入也会较频繁。

3. 场景化信息沟通

移动互联网高速发展的当下，场景化信息沟通成为第三大场景营销语言沟通形式。这主要是由于移动互联网技术的高速发展使得现代化信息平台上的信息传播相对快捷，借助移动互联网及智能终端，实现线上消费场景与线下消费场景的有效关联，这能帮助消费者更加精准有效地获取跨境电商企业所提供的产品及服务的信息资讯。在场景化信息沟通下，消费者可以快速选择自身感兴趣的产品，通过移动支付并物流配送追踪等方式，享受快捷高效的在线服务。在有效的信息传播及信息沟通下，跨境电商企业的场景营销能帮助消费者实现足不出户购物的体验。

（二）跨境电商企业市场营销中场景语言沟通存在的问题

1. 忽略目标市场的文化背景

不同国家和地区的文化维度背景往往有一定差异，考虑到跨境电商企业面向的市场为国际市场，跨境电商企业在市场营销过程中就需要重视对目标市场文化维度背景的有效分析，并结合当地的文化背景推出相应的产品及服务，场景语言沟通也应高度重视文化因素。而从跨境电商企业市场营销中场景语言沟通的现状看，部分跨境电商企业忽略目标市场的文化背景，所生成的语言符号并不能适应这个国家和地区文化维度背景下的产品及服务推出，在生产加工相关产品时，也缺少对产品质量的有效认证，对于特定文化维度下目标话语主体的表达相对模糊，这会在很大程度上限制场景语言沟通的效果。

2. 忽略目标市场的语言使用习惯

特定的文化维度背景下，目标市场的语言使用习惯也各有差异。在与不同国家和地区的消费者展开有效的销售往来时，跨境电商企业必须遵循市场营销中场景语言沟通的实际需求，有效适应目标市场的语言使用习惯，并根据对方的语言使用习惯来调整自身的话语主题。但从实际发展来看，部分跨境电商企业仍然忽视目标市场的语言使用习惯，在与对方展开合作交流过程中，一味地将自身生产加工的产品销售给对方，对于产品信息的翻译也多局限于不同语种的替换，跨文化沟通活动尚未实现，这也在一定程度上影响了跨境电商企业市场营销目标的达成。

3. 忽略目标市场的文化语境差异

跨境电商企业市场营销的难度在于，在跨境电商企业实现场景营销时，必须根据场景语言沟通的实际需求，强调对目标市场文化语境差异的分析及考虑。尽管跨境电商企业营销话语的传递难度较大，语境文化差异的解读也有着较高的难度，但跨境电商企业仍然不能忽视目标市场文化语境差异，此时，忽略目标市场文化语境差异而推出的场景语言沟通往往事倍功半。现实生活中，仍有部分跨境电商企业在传递营销话语过程中误解或误读不同文化语境。在差异化的文化语境下，消费者对跨境电商企业品牌营销活动的认可度和满意度会相对较弱，部分顾客甚至无法准确理解公司表达的信息，这是不利于跨境电商企业推进市场营销活动的。

（三）跨境电商企业市场营销中场景语言沟通受限的原因

1. 各地区文化背景及生活习惯差异

全球化和文化多元化背景下，各个国家和地区的贸易往来日渐频繁，商业交流和文化交流不在少数，但由于各地区文化背景及生活习惯存在明显差异，跨境电商企业场景营销语言沟通必须有其有效策略，否则，跨境电商营销沟通就会受到限制。现阶段发展过程中，之所以出现部分跨境电商企业市场营销中语言沟通受限的情况，主要由于各地区文化背景及生活习惯存在明显区别，跨境电商企业在向消费者展示相关产品时，对于产品信息的表达却忽视了对当地文化习俗的认知，或在信息展示过程中出现误解。

2. 跨文化消费时场景沟通参与度差异

场景营销是市场营销的重要构成，跨境电商企业在市场营销过程中必须根据不同的产品及服务推进相应的产品展示场景，场景展示时的语言沟通是否达到预期效果，会直接影响跨境电商企业市场营销的成果。由于跨文化消费时场景沟通的参与度存在明显差异，部分社会化媒体平台鼓励粉丝参与互动沟通，而部分跨境电商品牌却忽视了国外消费者的个性化需要，所建立起的用户沟通机制可能并不满足国外消费群体的参与认知及在线沟通需求。倘若跨境电商企业疏忽对文化背景及文化差异的有效评估，消费者共鸣的产生就会受到限制。

3. 跨境消费信息采集的隐私权限

跨境电商企业面向的消费者多为跨国消费者，跨境电商企业借助场景营销实现产品及服务的有效展示及推广时，可能由于场景语言沟通上的限制而出现市场营销效果不及预期的情况。从当前的发展可知，跨境消费信息采集的隐私权限也是场景语言沟通上可能存在的限制因素。在跨境电商企业面向跨国消费者开展场景营销时，往往会借助多维数据分析来预测消费者需求，此时，对于消费者购买习惯及购买行为的数据获取，就势必会涉及跨国消费者的隐私权限。当跨境电商企业无法规避敏感的隐私权限问题时，跨境电商企业可能由于隐私权限处理不当而出现负面消极的影响。

4. 国外消费者消费认知存在偏差

在不同的文化背景及消费习惯差异下，不同国家和地区消费者的消费认知会有一定不同，国外消费者消费认知存在偏差，也是限制跨境电商企业市场营销中场景语言沟通的一大因素。在移动互联网高速发展的当下，跨国消费者也开始借助移动终端实现电商交易，电商平台上的产品信息的呈现及虚拟现实技术的应用等，为在线商品的有效展示提供了新的可能。但由于不同国家消费者对商品信息的感知各有其特点，在文化差异引导下的产品偏好等也会有一定差异，这会致使消费者对在线商品的感官认知产生差别。忽视消费者消费认知偏差的跨境电商企业，将无法获取良好的市场营销效果。

（四）跨境电商企业市场营销中场景语言沟通的具体策略

1. 售前语言沟通阶段

跨境电商企业市场营销中场景语言沟通分不同的阶段，售前语言沟通阶段以售前咨询为主。在售前语言沟通阶段，跨境电商企业可明确场景营销语言沟通策略形成及优化对跨境电商企业市场营销效果提升的重要价值。售前咨询阶段首先需要向对方表示问候寒暄，除了要建立起良好的语言沟通氛围，拉近跨境电商企业与跨国消费者间的距离外，还需针对跨境电商企业的产品及服务做专业解答。在跨国消费者问询跨境电商的产品时，无论是产品本身的信息还是与产品相关的折扣信息和物流信息等，企业都应该尽可能详细地告知消费者具体数据。

2. 售中语言沟通阶段

售前语言沟通阶段主要是对产品折扣信息及物流信息等做专业说明，而售中语言沟通阶段则是涉及具体的付款信息及催发货信息等。在售中语言沟通阶段，跨境电商企业市场营销中负责场景语言沟通的工作人员需要高度重视售中沟通阶段的重要价值。对于付款信息，可告知其有效的付款方式，并分析买家下单却未付款的实际原因，通过及时跟进并沟通的方式，来逐步打消跨国消费者的消费疑虑，以此提高消费者的消费力。而对于催发货信息等，则是根据跨境电商企业的物流流程，主动联系对方，告知对方大概的物流时间。

3. 售后语言沟通阶段

除了售前阶段和售中阶段外，跨境电商企业市场营销中场景营销语言沟通的第三阶段——售后语言沟通阶段也同样重要。这一阶段主要是为消费者提供售后交流及服务。跨国消费者从跨境电商企业购买相关产品及服务后，售后服务人员需根据消费者的意见反馈，及时了解国际市场动态，并结合跨国消费者购买喜好及购买习惯来推进进一步的贸易合作。考虑到售后语言沟通阶段呈现出重要价值，此时应优先选择商务英语综合能力较强的工作人员负责沟通交流，除了要有效拉近客户关系、有效化解交易摩擦外，还需引导客户给予正面评价。

跨境电商企业能否适应市场营销中场景营销的实际需求，有效推进场景语言沟通，这会直接关系到跨境电商企业市场营销的效果。目前，跨境电商企业市场营销场景语言沟通受限的原因主要是各地文化背景、沟通往来、消费认知等存在差异，跨境电商企业要想有效化解场景语言沟通受限问题，就需要从售前语言沟通阶段、售中语言沟通阶段和售后语言沟通阶段三个阶段着手，推进场景语言沟通策略的优化。

任务六
网站推广

一、提升网站流量的方法——站内引流

在项目四中，我们讨论了站外引流的途径和方法。提升网站流量除了需要站外推广引流外，也需要站内引流。我们这里讨论一下站内引流的方法。表5–7提供了5个站内引流的方法。

表5–7　站内引流方法

方法	操作要领
个性化	个性化永远是吸引顾客的重点。众所周知，物以稀为贵。对于跨境电商网站当然也是这样，独特的个性更能展示你的价值。怎样才能让你的网站产品具备强大的吸引力？其实这并不会很难，只要你的网站设计够独特，符合顾客的胃口。在同质化严重的现在，独特个性才是王道，才是最受顾客欢迎的，网站设计彰显个性化自然可以吸引到很多顾客，转化自然也不会太难
发货+宣传	在跨境电商的网站运营中，千万不要认为你将产品发出去了，这个交易就结束了，其实这也可能是另一个交易的开始。顾客的亲朋好友圈子里的任何一个都可能成为你的潜在顾客。因此，你可以在产品包裹里放入自己的网站宣传单页、最新产品宣传策划，以及某些带有网站名称的办公用品小赠品，这不仅仅能够让顾客具有更好的体验，还能够为你的网站做低价的广告
友情链接	人脉越多，能够给你带来的好处也就越大。网站的友情链接就是现实中的人脉，一个好的友情链接能够为你的网站带来更多的流量，当然必须是高质量的相关链接，否则带来再多的垃圾流量也是没用的
邮件推广	具有高投资回报率的邮件推广似乎成了不可多得的良好推广方式。做电商的人几乎都用过，但能够真正做到高回报的也并不是很多。邮件营销方式虽然低成本，但是也要讲究一定的技巧性，否则进入垃圾箱对你的营销推广也起不到任何作用。但是利用技巧推广确实是一个推广的好选择

续表

方法	操作要领
做CPC广告	CPC（CostPerClick，按点击付费）是卖家需要掌握的一种站内推广形式，它通过向目标人群投放广告让产品得到更多的曝光量和询览量，在产品符合买家需求、描述清楚到位、图片足够吸引人的前提下。有助于爆款的打造和形成。尤其对于竞争少、售价高、利润高的产品，更应当优先考虑投放CPC。目前美国站最低起投价为0.02美元，每次加价最低为0.01美元。英国站最低起投价为0.02英镑，每次加价最低为0.01英镑。CPC广告面向专业卖家开放，要使用商品推广进行推广，需要符合以下要求：一个声誉良好且有效的亚马逊账户；能够发货到世界各地；有效的信用卡；一个或多个可用分类下的商品信息；新商品；有“购买”按钮

值得一提的是，站内引流也有一个关键词优化思路的问题。对于关键词优化，建议新产品一开始先出高价做3周的自动广告，不要做任何的手动广告。自动广告是与关键词有关的。最少要等自动广告运行一两周收集数据整理后再做手动广告。转化率还不错的词可以考虑拿去做手动广告，也可以放到产品描述中。如果标题没有被锁定，也可以考虑放到标题里。有条件的话可以购买关键词工具，或者用谷歌关键词。通过这些工具去筛选长尾关键词，拿长尾关键词去做广泛匹配。但是，长尾词在某些类目的产品很多情况下不一定有曝光，甚至一些长尾词广告还要翻到第五页、第六页才能看见，出单的词基本都是掌握在少数卖家手里，因此，长尾关键词适合产品少的小类目产品。

二、站外引流与站内引流相结合——以亚马逊为例

网站推广一般都会分成两个部分，即站外引流和站内引导。将站外引流与站内引流二者相结合，是网站提升流量的最佳方式，正所谓“站内不够站外凑”。如果用公式来表示，就是“站外引流＋站内引导＝销量”。那么如何结合呢？亚马逊的流量来源分为站内流量和站外流量，站内流量就是客户自己要在亚马逊上找东西进而点开你的产品，站外流量就是通过Facebook或是YouTube等其他平台吸引顾客进入亚马逊的listing页面。下面就以亚马逊为例，来看看站内流量来源的影响因素（表5–8）和站外流量来源的影响因素（表5–9）。

表5–8　站内流量来源的影响因素

影响因素	解析
评价数量	对于老产品，产品销量对排位起着至关重要的作用。比如，一款老产品有50个浏览量，每天销量10，核心关键词排名在第10名，而同样一款新品有10个浏览量，每天销量15，核心关键词排名在20名。在其他因素相差不大情况下，产生这种原因的主要因素就是前者有50个浏览量，而后者没有

续表

影响因素	解析
产品转化率	对于新产品，产品的转化率起着更加重要的作用。举例：A产品的页面浏览量是100，每天有20个订单，转化率是20%，而另一款同类产品B的页面浏览量是100，每天有10个订单、转化率是10%。一个月之后，A产品排上了首页B产品没有。由此证实，对于新产品转化率的权重更重要
关联推荐	亚马逊经常会把类似的产品放在一起做促销，被顾客同时购买或点击的产品出现在关联推荐的可能性更大。同时，卖家也可以把两款相关性很强的产品放在一起做促销，例如洗发水和头梳、手机和手机壳、车灯和防尘盖。如此一来，展示量变大，在控制好主图清晰、美观的情况下，产品流量也会显著增大
站内广告	在listing的表现良好的情况下，有效地投放广告可以把产品推送到前几页。顾客通过关键词搜索进来之后，往往不会去点击排名很靠后的产品，就像我们在淘宝买东西，很少会点开几十页去寻找一个产品。所以，合理恰当地投放PPC广告，会给listing带来很多站内流量
秒杀活动	亚马逊平台目前可以自己直接从后台报秒杀，表现良好的listing会被推荐报秒杀活动。秒杀活动可以为listing带来意想不到的流量。但是秒杀活动需要付费才能参加，并且需要一定的库存量，同时对产品的折扣也做了要求。要求虽高，难度虽大，但是如果有合适的机会切记不可错过
变体引流	亚马逊会让有变体的listing排名更优。如果你有一款产品没有上变体，其他卖家相似的产品有变体，这时候亚马逊会将有变体的产品排到没有变体的产品的前面，因为产品属性相对多，顾客的选择性就会更多。同时变体也可以为整个listing带来更多的流量，因为顾客点击进入一个产品，往往会去看看其他的变体，这样既增加了其他变体的流量，也增加了产品页面的停留率
促销引流	在亚马逊上通过促销活动的推广，也能为卖家引来可观的流量。亚马逊平台有四种促销方式，分别为：免运费、满减、买一送一、额外礼物。实验表明，“满减”是促销中效果最好的一种方式，例如，A产品做满减活动，可以直接打八折销售；或者是对A、B做捆绑销售，可以买A后八折购买B产品；诸如此类的还有满多少钱立减多少、买两件打八折等

表5–9　站外流量来源的影响因素

影响因素	解析
YouTube营销	YouTube运营必须找视频达人合作才行，这样视频流量就有保障了。同时还建议和达人沟通，在发布视频的时候带上亚马逊产品的链接，甚至是折扣码，让有需求的用户进行选择。这些达人的回复一般都会很慢，因为会有很多人找他们合作。YouTube红人强大的粉丝基础会给产品带来巨大的流量
Facebook营销	Facebook营销属于关联运营，卖家要先花时间运营官方账号，做一些新品市场调查、产品赠送活动或者抽奖等互动来吸粉，再逐渐做引流工作。例如：粉丝互动活动、Page页速推或是广告投放等。需要的周期较长，但是引流效果较好
推特营销	推特的用户有两亿多，其流量之大可见一斑。在推特上所推的文章，必须走心，抓住用户感兴趣的、关心的话题，同时也是你擅长的、能做的、精心组织的内容，做到你的每一篇推文都精益求精。那么。你的心肯定会被用户感知到的，如此一来，用户不仅愿意关注你，还会引发他的共鸣，进而转发分享

续表

影响因素	解析
Instagram营销	Instagram是一款图片营销工具并且大部分用户是女性。女性感兴趣的健康美容、时尚、母婴产品很适合利用图片在Instagram营销。图片质量，一定要清晰、有趣、好玩，能引起共鸣。推广时，卖家可以在这个平台上为自己寻找“品牌大使”，例如一些粉丝较多的美妆博主，可以与之合作、推广产品
Pinterest营销	Pinterest是偏图文的社交软件，所以对产品宣传图和广告策划能力要求较高，一般都是大品牌在上面做宣传，对亚马逊卖家来说运营难度较大，不太适合做入门，当然，还是要具体看自己的产品特点来定
博客引流	卖家自建博客、分别放一些自己的产品和别人的产品。通过软件直接读取Slick Deal、Fat Wallet等网站的数据、伴随这些网站同步更新，慢慢地聚集粉丝和人气。还可以通过不同的博客站内投放文字、图片广告、按点击付费
谷歌广告	谷歌付费广告很烧钱，技术难度大，如果转化率没有控制好，大部分时候是烧钱的。只要会做站内PPC广告，大部分的站外广告也应该会做了。如果谷歌关键词营销做得成功，最好的效果就是打开谷歌搜索自己的品牌时，第一出现的是自己的官网，第二出现的是亚马逊

总而言之，在亚马逊平台上引入的流量越多、产品销量越多，越会得到亚马逊的青睐，排名就会越靠前，获得的亚马逊自然流量也就更多，重复购买的人数逐渐增加，这样又继续促进转化率的提高，形成良性循环，帮助卖家健康成长。

三、提升网站转化率的方法——内容为王

关于提升网站转化率，我们已经讨论了与转化率有关的自建网站中的网页设计技巧和使用网站访问者分析工具两个议题。在这里，我们着重讨论一下通过运营优质内容来提升转化率的方法。

SEO优化中素有“内容为王，外链为皇”一说，“内容为王”由此而来。内容为王强调内容的原创性对网站的重要性，只要你的内容对用户来说是非常有价值的，你就能留住用户，赢得用户的尊重，同样也会赢得搜索引擎的信任。充分地利用好网站原创内容的价值，才能真正体现“王”的价值所在。

无论是一篇微信文章，还是一个网站页面，目标都是让用户按照你所预想的轨迹，点击、订阅，甚至购买你推介的产品。但是要怎么做才能提高内容的转化率，从而实现期望呢？下面结合案例展示几个可实际操作的技巧，如表5-10所示。

表5-10　网站优质内容运营方法

事项	含义
使用关键词	使用关键词的目的是想要吸引更多的注意力，并唤起读者的情感。碎片化阅读的时代，关键词的存在可以让用户第一时间快速筛选出对自己有用的文章。那么该如何确定关键词呢？建议遵循以下原则：选择符合自己实力的关键词；不选择流量太低的关键词；详细解剖关键词分析的过程；了解行业概况/行业关键词集合；关键词竞争性分析；关键词发展规划和流量预计确定目标关键词
第一段要突出重点	针对不同内容的文章对其文体进行调整，可以快速吸引用户继续阅读和完成阅读：一是提取重要信息，在首段着重表达，这种方式注重效率，言简意赅，适用于传达信息、短平快类的文章；二是结构上从个人观点切入，由小及大，更显人情味，适用于故事性文章和深度文章。这两种写作方式可以更好地分辨任务的重要性，让读者短时间内增强对文章的记忆
用视觉代替文字	使用“目光聚焦”强调一个特定页面上的元素，比如结合大胆的颜色，这种视觉可执行度比文字链接强大许多。这一点在引导关注的时候体现得最为明显，因此要尽量避免用枯燥的语言去提出关注指示，而是用动态的图片去引导
在引导中强化价值	一个标题，如果能够承诺帮助用户得到更多的权益，比简单地告诉他们怎样去做或者去使用更诱人。例如：你的内容是面向流程的，如“今天注册转换优化的课程”；也可以是价值，如“注册转换优化课程可以提高86%的优化能力”，前者描述了一个活动，后者描述出了活动创造了什么价值
力避含糊不清	标题中的数字能吸引用户，从而实现文章的转化，这也不失为一个妙计。比如“学习怎样在活动中增加大量粉丝”与“学习怎样在3场活动中增加10万粉丝”这两个标题，尽管它们传达了相同的概念，相信大多数人会选择第二个标题，原因很简单，因为它更具体，标题给出了确切的数字，而不是用“大量”这样模糊的概念
用问题引导读者	问题是作家最常使用的工具，他们很擅长于转化型写作，因为他们会架构出一个问题，并且给予读者足够的空间响应。好的问题，能够让读者有一种看到问题就迫不及待想点开的欲望，而一旦引发好奇心，那么转化就是分分钟的事情了
“斗链式”写法	文案中有一种被称为“斗链式”的写法，这种写法旨在打破一个想法，然后转化到多渠道上，以此保持读者的兴趣。例如“我这辈子用过的最好的口红其实是……”，打开全文后讲的是“某某麻辣烫”。一些公众号单凭此招数，就拿下了10W+的粉丝。此法简单奏效，但是“梗”要转得好，不然就只剩满屏的尴尬
引用权威	人们总是会追随权威人物，跟其他人相比，会更加相信权威们的判断。因此，可以通过引用权威人物的方式，在文章中利用这个说服原则
有效地使用术语	有一些术语的使用会让用户想睡觉，然而在某些情况下，一个强有力的理由可以有效地发挥术语的作用。例如，经常使用“UGC、KOL、KPI”等，不仅作为一种速记方法，也同时证明了你了解营销

让用户找到自己想找的东西，从网站上获取有价值的资料是跨境电商自建网站存在的基础，因此必须坚持“内容为王”这个网站的根基。为此，运营优质内容，可以强化访客对用户的粘连度并使之保持持续关注，不间断的优质内容提供与分享会像“蝴蝶效应”般促动网站全方位的发展。

项目六 基础建站

学习目标

1. 掌握跨境电商的交易流程
2. 掌握合同签订履行的内容
3. 了解基础建站流程
4. 掌握关键词的使用技巧

关键术语

岗位要求　买方　卖方

任务一
跨境电商的职业岗位

跨境电商典型的职业岗位（群）及对应的工作内容具体如下。

一、初级岗位

初级岗位要求从业者初步掌握跨境电商的一般技能，懂得“如何做”跨境电商岗位主要有以下几种。

①客户服务。该岗位从业者需要通过邮件、电话等和客户沟通，要能熟练运用英语、法语、德语等和客户进行交流。

售后客户服务还需对不同国家的法律有一定的了解，以便必要时能够处理知识产权纠纷。

②视觉设计。该岗位从业者需要掌握一定的设计美学和视觉营销的知识，能拍出优质的商品图片和视频，能设计出美观的页面。

③网络推广。该岗位从业者需要熟练运用信息技术，能上传、发布商品。能利用搜索引擎、各种数据分析方法等进行商品推广。

二、中级岗位

中级岗位要求从业者熟悉现代商务活动，掌握跨境电商运营的技术知识，该类从业者是懂得跨境电商“能做什么”的专业人才。岗位主要有以下几种。

①市场运营管理。该岗位从业者不仅要是互联网专家，还要是了解海外当地消费者思维方式和生活方式的营销和推广专家。他们要精通如何利用在线营销工具来推广商品，包括活动策划、商品编辑、大数据分析及用户体验分析等。

②供应链管理。供应链管理的成功是电商平台成功的关键，跨境电商需要专业人才来进行供应链管理

③国际结算管理。该岗位从业者要能灵活掌握和应用国际结算中的各项规则，能确保卖家国际结算的安全。

三、高级岗位

高级岗位要求从业者能洞悉数字经济前沿理论，能从战略角度理解跨境电商的特征和

发展轨迹。他们对未来有远见，可以引领跨境电商行业的发展。高级岗位的从业者主要包括熟悉电子商务企业管理的高级职业经理人和推动跨境电商产业发展的领军者。

处于早期阶段的跨境电商企业，一般需要客户服务人员、视觉设计人员、网络推广人员。随着企业的发展和竞争的加剧，精通跨境电商运营的中级人才需求会越来越迫切。而有3~5年跨境电商企业管理经验，能引领企业向国际化发展的战略管理型高级综合人才则是一将难求。

任务二
跨境电商的交易流程

一、网上交易磋商

（一）网上交易磋商的途径

在跨境电商中，交易磋商的基本方式有两种：口头磋商和书面磋商。口头磋商是交易双方利用互联网洽商，其主要方法有网络在线服务（如Skype）、跨境电话、微信语音。书面磋商是交易双方通过电子邮件、传真、信函等往来磋商交易。有时口头磋商和书面磋商两种形式也可以结合使用。

现阶段，跨境电商常用的网上交易磋商的途径有以下几种。

1. 电子邮件

利用电子邮件进行业务联系在国际贸易中较为普遍。发电子邮件不但操作容易，而且不受时间、地点的限制，可随时收发，符合国际贸易的需要；其通信成本低廉；还可以收发多媒体邮件，如照（图）片、链接、PDF文件等，是书面磋商的主要途径。

2. 即时通信软件

（1）WhatsApp（WhatsApp Messenger）

WhatsApp是一款应用于智能手机的即时通信软件，可以即时发送和接收文字信息、图片信息、音频和视频文件。用户可以组成各个小组，在小组内发送文字、图片、音频和视频等。

（2）Skype

Skype也是一款网络即时语音沟通工具。通过Skype，用户可以视频聊天、多人语音会谈、发送及接收文件等。通过Skype，用户可以免费通话、免费视频。Skype是现阶段跨境电商贸易人员进行口头磋商时的首选方式。

3. 传真与网络传真

文字、图表、照片等静止画面信息可以通过传真的方式传递。

（二）网上交易磋商的基本过程

网上交易磋商的一般程序包括询盘、发盘、还盘和接收4个环节。

1. 询盘

询盘又称为询价，是指买方当事人向卖方当事人咨询订购和出售商品的交易条件，包括价格、规格、品质、数量、包装、交货期限、索要样品、商品目录等。询盘在法律上对交易双方没有约束力，也不是达成交易的必要条件，另外询盘也没有固定的行动规范。

2. 发盘

发盘也称报盘、发价，是指当事人一方向另一方提出自己希望在交易过程中获得的条件，并且肯就这些条件与对方达成协议并签订合同的行为。在交易过程中发盘可以在一方接到另方通知的情况下进行，可以在未接到通知的情况下直接进行。发盘的起止是指从受盘人收到信息至有效期结束，《关于电子通信的意见》指出，发盘的"到达"时间是指信息进入受盘人的服务器的那一时刻。发盘的撤回是指发盘人在发盘生效前，采取行动阻止其生效的行为。《联合国国际货物销售合同公约》规定："一项发盘，即使是不可撤销的，也可以撤回，只要撤回的通知在发盘送达受盘人之前或同时送达受盘人。"

根据该公约，在当前电商环境下发盘一旦发出则立刻到达受盘人处，随之生效，所以撤回发盘基本没有可行性。而撤回通知同时或更早到达受盘人处的原因一般是系统故障耽误了受盘人收到发盘的时间。撤销通常发生在发盘已经生效之后，一般是由发盘人通过一些途径将发盘解除。《联合国国际货物销售合同公约》也明确表示发盘是可以撤销的，但只有撤销通知在受盘人发出接收通知之前送达的情况下撤销才可实施。

受盘人也有不接受发盘的权利，当受盘人将拒绝通知送至发盘人处时，原发盘失效，也意味着发盘人不再受受盘人制约。

3. 还盘

还盘又称还价，是指受盘人不接受发盘并对发盘提出修改意见的行为，还盘可以认为是拒绝发盘，也就是说，还盘一旦发出，原发盘即刻失效，也意味着发盘人不再受受盘人制约。还盘一旦发出即可视为一个全新的发盘，只是发盘、收盘双方对调，之后还可再还盘。在实际交易过程中，业务的完成是经过多次讨价还价，直到最后交易双方对条件一致认可为止。

4. 接受

接受是指受盘人对于接收到的发盘或还盘没有异议，在有效期内表示全盘接受并发表声明，法律上将这种行为称为承诺。接受有效的条件一般是受盘人在有效期限内接受，假如接受通知在有效期后才到达发盘人处，则为逾期接受，一般情况下视为无效。除非发盘人在接收到逾期通知后依然不延迟地通知受盘人，则可认为该逾期接受有效，并享有接受的同等效力。

（三）贸易术语

贸易术语，又称为贸易条件、价格术语。贸易术语有两项内容，常用来确定交易双方的责任、义务及风险等。一是表示产品的价格构成是否存在除成本之外的其他费用，一般指保险和运费；二是明确交货过程，也就是明确交易双方在交接货物时各自的责任、义务及可能遇到的风险。在我们学习贸易术语时，应善于将学习到的贸易术语应用于交易过程中，明确交易双方在交货过程中的责任、义务及风险。同时也要注意交货过程中的所有事项都包括责任和费用两个部分。对于责任，我们要明确由谁来办理手续；对于费用，我们要明确由谁来承担办理手续所需的费用。

1. 5种常用贸易术语

《2010年国际贸易术语解释通则》贸易术语分类如表6-1所示。

表6-1　《2010年国际贸易术语解释通则》贸易术语分类表

术语类别	贸易术语	含义
适用于各种运输方式	EXW（Ex Works）	工厂交货
	FCA（Free Carrier）	货交承运人
	CPT（Carriage Paid to）	运费付至目的地
	CIP（Carriage and Insurance Paid to）	运费及保险费付至目的地
	DAT（Delivered at Terminal）	运输终端交货
	DAP（Delivered at Place）	目的地交货
	DDP（Delivered Duty Paid）	完税后交货
适用于水上运输方式	FAS（Free alongside Ship）	装运港船边交货
	FOB（Free on Board）	装运港船上交货
	CFR（Cost and Freight）	成本加运费
	CIF（Cost Insurance and Freight）	成本加保险费加运费

（1）FOB

FOB表示在指定装运港口的船只上完成货物的交付。例如，“Free on Board Shanghai”意思是在上海港口的船只上交的。在FOB术语下，卖方只需将货物装运到指定港口的船只即可完成自己的义务，后面的所有费用和风险均转移至买方，这也就意味着从货物装上船的那一刻起，风险就被转移了，买方需要承担丢失和损坏的所有风险及后续运费等。FOB术语适用于水上运输方式。

卖方应承担以下义务。

①在规定时间内将货物送到指定港口的船只上，并通知买方。②负责货物装上船之前的所有费用，同时承担相应风险。③负责办理出口清关手续，提供出口许可证或其他官方批文，支付出口关税及其他相关费用。④提供正规的商业发票，以及可以证明货物是合乎合同规定的正确无误的单据凭证，或具有相同效力的电子凭证。

买方应承担以下义务。

①租赁船只并承担相应费用，及时将港口、船只、时间等交付信息通知卖方。②负责货物运上船后的一切事宜，包括应当履行的责任、义务和应当承担的风险，以及货物上船后的运费。③办理保险手续，支付保险费。④办理进口清关手续，包括获取进口许可证和其他官方证件，并支付相关税费。

FOB术语中涉及两个充分通知：第一，买方在租赁船只之后需要将港口、船只和时间等交付信息及时通知卖方；第二，卖方在将货物装上指定船只之后要及时通知买方。如果前者买方未及时通知，或者租赁船只出现问题不能按计划装载货物，这期间造成的产品丢失、损坏和其他费用均需要由买方承担；如果后者卖方未及时通知，致使买方没有为货物及时投保，期间造成的产品丢失、损坏和其他费用均需要由卖方承担。

（2）CFR

CFR术语表示运送到目的港口的成本和运费，如“Cost and Freight London”，意思是运送到伦敦港的成本和运费。在CFR术语下，卖方需要将货物完好地运上指定船只，并承担将货物运送到目的港口的费用，而从货物装上船的那一刻开始，货物丢失、损坏的风险即转移给买方。CFR术语适用于水上运输方式。

卖方应承担以下义务。

①认可将货物从出发港口运送到目的港口的条款并签订合同；并且依照合同条款在约定好的时间和港口将货物装上船只，并支付到目的港口的运费；将货物装好后及时通过电子邮件、电话等方式通知买方。②当货物还未交付到目的港口前，货物丢失，损坏的风险由卖方承担。③取得官方出口证件并承担办理出口证件过程中产生的费用，办理货物出口海关手续，支付出口关税及其他相关费用。④需要提供正规的发票、单据等凭证，或具有同等效力的电子凭证。

买方应承担以下义务。

①为货物投保。②办理进口清关手续，支付进口税费。③自货物由卖方装上船之后，货物丢失、损坏的风险就转移由买方承担。④按合同条款对货物清点查收，确认无误后向卖方支付货款。

按CFR术语交易时，装船后的通知也非常重要，卖方在将货物装上买方规定的船只后要立即与买方取得联系，并告知其货物已经上船以便买方及时为货物投保。如果出现因卖方未及时通知而导致买方没有及时为货物投保进而导致货物丢失、损坏的情况，无论货物是否在船上，卖方都应当承担相应损失，而不应以货物已经装上船为由来推脱。

（3）CIF

CIF术语表示运送到目的港口的保险费和运费，如“Cost Insurance and Freight London”，意思是运送到伦敦港的保险费和运费。在CIF术语下，卖方只要将货物送到指定港口的船只上就相当于完成了他在交付过程中的任务，后续产生的风险都一并转移给买方。但卖方不仅要承担运送至目的港口的费用，还要为货物投保并承担相关费用。CIF术语适用于水上运输方式。

卖方应承担以下义务。

①认可将货物从出发港口运送到目的港口的条款并签订合同；并且依照合同条款在约定好的时间和港口将货物装上船只，并支付到目的港口的运费；将货物装好后及时通过电子邮件、电话等方式通知买方。②当货物还未交付到指定港口前，货物丢失、损坏的风险由卖方承担。③卖方为货物投保。④取得官方出口证件并承担办理出口证件过程中产生的费用，办理货物出口海关手续、支付出口关税及其他相关费用。⑤需要提供正规的发票、单据等凭证，或具有同等效力的电子凭证。

买方应承担以下义务。

①查收卖方交付的货物和提供的收据凭证，确认无误后，按合同条款支付给卖方约定好的费用。②自货物装上船的那一刻起，就要开始承担货物丢失、损坏的风险。③取得官方进口证件并承担办理进口证件过程中产生的费用，办理货物进口所需的海关手续，支付进口关税及其他相关费用。

按CIF术语交易时，卖方应当按照合同规定在指定港口的船只上装卸货物，并支付从指定港口到目的港口的运费，还要为货物投保并支付相关费用。这里所说的运费是指按照正常路线和运输方式产生的运费，不包含其他费用。需要强调的是，自货物被装上船的那一刻起，货品丢失、损坏的风险即转移给买方承担，这一点与上述两种术语相同。一般情况下，卖方只需为货物购买最低级别的保险，除非买方额外提出并愿意承担额外保费时，可加保战争、罢工、暴乱和民变险。卖方投保的保险金额应按CIF价格加成10%。

（4）FCA

FCA术语表示卖方把货物交付给指定的托运人即完成货物的交付，如“Free Carrier Shanghai”，意思是将货物付给上海的托运人。在FCA术语下，卖方办理出口清关手续，之后只需在指定的时间和地点，将货物装运到指定托运人处即完成自己的义务，货物后期的看管和运输均由托运人负责。FCA适用于包括多式联运在内的各种运输方式。

卖方应承担以下义务。

①在指定时间内将货物送到指定的托运人处，并通知买方。②负责货物交给托运人之前的所有费用，同时承担相应风险。③取得官方出口证件并承担办理出口证件过程中产生的费用，办理货物出口所需的海关手续，支付出口关税及其他相关费用。④提供正规的商业发票，以及可以证明货物是合乎合同规定的正确无误的单据凭证，或具有相同效力的电子凭证。

买方应承担以下义务。

①找到合适的托运人，承担相应费用，并且及时将港口、船只、时间等交付信息通知卖方，②按时查收货物，确认无误后及时向卖方支付应付款项。③负责托运人收到货物后的一切事宜，包括应当履行的责任、义务和应当承担的风险，以及货物上船后的运费。④取得货物进口所需的进口许可证或其他官方文件，承担办证过程中的风险和费用，并办理进口手续。

（5）CPT

CPT术语表示将货物运送至目的地的成本和运费，如“Carriage Paid to London”，意思是将货物运送至伦敦的成本和运费。在CPT术语下，卖方需要将货物完好地交到托运人手上，并负责将货物运送到目的地的费用，而从货物交付给托运人的那一刻开始，货物丢失、损坏的风险即转移给买方，后续额外费用也由买方承担。CPT术语适用于包括多式联运在内的各种运输方式。

卖方应承担以下义务。

①认可将货物从出发地运送至目的地的条款并签订合同，支付一直到目的地的运费。②将货物交付至托运人手中后要及时通过电子邮件、电话等方式通知买方。③当货物还未交付到目的地前，货物丢失、损坏的风险由卖方承担。④取得官方出口证件，承担办证过程中的风险和费用，办理货物出口海关手续，支付出口关税及其他相关费用。⑤提供正规的发票、单据等凭证，或具有同等效力的电子凭证。

买方应承担以下义务。

①按合同条款清点查收货物，确认无误后向卖方支付货款。②自货物交付给托运人之后，货物丢失、损坏的风险就转移由买方承担，买方需为货物投保。③取得货物进口所需的进口许可证或其他官方文件，承担办证过程中的风险和费用，办理进口手续。按CPT术语交易时，从卖方将货物转交至托运人开始，货物丢失、损坏的风险即刻转移至买方，卖方只承担货物交付之前的风险。在多式联运的情况下，卖方承担的货物丢失、损坏的风险从将货物交付到第一个托运人手上时就转移由买方承担了。

（6）CIP

CIP术语表示路货物运送至目的地的保险数和运费，如“Carriage and Insurance Paid to

London”，意思是将货物运送至伦敦的保险费和运费。在CIP术语下，卖方只要将货物送至托运人处就算是完成了他在交付过程中的任务，后续产生的风险和费用都一并由买方承担。但卖方不仅要承担货物运送至目的港口的费用，还要为货物投保并承担相关费用。CIP术语适用于包括多式联运在内的各种运输方式。

卖方应承担以下义务。

①将货物安全送达托运人处，并支付货物到目的地的运费，还要为其投保。②在约定好的时间和地点将货物交给托运人，并及时通过电子邮件、电话等方式通知买方。③当货物还未交付给托运人前，货物丢失、损坏等所有风险由卖方承担。④取得官方出口证件，承担办证过程中的风险和费用，办理货物出口所需的海关手续，支付出口关税及其他相关费用。⑤需要提供正规的发票、单据等凭证，或具有同等效力的电子凭证。

买方应承担以下义务。

①查收卖方交付的货物和提供的收据凭证，确认无误后，按合同条款支付给卖方约定好的费用。②自货物交付给托运人的那一刻起，就要开始承担货物丢失、损坏的风险。③取得官方进口证件，承担办证过程的风险和费用，办理货物进口所需的海关手续，支付进口关税及其他相关费用。

按CIP术语交易时，货物投保的相关费用需由卖方承担，但是自货物交付至托运人手中起，整个运输过程中的风险则由买方来承担。所以，卖方的投保属于代办性质。

2. 其他几种贸易术语及其运用

《2010年国际贸易术语解释通则》中的EXW、FAS、DAT、DAP和DDP贸易术语，与FOB、CFR、CIF、FCA、CFT和CIP相比，实际应用少了很多，但也不能全盘否定，有一些在特定场合中还是比较常见的，如DAT对于实行共同关境的国际区域经济组织内的国家和内陆国家来说是常用的贸易术语。因此，我们还是要学习和掌握这些术语，以备不时之需。

（1）EXW

EXW表示在卖方的工厂交付货物，也就是说当卖方在自己的工厂或自己指定的地点把货物交付给买方后，交货行为随即完成。卖方不负责货物出口和货物运输。

按EXW术语交易时，卖方承担的责任最少，承受的风险也最小，而买方从收到货开始就承担了交易过程的全部风险。《2010年国际贸易术语解释通则》也提出，该术语只适用于国内交易。

卖方应承担以下义务。

①将货物在合同约定的时间、地点交付到买方手中。②在货物未交付之前，承担货物可能产生的所有风险及费用。③提供票据凭证或具有相同效力的电子凭证。

买方应承担以下义务。

①查收卖家交付的货物和提供的单据，在合同规定的时间和地点受领货物，确认无误后，按合同条款支付给卖家费用。②自妥领货物后即承担可能出现的风险，且需要自行运输和投保。

（2）FAS

FAS是指卖方将货物送到买方指定的港口船只边即可完成交付，之后产生的风险和费用均由买方负担；另外遇到船只无法靠岸的情况时，由卖方承担将货物从岸边运送到船边所需的费用及可能产生的所有风险。FAS术语适用于水上运输方式。

卖方应承担以下义务。

①在约定好的时间，将货物送至买方指定的港口船只旁边，并立即告知买方。②货物还未交付前的运费和风险均由卖方承担。③取得官方出口证件，承担办证过程中的风险和费用，办理货物出口所需的海关手续，支付出口相关税费。④需要提供正规的发票、单据等凭证，或具有同等效力的电子凭证。

买方应承担以下义务。

①订立从指定装运港口运输货物的合同，然后将时间、地点和船只等信息告知卖方，并支付运输所需的费用。②按照合同约定的时间地点等信息查收货物，确认无误后支付给卖方约定好的费用。③自卖方交付货物开始，货物产生的费用和风险均由买方承担，买方还要及时为货物投保。④取得进口许可证等官方进口证件，承担办证过程中的风险和费用，办理货物进口所需的海关手续。

（3）DAP

DAP表示在目的地交付货物，是指卖方只需将货物送到买方规定的地点，不用卸货，只需将其交付于买方手中即代表交货完成。货物在交付至买家手中之前，货物产生的所有费用和风险都应由卖方承担，买方在收到货物后自费卸货。DAP术语适用于包括多式联运在内的各种运输方式。

卖方应承担以下义务。

①在约定好的时间，将货物送至买方指定的地点，并立即告知买方。②制定货物运输合同，并承担运费。③货物还未交付前所需的费用和风险均由卖方承担。④将货物运输出口并承办相关手续，缴纳相关费用。⑤需要提供正规的发票、单据等凭证，或具有同等效力的电子凭证。

买方应承担以下义务。

①自买方交付货物开始，货物产生的费用和风险均由买方承担。②取得进口许可证等官方进口证件，承担办证过程中的风险和费用，办理货物进口所需的海关手续。③查收卖方交付的货物和提供的单据，在指定地点接收货物，确认无误后，按合同条款支付给卖方约定好的费用。

（4）DAT

DAT表示在目的地或买方指定港口的运输终端交付。与DAP术语不同，在DAT术语下，卖方将货物送至买方指定港口或目的地的运输终端后，需要将货物卸下之后交付买方，才代表交货完成。目的地可以选择任意地点，且无论是否提前有约定。和前面所有术语相同的是，在货物未交付之前，卖方承担货物运输途中的所有风险和费用。DAT术语适用于包括多式联运在内的各种运输方式。

卖方应承担以下义务。

①在约定好的时间，将货物送至买方指定的地点，并立即告知买方。②制定货物运输合同，并承担运费。③货物还未交付前产生的运费和风险均由卖方承担。④将货物运输出口并承办相关手续，缴纳相关费用。⑤需要提供正规的发票、单据等凭证，或具有同等效力的电子凭证。

买方应承担以下义务。

①自卖方交付货物开始，货物产生的费用和风险均由买方承担。②取得进口许可证等官方进口证件，承担办证过程中的风险和费用，办理货物进口所需的海关手续。③查收卖方交付的货物和单据，在指定地点接收货物，确认无误后，按合同条款支付给卖方约定好的费用。

（5）DDP

DDP表示在目的地缴税交货，是指卖方将货物送达目的地之后，帮货物办理入境手续，并缴纳相应税款后，再将未卸货的货物交付给买方，即为交货完成。在货物未成功交付之前，货物产生的所有风险和费用均由卖方承担，其中包括但不限于办理海关手续的责任和风险，以及交纳手续费、关税、税款和其他费用。DDP术语适用于包括多式联运在内的各种运输方式。

卖方应承担以下义务。

①买卖双方应签订合同，规定货物从卖方仓储所在地运至买方指定目的地的路线，且卖方承担全程运费。②在约定的时间内将货物运送至买方指定的某一国家的目的地，并交由买方处置。③货物还未交付前产生的运费和风险均由卖方承担。④取得官方出口和进口证件，承担办证过程中的风险和费用，办理货物出口和进口所需的一切海关手续，支付出口和进口关税及其他相关费用。⑤需要提供正规的发票、单据等凭证，或具有同等效力的电子凭证。

买方应承担以下义务。

①收卖方交付的货物和提供的单据，在约定好的地点接受货物，确认无误后，按合同条款支付给卖方约定好的费用。②自卖方交付货物开始，货物产生的费用和风险均由买方承担。③在卖方获取官方出口证件及为货物办理入境手续时给予帮助。

任务三
合同的签订与履行

一、合同的签订

现在的跨境贸易企业多使用电子邮件来签订商务合同，目前主要有3种方法：第一种是直接将合同写在邮件正文处；第二种是在邮件中附上合同文档，将其作为附件发送；第三种是由发送方在邮件中附上合同文档将其作为附件发送给按受方，然后接受方将其下载打印为纸质合同，并在合同上签字盖章后，再通过扫描和发送电子版或传真的方式将已经签好的合同传回给发送方，合同经发送方打印并签字盖章后即可生效。因为第三种方法更加规范且安全性更高，所以更多的跨境贸易公司会选择第三种方法。

1. 合同

合同的特点在于它可以将交易双方所拥有的权利和应当履行的义务，以及可能遇到的各种突发情况和解决方法等都非常全面详细地展示出来，督促双方遵守。合同常应用于大宗、复杂或成交额较大的商品交易。卖家制定的合同叫作销售合同（Sales Contract），买家制定的合同叫作购货合同（Purchase Contract）。

2. 确认书

确认书属于一种简式合同，常应用于数量比较少或者涉及金额较小的商品交易。与合同相比，确认书通常只将一般贸易条件列出，对于基本贸易条件一般采取不列出或不完全列出的形式。

3. 协议

协议或协议书在法律上与合同具有同等效力。当交易双方进行一宗比较复杂的交易时，经过一段时间的商议，并确定了一些交易条件，但还没有到制定合同的地步时，就可以拟定一个“初步协议”或者“原则性协议”记录已经谈好的交易内容，以便后面继续洽谈。

4. 订单

订单通常是买方的货物购买清单，一般情况下，会在双方达成交易后，由买方寄来提醒卖方要完成的具体事项，卖方可根据订单内容进行接下来的备货和交付工作。部分买方会寄来两份订单，并要求卖方签字确认后寄回一份，以保证交易的顺利进行。类似这种在双方商讨成功后寄来的订单，一般视为买方的购货合同或购货确认书。

二、合同的履行

下面以CIP术语和出口合同为例来阐达合同如何履行。在以信用证支付方式成交时，出口合同履行流程可分解为货、证、船、款4个板块。其中：

“货”就是落实货物，涉及备货和报检；

“证”就是落实信用证，涉及催证、审证和改证；

“船”就是货物出运，涉及租船订舱、报关、投保、发装运通知；

“款”就是制单结汇，涉及制单、审单、交单、结汇、核销和退税。

这4个板块相互配合，缺一不可，且每一环节都要正确完成才可成功履行出口合同。

1. 落实货物

落实货物就是卖方在约定期限内将货物准备至可以随时进行运输的状态，具体包括备货、报检。离境货物检验检疫工作一般是先由商户报检，相关部门再进行检验检疫工作，合格后放行过关。法定的出境货物检疫申请人，应该在规定的期限内持有关证件向检验检疫机构申报。检验检疫机构应当查验有关证件，对符合要求的接受检验检疫申报，并收取费用，然后转交施检部门进行检验检疫。

一般来说，出口货物最晚要在报关或装运7天前申报，而一些检验检疫复杂的货物则需要更长的时间；需要隔离检疫的出境动物，则需要在离境前60天向有关部门预报，隔离前7天报检。申报人应填写并提交出境货物报检单，还要将出口合同或订单、商业发票、装箱单、信用证复印件或相关函电、生产单位出具的厂检单原件等一并提交。凭样品成交的，还须提供样品。

2. 落实信用证

在信用证支付方式下，卖方既要落实货物，又要落实信用证。卖方只有在看到信用证正本实物并加以审核确认无误后方可为买方发货，否则不要轻易为买方发货，以免使自身结汇陷入被动。

落实信用证包括催证、审证和改证3项内容，其中审证是最为重要的，也是必不可少的。一般来说，买方要在约定期限内办理信用证，但在实际中常常会出现一些意外情况导致信用证不能及时办理，所以为了交易的顺利进行，卖方需要催促买方开立信用证，一般通过发送主题为“合同所需货物已经准备完毕，请尽快办理信用证”的电子邮件的方式进行。

审证包括通知行审证及卖方审证两个环节。这两个环节同样重要，但侧重点不同，无法互相替代。在实际业务中，较为常见的信用证修改是“展期”，是指卖方无法在约定期限内向买方交货时，需要买方向有关部门申请延长货运时间和信用证的有效期。

3. 货物出运

货物的出口运输既可以由卖方自行找运输公司办理，又可以委托货运代理公司（以下简称货代）代为办理。货代办理方便简单，卖方一旦将货物转交给货代，后续包括租赁船只或舱位报检换单、报关、产地装箱等一系列工作全部由货代负责，完全不需要卖方操作。不仅如此，货代还可以提供给卖方非常优惠的运输价格，所以实际交易过程中有75%的卖方会通过货代来运输货物。

在买方不指定承运人或货代的情况下，卖方应根据货代的等级、优势航线、所提供运价的竞争力和综合服务能力选择货代。

4. 制单结汇

卖方将货物出口装运后，就要根据信用证的要求缮制各种单据，并在信用证规定的有效期和交单期内，及时提交单据给银行结汇，之后还要及时办理出口收汇核销和退税手续。

任务四
基础建站

一、建站流程

1. 建站步骤

①国际站开通（提交认证信息—提交公司信息—发布一款产品—通过考试）

②账户设置（制作员—业务员—业务经理）。

③产品发布（产品标题与关键字—产品基础信息—产品主图—产品详情页—交易信息—物流信息—产品视频（主图视频，详情页视频））。

④旺铺装修、店铺定位方案、店铺装修方案（PC端旺铺/无线端旺铺）。

2. 店铺优化

①平台规则（国际站流量认识—国际站前后认识—禁限售及处罚规则—产品排序规则）。

②平台数据分析（商家星等级—数据概览—店铺流量—产品诊断—推广诊断—客户分析。

③营销推广［橱窗产品设置—P4P营销推广—顶级展位—问鼎回眸—自营销工具（店铺优惠券—限封限量折扣—粉丝通）］—大促销活动—海外社交媒体营销。

3. 商机获取

①商机订阅。

②RFQ报价。

二、国际站基础认识

登录国际站点击Ma 阿里巴巴，进入国际站后台。

1. 店铺运营准备流程

店铺运营前期准备工作包括：市场调研、店铺定位和信息采集三大板块。

一旦我们决定开设阿里国际站，首先要进行国际市场调研。因为阿里国际站的市场在国际。通过充分的国际市场调研后确定店铺定位方案。明确自己店铺是面向国际高端奢侈品市场还是平民大众，如图6-1所示。

图6-1　店铺运营准备流程

2. 市场调研与店铺定位

对行业调研主要对目标市场分析、市场需求总量分析、受众偏好，竞争情况和市场准入认识（表6-2）。

表6-2　市场调研与店铺定位

市场定位	目标国家及行业	印度尼西亚；服装类目
	目标用户	18～30岁女性
产品定位	产品风格与特点	丽纱服，式样繁多，不拘一格（90款）

续表

产品定位	产品定价水平	10～200人民币/件（中低端）
企业定位	自身企业特点	中小工贸一体企业，具有自己的工厂及产品研发团队
	电商平台选择	B2B：阿里巴巴国际站
店铺定位	店铺定位及特点	结合用户及市场需求，主要面向中低端市场，以价格和产品设计优势来进行定位推广

3. 信息采集与店铺装修

（1）企业信息采集

企业信息采集指的是采集企业工商认证信息、公司信息（工厂、展会、研发团队等）。在开通国际站时，第一步提交认证信息，接着提交公司信息，最后完成发布产品，才可以选择开通店铺的日期，从而开通国际站，见图6–2。

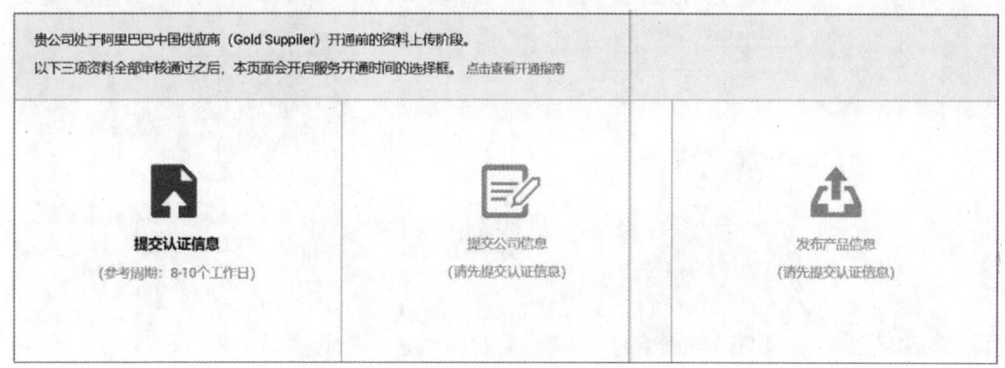

图6–2　阿里巴巴开通资料审核界面

其中“认证信息”是平台对企业的备案，“公司信息”是我们要展示给客户看的内容。

企业工商认证信息包括：企业执照信息、企事业经营地址信息、认证人信息。公司信息包括5个方面的信息采集：基本信息、研发信息、加工制造能力、外贸出口能力、展示信息，见表6–3。

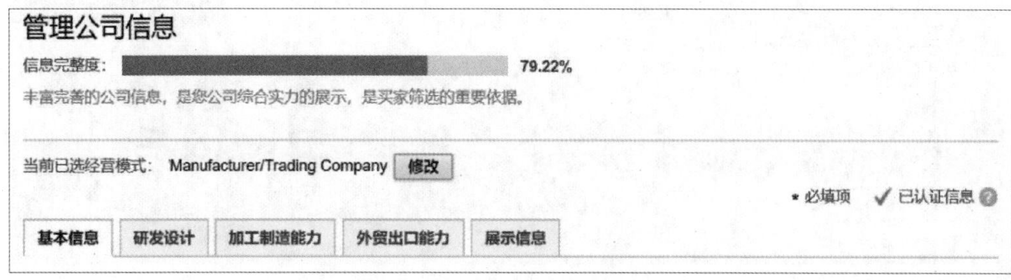

图6–3　管理公司信息完整界面

（2）商品信息采集

商品图片的主要类型在：产品主图、产品细节图、产品卖点图、产品包装图、产品实用效果（场景）图。

使用产品基础信息包含：产品标题、属性、功能、价格、基础参数、尺寸重量等等。

（3）店铺装修方案制定

旺铺装修案例，分享在确定旺铺装修风格及其构成元素后，需要对旺铺展现内容进行排版规划，可以采用以产品为主或以公司实力资质为主的排版思路（图6-4、图6-5）。

图6-4　以产品为主的排版思路

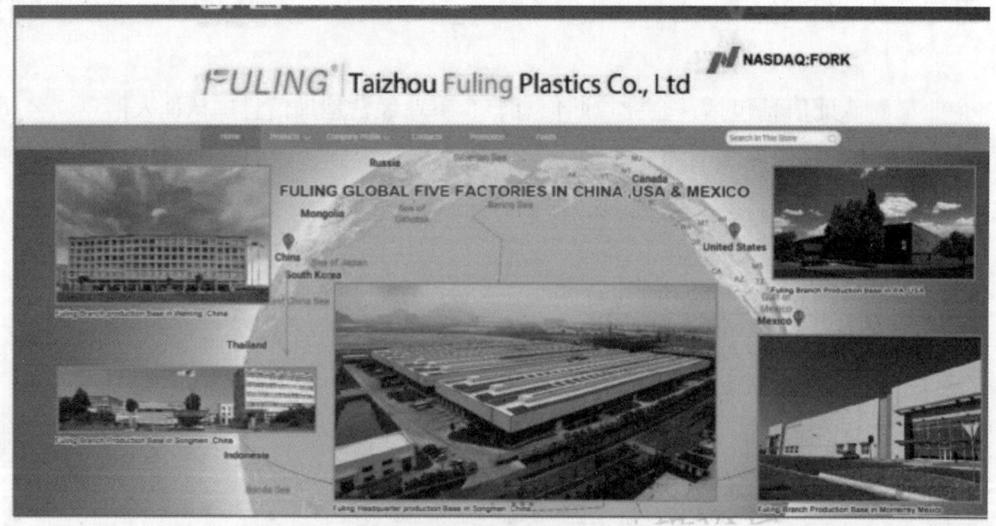

图6-5　以公司为主的排版思路

4. 图片的分类与拍摄

（1）图片的分类

跨境电商网店运营图片主要分为两大类：产品图片和公司图片。产品图片包括产品主图和产品详情图及产品海报公司图片主要包括办公环境、工厂图片、客户案例等。

主图尺寸要求：系统要求图片尺寸大于640px × 640px，建议制作主图尺寸为750px × 750px；主图尺寸大小影响图片的清晰度及文件大小。立品主图必须保证清晰可见不模糊。注意：

单张不超过5，产品持jpeg、jpg、png格式。

建议图片大于640px × 640px，主题鲜明、图片清晰，提升买家满意度。

图片优化建议：系统检观该图片可能存在以下问题，会严重影响买家点击效果，请根据建议进行优化。

图片主体不明显，建议主体明确交出，大小合适，构图居中。

主图有牛皮癣（文字、促销信息、二维码）。

（2）主图背景与构图

背景建议浅色底或虚化的素色。自然场景，推荐使用白底（如浅色产品可以用深色背景），不建议彩色底及杂乱的场景背景。

主体构图，商品主体展示大小合适，构图居中，主图展示商品正面，商品主体展示不宜过大过小、不完整、多图拼接，能够突商品主体为宜，见图6–6。

图6–6　主图背景与构图示例

（3）LOGO与文字边框

①LOGO。统一摆放在图片左上角，Logo建议以英文为优。

②文字、边框。主产品图片上不宜出现文字、水印、促销类文字二维码、认证标．边框等干扰产品展示的信息，见图6–7。

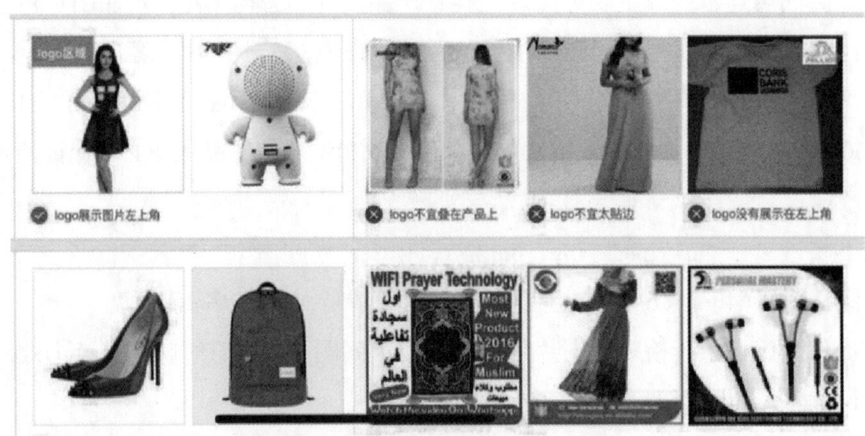

图6–7　文字与边框示例

（4）主图尺寸与数量

图片尺寸，固片尺寸建议图片尺寸640px×640px（虚线框为产品展示区域）。图片清楚不模糊。图片正方形，白底或纯色底需要4寸预留。图片数量，建议3张图片以上，正面、背面、侧面、细节（产品或标签细节）。图片亮度、对比度，图片的对比度和亮度，能清晰展示商品主体图文必须一致产品和产品图片必须一致，见图6–8。

图6–8　主图亮度对比与图文示例

（5）产品详情描述智能编辑全新升级

①多图模块。一键上传多张图片，单图模块一图多链，营销模块一键勾选推荐商品，提升商详流量利用率。

②批量投放推荐商品，提升营销效率。

③新增视频模块。

④建议保持图片尺寸为750px（宽）×800px（高），表格的尺寸宽度为750px，超出750px的部分将无法展示。

详情页图系统要求：图片尺寸：50px×800px；图片数量：普通编辑不超过15张智能编辑不超过30张；图片大小：3M以内；图片格式：jpeg、jpg、png。

5. 活动图与海报定制思路

活动海报定制要点：活动图与海报图的制作核心就是围绕视觉营销进行优化设计。

突出主题：做好视觉营销三大要点分别是：突出主题、美化产品/模特、做好视觉设计。主题可以是价格、折扣等促销内容或是产品卖点/优势，核心信息应该放在视觉焦点上，让买家能快速懂得海报所表达的内容。

美化产品与模特：符合目标人群审美特征：国家、性别、年龄、人群定位（学生？家长？上班族？等等）；

符合目标人群的心理期望：模特应与目标人群特征相符，也要和产品特点吻合。

TIP：（投射效应：让消费者把自己想象成画面中的模特/自己使用产品后的效果）

做好视觉设计：做好视觉设计核心要围绕字体、色彩及构图3个方面进行综合考虑。

字体：确定字体类型。

色彩：确定主色与辅助色。

构图：注意画面构图与文字对齐。

确定字体类型：根据主题确定字体的类型（英文字体同理），选择符合主题的字体类型（黑体、宋体、幼圆等），确定一种主字体，根据文字大小粗细区分主次，见图6–9。

方正兰亭特黑
方正兰亭大黑
方正兰亭粗黑
方正兰亭中粗黑
方正兰亭中黑
方正兰亭黑简体
方正兰亭纤细黑
方正兰亭刊黑
方正兰亭超细黑

图6–9　字体类型选项示例

衬线字体，意思是在字的笔画开始、结束的地方有额外的装饰，而且笔画的粗细会有所不同。无衬线体是无衬线字体，没有这些额外的装饰，而且笔画的粗细差不多。

确定色彩搭配：根据主题确定画面主色与辅助色，公司、产品适合什么主题色色彩之间呼应和统一色彩感情，色彩可以通过人的双眼起到辅助认知的作用，利用色彩本身会产生的联想功能，让需要表达的物能够引起视觉共鸣，这就是色彩的意义所在。

基础用色技巧：大面积用色不超过3种，确定主色调辅助色和对比色，见图6-10；

集群展示：把关联性高的主要信息组合在一起便于一次性传达；

常见画面构图：左中右结构、左右结构、三角构图；

文字对齐：左对齐及居中对齐较为常用（符合阅读习惯）。

图6-10　基础用色技巧示例

人类在阅读文字时的基本规则是从上到下、从左到右的。文案的排版应尽量遵从这一规则，

除特殊版式之外，尽可能减少参差不齐或右对齐排列，大部分情况下，还是使用左对齐或居中对齐是最为合适的选择，见图6-11。

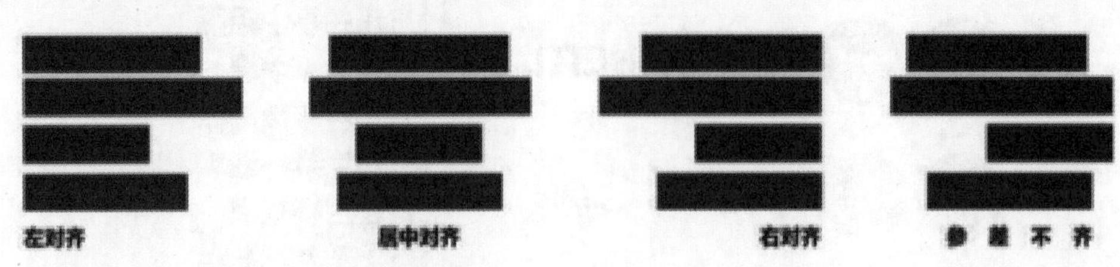

图6-11　文字对齐示例

6. 视频剪辑与营销

国际站主图视频制作

①国际站视频基础认识。在国际站中，产品视频主要分为产品主图视频和产品详情页视频，见图6-12。

图6–12　国际站主图示例

国际站视频基础要求：主图视频是产品给予买家的第一印象，在网店中放上产品主图视频，将使商品的展示更为直观，更具有吸引力。

视频时长不超过45秒，不论是无线端主图视频，还是PC端的主图视频，其时长要求都在45秒以内。而卖家在拍摄主图视频的时候，最好时长控制在9～30秒，视频清晰度须为480P及以上。视频大小不超过100MB。每个产品只能关联一个视频，每个视频关联不超过20个产品，见图6–13。

图6–13　国际站视频标准

视频文件大小：视频分辨率640×480以上，单个视频大小不超过100M，见图6–14。

常见视频分辨率			
分辨率代号	所属标准	视频像素	备注
480P	数字电视系统标准	720x480	DVD/标清
720P	高清晰度电视标准	1280x720	高清
1080P	高清晰度电视标准	1920x1080	蓝光/全高清
2K	数字电影系统标准	2048x1080	全高清
4K	数字电影系统标准	4096x2160	超高清

图6–14　常见分辨率列表界面

主图视频：主图视频的内容除了要展示产品的全貌和效果外，还需将卖点逐一展现在消费者面前。注：主图视频尽可能将商品完整地呈现，以展现商品优点为主，细节上不必面面俱到，太多的细节展现反而会影响消费者的决策。

详情页基础视频要求：详情页视频能够介绍产品的详细信息，完整地展示产品的决策和优势。并可适当展示制作工艺、公司及相关优势：

视频时长不超过10分钟；视频清晰度须为480P及以上；视频大小不超过500MB；视频比例要求4：3/16：9（主流）；视频展示位置：在产品详情描述的上方。

比较：主图视频是产品给予买家的第一印象，产品主图视频将使商品的展示更为直观，更具有吸引力。详情视频拍摄可参考主图视频拍摄方式；详情视频在时长上相比主图视频有更大的施展空间，卖家可以根据产品特点，使用场景，安装性能以及买家较为关切的部分进行拍摄展示。

7. 认识产品的关键词

关键词的定义：关键词即产品名称的中心词，是对产品名称的校正，便于系统快速识别匹配买家搜索词，能让买家尽快找到产品。

关键词的作用：关键词是匹配客户搜索的重要因素。当输入关键词进行搜索时，系统会匹配标题里含有该关键词的产品，再根据商家产品的综合质量分数由高到低推送产品给客户，见图6–5。

图6–15　产品不同关键词示例

在发布产品前就要知道客户对这款产品的叫法有哪些，这样才能让客户精准地找到我们的商品。

关键词筛选标准：一个立品会有很产品关的关键词，但并不是所有关键词都可以拿来使用。关键词筛选主要依据以下4个方面：覆盖率高，搜索指数高，对应产品排名靠前，避免侵权。

关键词覆盖率：客户通过搜索关键词能够搜索到产品，关键词覆盖越多，就越容易搜到对应产品。假设客户搜索10个关键词，其中我们采用了3个关键词，那么关键词覆盖率为30%

关键词搜索指数：搜索指数是某商品被访客搜索的次数指标，数值越大搜索热度越大。

注：搜索指数并不是实际的搜索次数，而是根据公式算出来的数值，可以用来衡量一

个搜索词的热度，还可以通过分析搜索词的数值，对比哪些搜索词更热门。

关键词对应产品排名：关键词搜索指数、产品质量分、店铺活跃情况等因素都会影响到产品的排名。国际网站后台的“排名查询工具〞可以直接检测使用了该关键词的产品的排名情况。选择能让产品排名靠前的关键词比选取搜索指数因为排名决定了曝光量高的关键词重要（图6–16、图6–17）。

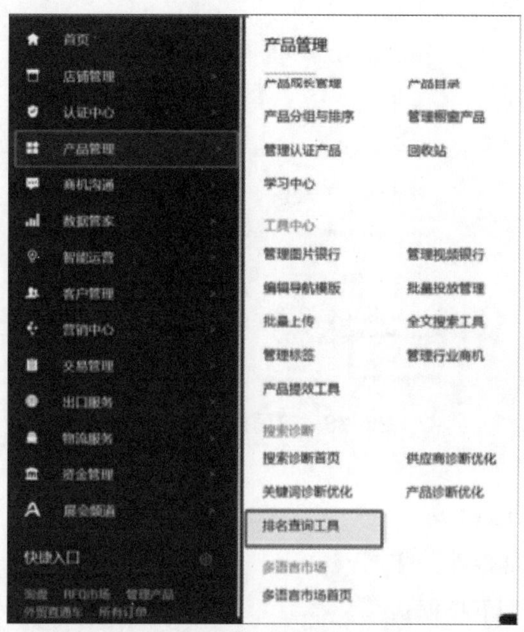

图6–16　排名查询工具进入界面

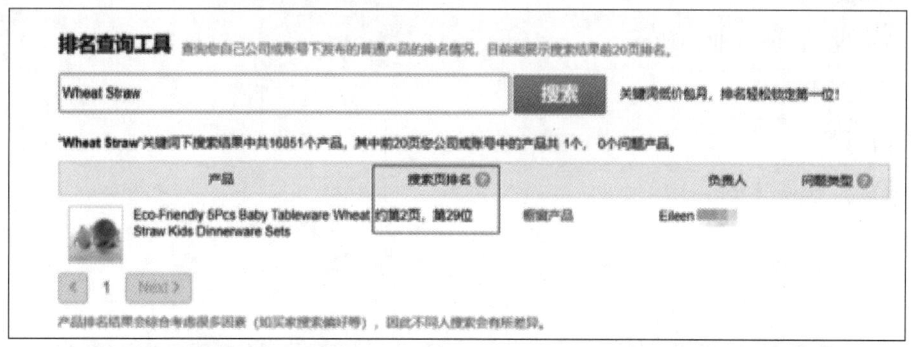

图6–17　排名查询工具界面

关键词注意事项（图6–18）

关键词侵权：

阿里巴巴国际站严禁使用未经品牌方授权的品牌词、协会名称等作为关键词。国际站实行一站销全球的模式，需要关注店铺主要销往全国的商标、著作权等知识产权问题，避免侵权。

热门搜索词

注意：本数据是用户访问网站的客观展示，请您在使用关键词前详细了

jersey　查找

关键词
soccer jersey
cycling jersey
basketball jersey
jersey
football jersey
sports jersey new model
cricket jersey pattern
basketball jersey design
baseball jersey
nba jersey

图6–18　热门搜索词界面

关键词获取方法

平台首页搜索栏下拉框；

同行产品内页的底部推荐关键词；

发布产品时的关键词下拉框；

数据管家；

RFQ商机；

产品管理-管理行业商机；

P4P关键词工具；

站外找词

①搜索栏拉框（图6–19）。

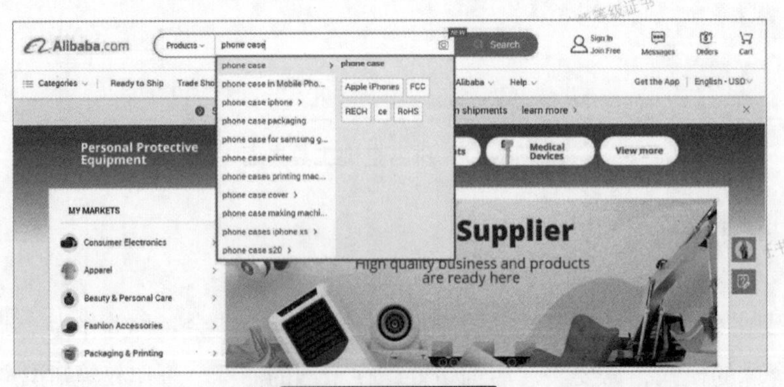

图6–19　搜索栏拉框

②产品发布页面关键词下拉框（图6–20）。

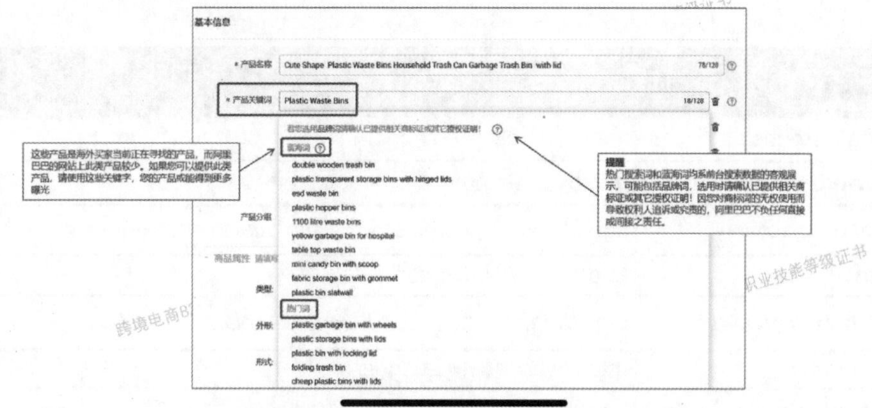

图6–20　产品发布页面关键词下拉界面

③关键词指数（图6–21）。

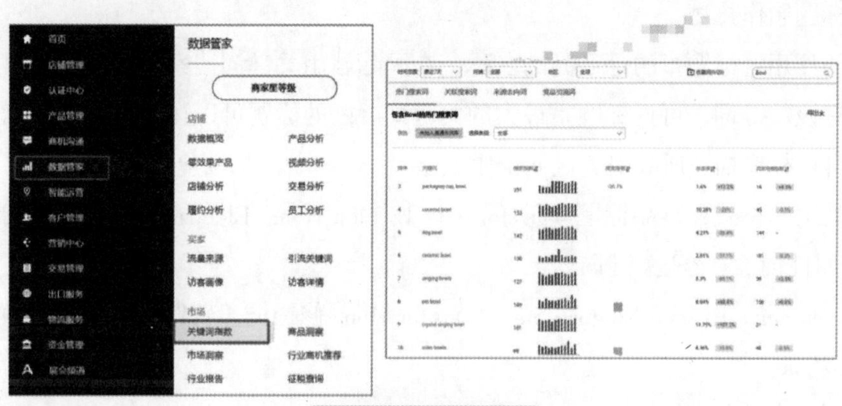

图6–21　关键词指数进入界面

④P4P关键词推广（图6–22）。

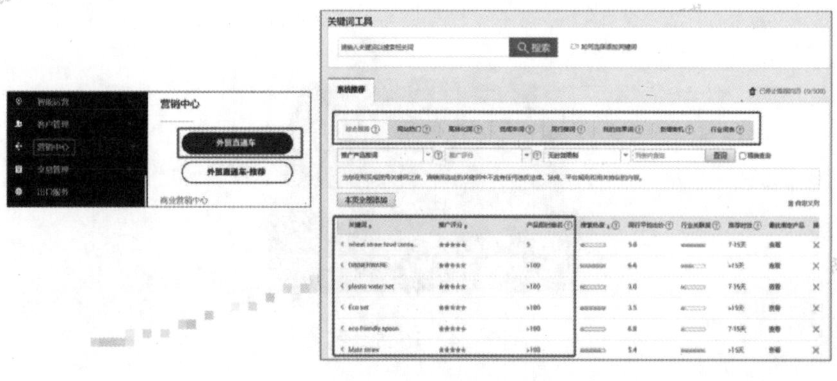

图6–22　P4P关键词界面

⑤站外找词推荐（图6–23）。

关键词搜索网站供参考	
Google Trends	https://trends.google.com/
Keyword tracker	http://freekeywords.wordtracker.com
Keyworddiscovery	http://www.keyworddiscovery.com/search.html
Wordze	http://www.wordze.com
Seo book keyword tool	http://tools.seobook.com/keyword-tools/seobook/
Seo digger	http://www.analyticsdigger.org/
Keyword spy	http://keywordspy.com/googleadworld

图6–23　关键词搜索网站参考界面

相关标题制作技巧

标题的作用：标题指的是产品的名称。在国际站用关键词搜索产品时，所出现的产品标题都带有该关键词，可见标题是最大的关键词。好的标题可以让客户快速搜索到我们的产品，并且被标题描述所吸引，进而产生点击。

标题的书写格式：产品标题=①Hot Sale 18 inch Home Electric Stand Fan营销词+（买家偏好词/属性词）+核心关键词。

②Hot Summer 18 inch Electric Stand Fan for Home修饰词（营销词/属性词等）+核心关键词+应用场景。

营销词：产品营销性词语，例如New Arrival、Hot Sale、promotion等

属性词：产品的颜色、材质、功能、应用、工艺等，根据产品而有所不同

核心关键词：客户常用的产品搜索词，可参考之前整理的关键词库

图6–24　产品示例

营销词：New arrival、hot sale、hot、promotion

属性词：Red（红色）、PU（这款产品用的是PU皮）、lady（这款是女式包包）等

（图6–24）。

关键词：Hand bag、lady hand bag、leather hand bag、tote bag等

2020 New Arrival Red Lady Handbag PU Leather Designer Tote Bag

标题编写注意事项

①标题需包含关键词，并突出产品属性卖点

②避免堆砌、滥用关键词

③标题长度控制在80字符左右，显示效果最佳

④标题避免无明确商品名称、带有联系方式、图文不符等

⑤特殊符号/–、（ ）等，可能被系统默认成无法识别字符，影响排序；请勿输入中文字符

⑥如需加for和with突出产品属性和用途，核心词在with/for前

产品详情页打造思路

（1）影响询盘的主要因素。

买家给客户下询盘，须经历3步：

①找到你：通过关键词搜索、类目、首页活动页看到你的产品，我们称之为入口。

②点击你：买家会看出现的产品跟他输入的关键词是否匹配，当主图足够吸引，买家会进行点击。

③浏览你的详情页：详情页是决定客户是否下询盘的最重要的因素。想要在详情页中引起买家下询盘的欲望核心就是做好详情页的优化。

产品详情页诊断标准：正常的产品转化率为10∶1，即有10人浏览了详情页，至少有1个客户发来询盘才算正常。如果没有在正常值，那就要重点优化详情页了。

产品询盘转化率查询：询盘率＝询盘个数/访客人数。打开后台–数据管家–产品分析（按月统计）询盘率（反馈率）结果大于10%为及格（图6–25）。

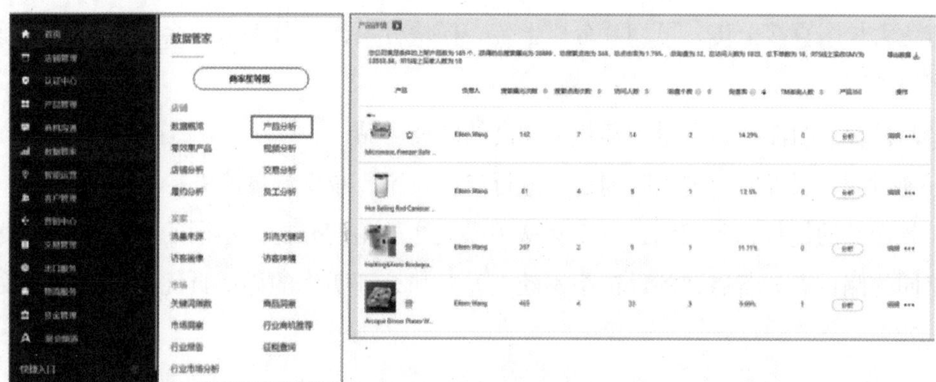

图6–25　产品询盘界面

（2）B2B详情页FABE法则。

FABE营销法则分别指的是Features属性、Advantag优势、Benefits益处奶Evidence四大要素，一个合格的B2B详情页应该涵盖这四大要素。

Features属性材质、结构、功能、包装

Advantag优势核心优势（产品卖点）

Benefits益处供货能力、利润

Evidence证明认证、客户合照、展会

（3）B2B详情页排版思路与优化技巧。

详情页排版建议（产品导向型）（图6–26）。

详情页排版建议（产品导向型）	
产品标题	复制标题本文，增强详情页与标题的相关性；
产品主图 2张	展示2-3张整体的产品主图，可以是正面图或侧面图；
产品细节图 2张	针对材质、做工细节等进行多角度展示；
表格（产品信息）	以表格的形式呈现，结合产品信息描述产品优势、属性及优势；
产品优势 3张	把核心产品优势进行提炼呈现（材质、结构、功能、包装）；
公司实力 2-3张	公司实力图3张拼图展示，参考信息：客户合照、展会、生产线、团队、展厅图等；
FAQ（常见问题）	针对客户常见的问题提供FAQ板块进行答疑
同类产品推荐 2张	客户有可能不喜欢当前产品，可以用同类产品吸引他，超链接到该产品介绍页；
回到首页 1张	当客户浏览完产品，引导客户去首页浏览更多产品，超链接到首页。

图6–26　详情页排版建议页面

产品详情页优化要点主要有以下几个方面，这些都是经馆容易被我们所忽规的细节，参与标题在详情页内再次添加标题，可增强详情页与标题的相关性；图文表结合图文表元素的完整性会影响产品质量评分从而影响产品排名；图片大小、图文大小影响客户浏览体验，避免大长图直接上传，可切片分段上传；模块分类模块分类清晰会显得有条有理，更方便客户浏览；

产品推荐　引流产品尽量推荐相关性高的同类产品；

旺铺引流　引导客户进入旺铺首页进行二次引流，减少流量流失；

每款产品的优势都不相同，要学会从买家关注的角度分析，不同的行业在页面展示应该有不同的侧重点。若店铺的反馈率不断上升、那么证明你的详情页优化思路是有效果的（图6–27）。

类别	指标名称	2020-07				2020-06			
		当前值	较上月	行业平均	同行优秀	当前值	较上月	行业平均	同行优秀
流量	店铺访问人数	1113	-7.2%	1918.5711	6718.8	1199	+78.1%	1825.5241	7196.2
	店铺访问次数	3234	-12%	4513.7855	17744.6	3672	+133.8%	4217.762	18799.6
	搜索曝光次数	84084	+298.6%	72022.863	157647.6	21093	-25.2%	60599.6096	190403.8
	搜索点击次数	557	+50.9%	741.062	2783.8	369	+0.5%	637.2727	2653.2
商机	询盘人数	25	-26.5%	57.8398	258.8	34	+88.8%	50.8476	299
	询盘个数	28	-24.4%	66.907	308.4	37	+94.7%	59.4305	362.8
	TM咨询人数	186	+27.3%	175.7855	974.2	146	+71.7%	162.2433	1084
交易	信保交易订单个数	8	-46.7%	6.4052	59.6	15	+200%	5.6604	53.8
	信保交易金额(美元)	2679	-68.7%	17672.5784	356253.758	8554	+239.5%	16627.3278	193605.162

图6-27 店铺反馈率示例

产品发布素材准备

产品发布时需要填写的内容如下：

关键词表

标题表

主图6张

参数表（参数、价格）

详情页描述

关键词表　标题表　产品素材　公司素材　工厂素材

产品发布注意事项

需发布真实、准确、合法、有效的产品信息：

真实准确：用户发布的信息应与实际情况一致，禁止发布虚假或夸大的情形

合法：用户发布的信息不得违反国家法律法规及阿里巴巴国际网站禁限售规则

有效：用户发布的信息应符合电子商务英文网站的定位

若发布含有他人享有知识产权的信息，应取得权利人许可，或者属于法律法规允许发布的情形；

禁止发布假货、仿货等侵犯他人知识产权的信息；

未经权利人许可，不得发布含有奥林匹克运动会、世界博览会、亚洲运动会等标志的信息；

NOTE：以下产品将不被展示：

重复铺货　标题拼写错误产品信息冲突类目错放 图片质量不佳 标题堆砌 标题缺少核产品词 价格不合理 产品信息不完整

产品发布流程：

产品类目 产品名称、关键词、分组 产品属性 商品描述 交易信息 物流信息 特殊服务及其他产品信息质量分

①根据产品的实际情况来选出最佳类目。

②在不确定产品类目的情况下，建议参考同行。

③可输入产品关键词选择类目。

产品类型可选 “直接下单产品”或“非直接下单产品〞也就是现货产品和定制产品的区别。两者只在物流信息填写方面有区别（图6–28）。

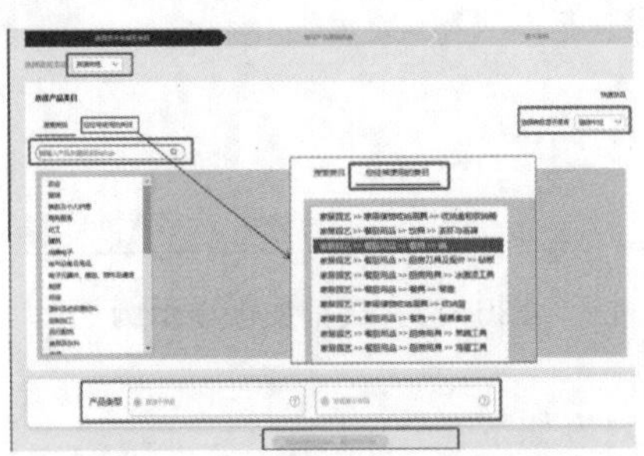

图6–28 产品关键词类目选择界面

产品分组是在店铺公开展示产品的集合，可以根据需要设置多个产品组，将同类产品放在一个产品组里，方便买家查看。每个产品一次只能处在一个产品组中（图6–29）。

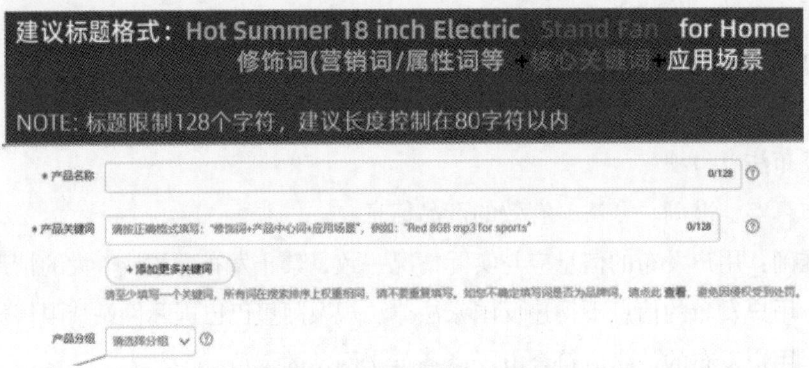

图6–29 产品发布分组页界面

关键词至少填写1个，最多添加3个（图6–30）。

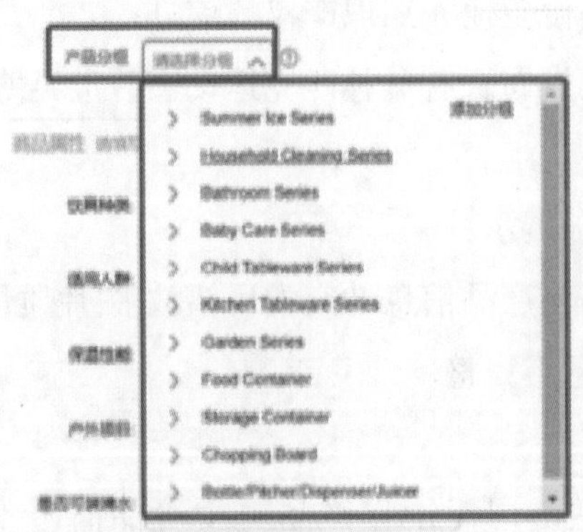

图6–30 产品分组菜单界面

产品属性包括系统默认属性和自定义属性。

不同的产品需要填写的默认属性项目不同，如水杯需要填写保温性能、是否可装沸水等（图6–31）。

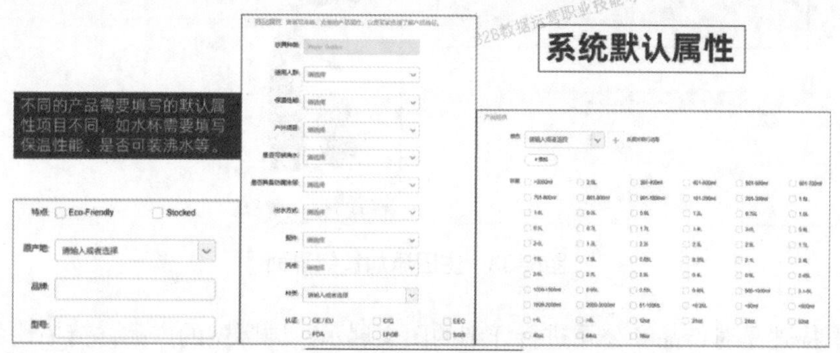

图6–31　系统默认属性示例

10项自定义属性

填写内容：如实填写成分、材料、尺码、品牌、尺码、型号、产地、质保期限等买家比较关注的产品信息并尽量不要重复。

作用：产品属性是对产品特征及参数的标准化提炼，便于买家在属性筛选时快速找到您的一个属性等于一个展示机会（图6–32）。

图6–32　属性添加按钮界面

一共可以上传6张主图，其中第一张直接展示给客户，是影响产品点击的主要因素，是影响产品质量分的重要因素（图6–33）。

图6-33　主图添加按钮界面

详情页描述是对产品和公司进行详细的图文展示，国际站的产品详情描述可选“智能编辑”或“普通编辑”（图6-34、图6-35）。

智能编辑有现成的模板，对图片尺寸和数量有要求；普通编辑可自由排版；（对图片数量限制）。

产品详情描述　智能编辑全新升级（查看新手教程和 FAQ）

1.多图模块一键上传多张图片，单图模块一图多链，营销模块一键勾选推荐商品，提升商详流量利用率

2.批量投放推荐商品至多个商品，提升营销效率

3.新增视频模块

4.建议保持图片尺寸为750px（宽）*800px（高），表格的尺寸宽度为750px，超出750px 的部分将无法展示。

◉ 智能编辑　○ 普通编辑

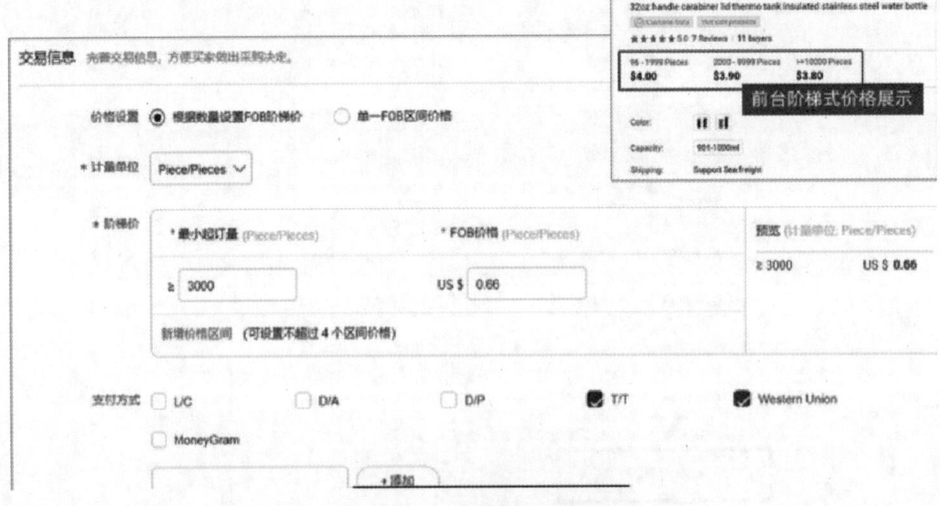

图6-34　详情页编辑界面

发货期与供货能力也是买家判断卖家实力的重要参考之一，如果是比较紧急的买家，可能会选择发货期短且供货能力大的商家。

物流信息

发货期

数量 (Piece/Pieces)	预计时间 (天)
≤ 3000	20

增加数量区间 (可设置不超过 3 个区间)

预览 (计量单位: Piece/Pieces)	
1 ~ 3000	20天
≥ 3001	需协商

* 物流模式 快递 海运 陆运 空运

海运港口 ShanTou port,GuangZhou port, ShenZhen port 42/128

供货能力 100000 Piece/Pieces per Month

添加补充信息

图6-35 详情页物流信息编辑界面

产品的包装方式和包装图片可以进行填写/上传，让顾客了解物流运输的安全性，（图6-36）。

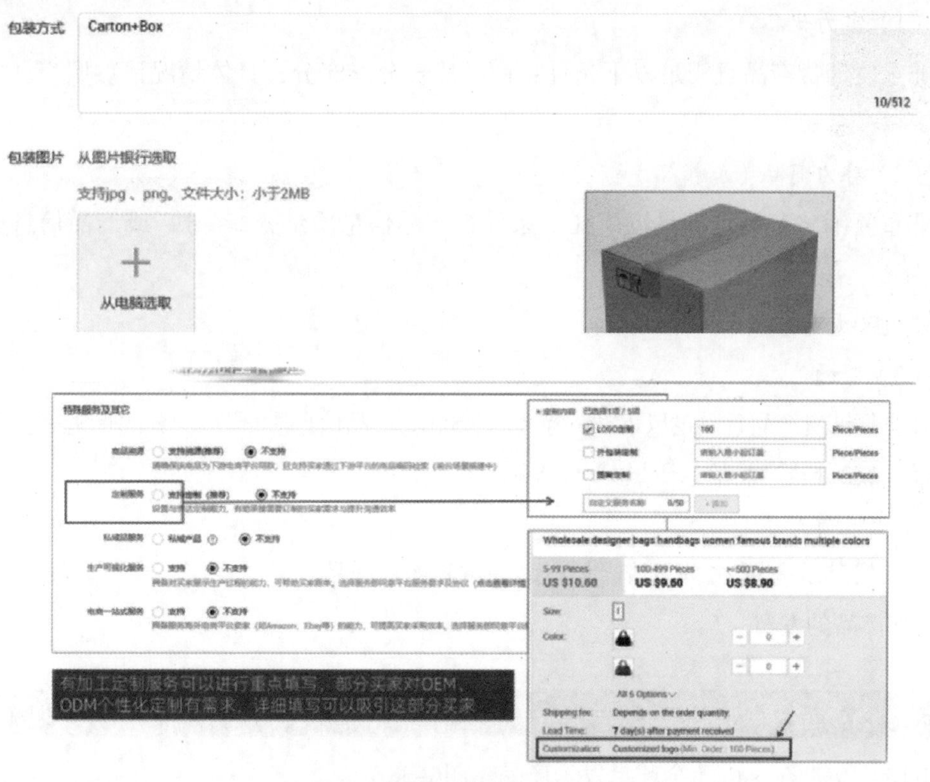

图6-36 产品包装编辑界面

产品信息质量分直接影响产品的搜索排名，是我们判定产品发布质量的重要参考依据（图6-37）。

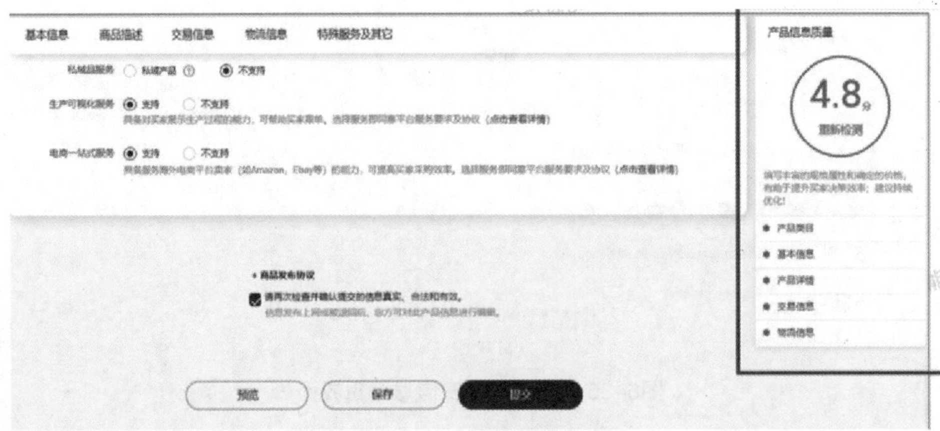

图6–37 产品信息质量界面

精品项目产品发布

（1）实力优品：

非重复铺货产品且满足以下条件：商品成长分≥80分，具体情况请参照产品成长管理。

（2）潜力商品（原精品）：

非重复铺货产品且满足以下任一条件：产品信息质量分≥4分，或产品信息质量分≥3.5分；

最近90天非零效果产品。

（3）普通产品：

非重复铺货产品且满足以下任一条件：3.5分≤产品信息质量分＜4分的最近90天为零效果产品，或2分≤产品信息质量分＜3.5分。

（4）低质产品：

产品信息质量分＜2分，或者该产品为重复铺货产品；

RTS产品的发布。

一、RTS产品基础认识

RTS，Ready to ship（全球批发）产品（图6–38）。

是阿里国际站根据买家趋势，增设的“全球批发Ready to ship”频道中的产品。

通过明确产品规格、库存、发货期、价格等信息，进行精准流量匹配，帮助商家提升订单转化。

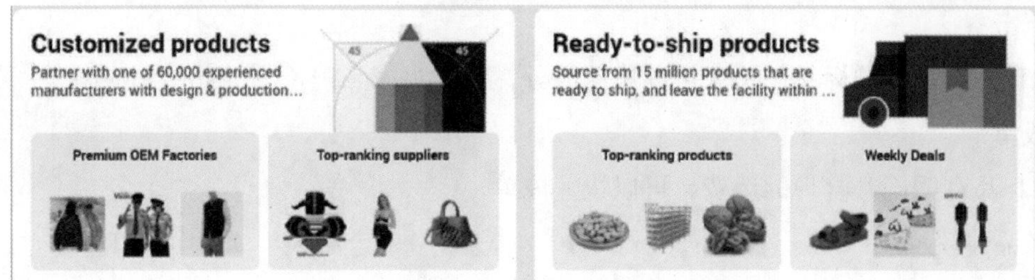

图6-38 RTS产品图

在国际站上传统的采购方式是“定制产品”，即先跟商家进行沟通，确定产品的颜色、尺寸、Logo、数量、价格、运输方式等各方面信息后再下单。而RTS产品则是明确了产品的各项信息（包括运费），相当于是“现货产品”，买家可以直接下单购买（图6-39）。

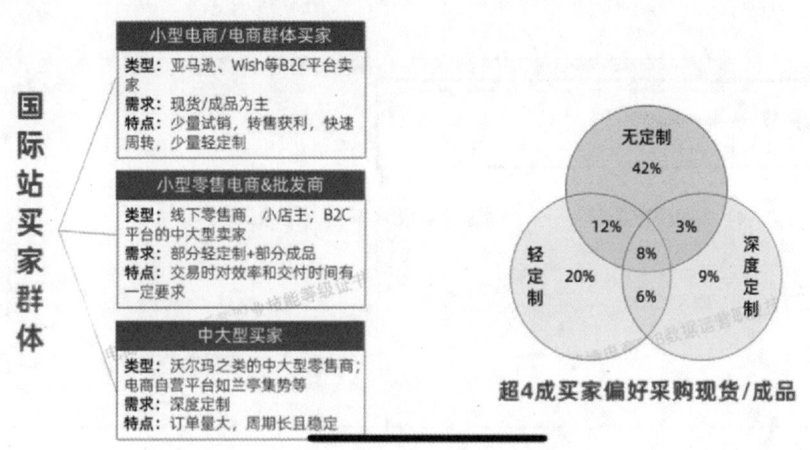

图6-39 国际站买家群体分析界面

无定制买家采购需求：筛选产品—询盘报价—下单—交付履约；

无定制买家采购痛点：匹配效率低，找不到现货；沟通效率低，订单流程长；

全球批发RTS：承接现货需求，提升匹配效率；

RTS产品优势。

流量

RTS频道独享额外流量，阿里国际站在站外会通过联盟方式为Ready to Ship引流，商家有机会获得更多流量。

场景

RTS频道具有特色场景，weekly deals热门榜单、运费5折/包邮、主题活动等有助于商家进行营销，获得更多转化。

点击

RTS品有对应的标签，买家可以快速区分，吸引买家点击（图6–40、图6–41）。

成单

RTS品有明确、合理的运费，可以快速成单。

选品建议

①成品成交金额：单价在150美金内；

②产品返单频率高：高复购率；

③产品静默转化：通过看详情页就可以自主下单的；

④产品售后成本低：不需要专门成立售后部；

⑤产品学习周期短：7天之内能学明白的行业；

⑥应品生产周期短：能够及时生产快速销售；

⑦产品运输便捷：体积小，打包方便；

图6–40　RTS产品选择界面

①产品必须是（支持直接下单）的产品；

②最小起订量发货期不超过15天；

③具有明确的运费金额。

运费必须合理，不能较订单金额高出太多。

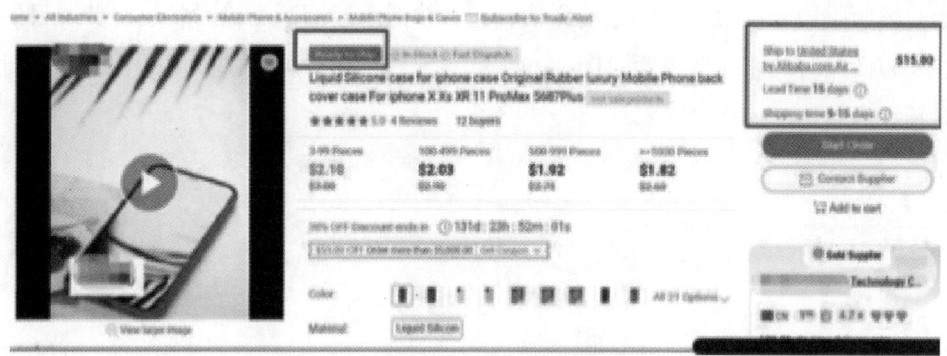

图6–41　RTS产品优势界面

同时符合这3个条件的产品，就会有Ready to ship标签。

产品符合以上条件后，系统会有约24h同步时间，请同步时间后再查看（图6–42）。

	RTS产品	支持买家直接下单的产品
相同点	两者在发布产品时，均要勾选“支持买家直接下单”按钮，在前台均支持买家直接拍下	
不同点	商家发货期：需≤15天	商家发货期：无要求
	运费模板：能计算出运费	运费模板：没有要求，可以直接计算出运费，也可以自行协商物流

图6–42　RTS产品与普通产品对比界面

二、运费模版的设置（图6–43）

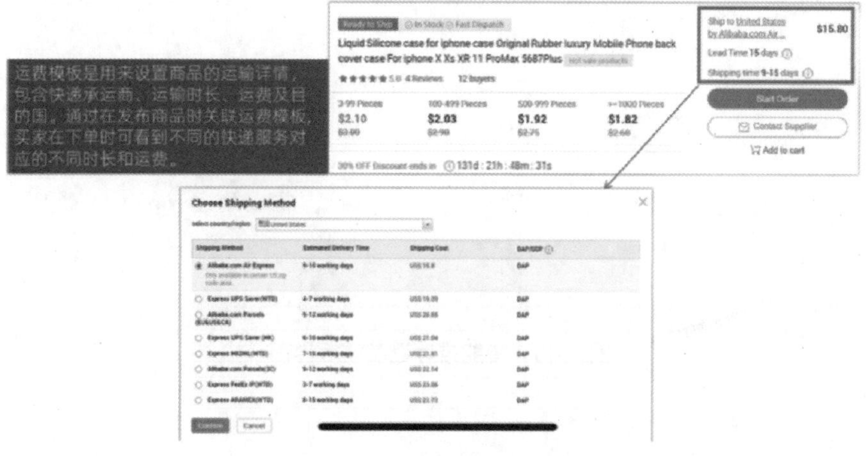

图6–43　运费模版设置界面

运费模版是用来设置商品的运输详情，包含快递承运商、运输时长、运费及目的国。通过在发布商品时关联运费模版（图6–44），买家在下单时可看到不同的快递服务对应的不同时长和运费。

图6–44 运费模版界面

运费模版是用来设置商品的运输详情。包含快递承运商、运输时长、运费及目的国。通过在发布商品时关联运费模板买家在下单时可看到不同的快递服务对应的不同时长和运费。

不熟悉运费模版也可以直接使用智能推荐模板（图6–45）。

智能推荐

类型	服务商	交货仓库	揽件时间	预计运输时效	服务说明	普通运费	信保订单运费
经济	EMS	邮政速递物流仓库 物流咨询 仓库详情	工作日 17:00	20-45个工作日		CNY 366.5 普通下单	信保下单暂不开通
优选	HK DHL	深圳八达通仓库 物流咨询 仓库详情	工作日 17：00	4-9个工作日	支持普货、不支持带电产品，不支持FBA仓货物承运，赠送货运险	CNY 409.33 普通下单	信保下单暂不开通
优选	FedEx IP	深圳八达通仓库 物流咨询 仓库详情	工作日 17:00	3-7个工作日		CNY 461.92 普通下单	信保下单暂不开通

图6–45 智能推荐运费模版界面

三、新建运费模版（图6-46）

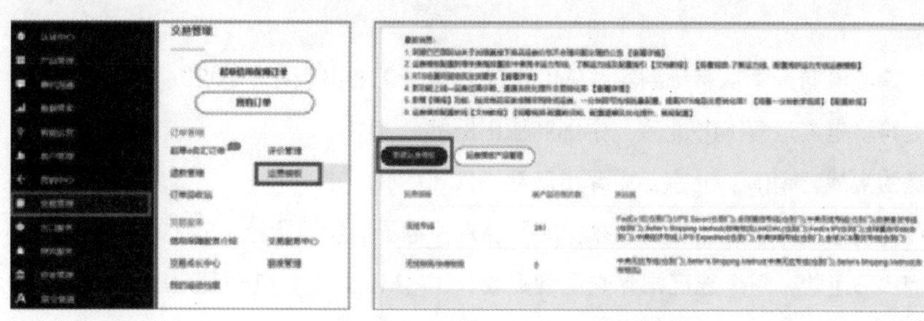

图6-46　新建运费模版界面

不同类型商品配置不同运费模版，见图6-47，图6-48。

优选、标准、经济分别是快中慢的速度划分，价格从高到低。

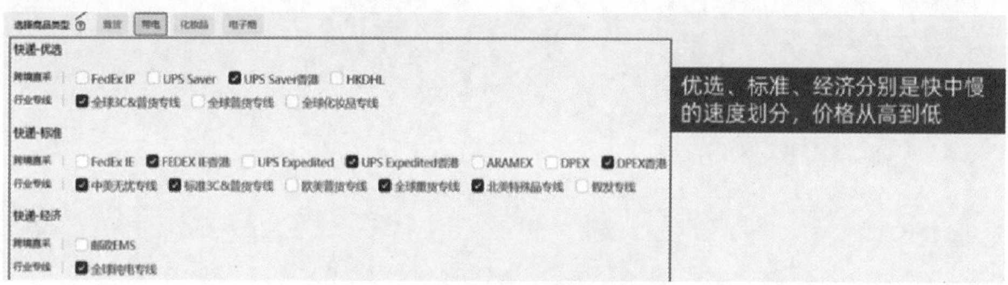

图6-47　运费模版设置界面1

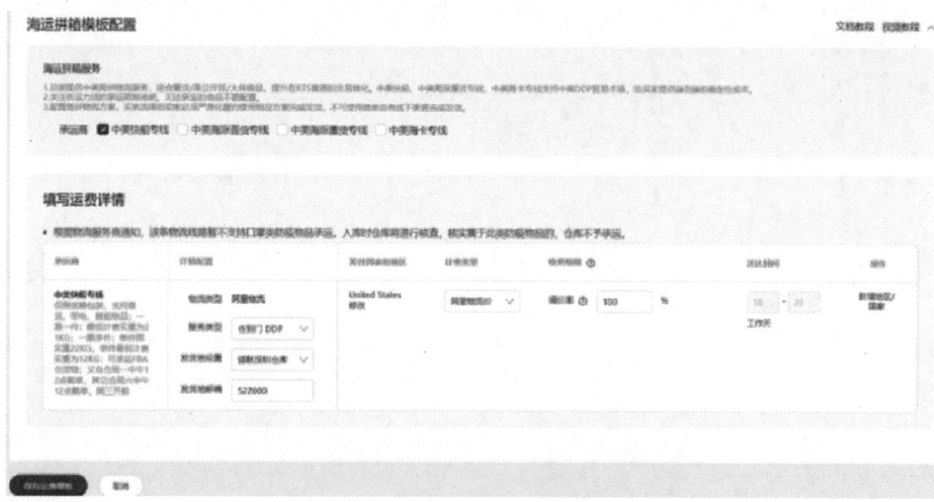

图6-48　运费模版设置界面2

参考文献

[1] 柯丽敏，张彦红. 跨境电商运营从基础到实践[M]. 北京：电子工业出版社，2020.

[2] 陈道志. 中小企业跨境电商运营[M]. 北京：中国商业出版社，2018.

[3] 王辉. 跨境电商运营实战营销[M]. 北京：中译出版社，2020.

[4] 张枝军，郑雪英. 跨境电商B2B立体化实战教程[M]. 北京：电子工业出版社，2019.

[5] 张志合. 跨境电商B2B运营：阿里巴巴国际站运营实战118讲[M]. 北京：电子工业出版社，2022.